Knaur.

Die Autorinnen:
Ursula Boencke wurde 1902 in St. Petersburg geboren. Für ihre
1924 geborene Nichte Peggy Poles schrieb sie ihre Erinnerungen
nieder, die hier erstmalig komplett vorliegen.
Die Herausgeberin Renate Gräfin Matuschka führte mit Peggy
Poles zahlreiche Interviews, die der Beschreibung ihres Lebens
zugrunde liegen.
Ursula Boencke starb 1986 im hohen Alter von über 80 Jahren,
Peggy Poles' Asche wurde nach ihrem Tod 1997 in der Ostsee ver-
streut.

Peggy Poles
Ursula Boencke

»All unsere Lieben sind verloren«

Der Untergang der »Wilhelm Gustloff« – Zwei Überlebende erzählen

Herausgegeben von
Renate Gräfin Matuschka

Knaur Taschenbuch Verlag

Besuchen Sie uns im Internet:
www.knaur.de

Originalausgabe Februar 2008
Knaur Taschenbuch
Copyright © 2008 by Knaur Taschenbuch
Ein Unternehmen der Droemerschen Verlagsanstalt
Th. Knaur Nachf. GmbH & Co. KG, München
Alle Rechte vorbehalten. Das Werk darf – auch teilweise –
nur mit Genehmigung des Verlags wiedergegeben werden.
Redaktion: Martina Wielenberg
Umschlaggestaltung: ZERO Werbeagentur, München
Umschlagabbildung: getty images / Russ Willoughby Collection
Satz: Adobe InDesign im Verlag
Druck und Bindung: Clausen & Bosse, Leck
Printed in Germany
ISBN 978-3-426-78117-3

2   4   5   3   1

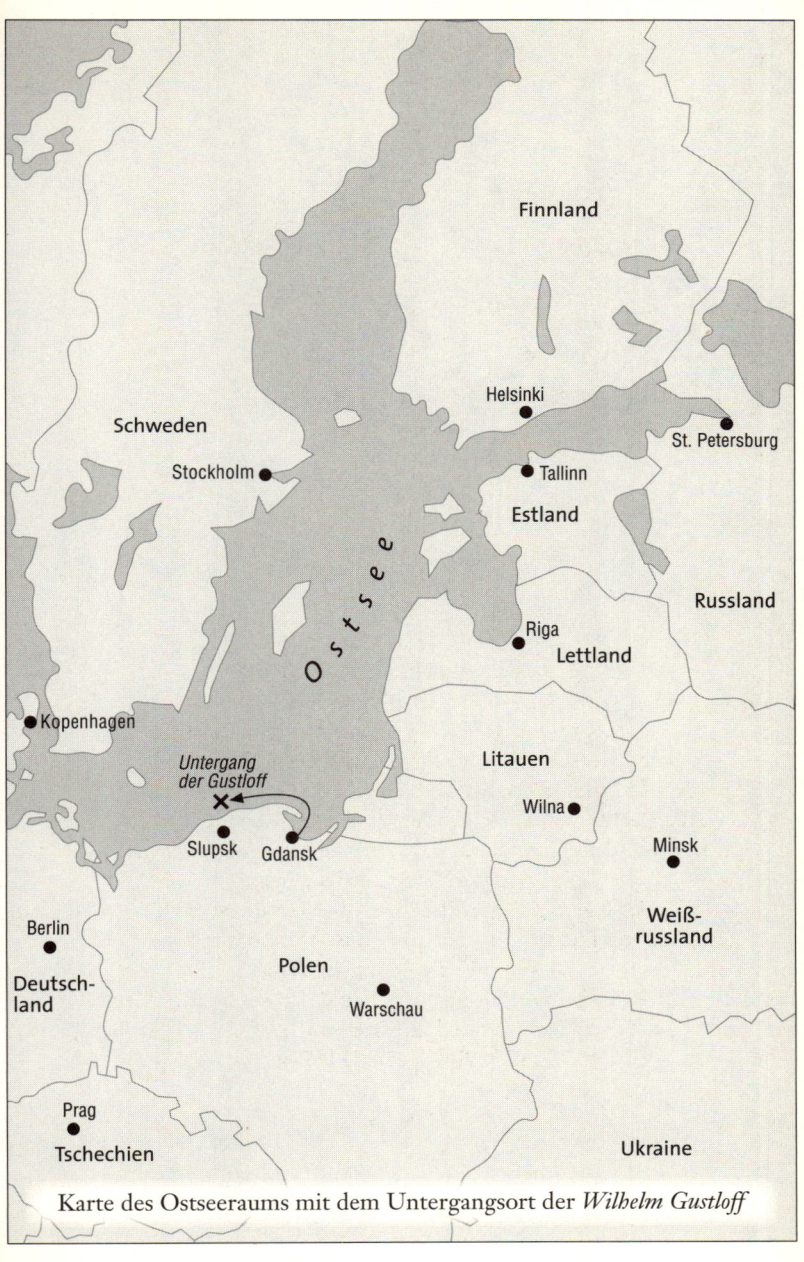

Karte des Ostseeraums mit dem Untergangsort der *Wilhelm Gustloff*

Inhalt

einen damals ganz modernen
Tanz „Argentinischer Tango"
(wir hatten verschiedene Kostüme
und wenn uns was fehlte so
suchten wir uns was von Mamas
alten Maskenkostümen). Wir waren
beide grosse Tänzerinnen und
baten oft unsere Eltern sie
möchten uns doch zum Ballett
lassen, aber leider wurde daraus
nichts. Djadja Saschka (Tallmann)
machte stets jeden Tanz mit uns
mit und lieh sich oft von
Mutter irgend ein altes Ballkleid und trat als Chansonette
auf manches mal wagte er auch
ein Can-Can, hatte stets grossen
Applaus. Es wurde viel getanzt
das schönste war wenn Vater
mit uns tanzte einen Walzer

mit Touren, führte er an, oder auch eine Quadrille von anno Tabac, das war der Höhepunkt. Vater war ein guter Tänzer und ich liebte sehr mit ihm zu tanzen, auch Mutter tanzte gut, auch so mancher von den älteren Leutchen schwangen sich im Walzertakt. ~~Dann ka...Sylvester~~ Spät in der Nacht ging dann alles nach Hause froh in gehobener Stimmung und zufrieden. Dann kam Sylvester und an diesem Tage hatte Lusja Geburtstag. Sylvester wurde stets zu Hause gefeiert und nur mit den nächsten Freunden und Verwandten. Glück wurde aus Blei gegossen, es gab Knallbonbons mit allerhand Überraschungen, Glühwein und den traditionellen königs=

Vorwort

Zunächst ein Rückblick

Sie haben überlebt, Peggy Poles und ihre Tante, Ursula Boencke, verheiratete Uscinowicz. Sie haben die grässliche Tragödie, die sich im Januar 1945 am Ende des Zweiten Weltkriegs und eher unbemerkt von der Öffentlichkeit in der Ostsee abgespielt hat, zusammen mit ein paar hundert anderen Geretteten überlebt. Peggy und ihre Tante gehörten zu einer vielköpfigen Familie, die auf der *Wilhelm Gustloff* ihre Rettung suchte, nach Westen fliehen wollte, heraus aus dem schon längst verlorenen Ostpreußen. Nur Tante und Nichte haben es geschafft, »all unsere Lieben sind verloren« – das war das entsetzliche Fazit der beiden Frauen am Ende einer unvorstellbaren Odyssee.

Wie kommt es, dass nach über sechzig Jahren nun Tagebücher und authentische Gespräche zur Verfügung stehen und veröffentlicht werden können, die dieses Drama noch einmal in seiner ganzen eindringlichen Not und Härte lebendig werden lassen?

Es ist einiges geschrieben, manches veröffentlicht worden, das sich mit diesem größten Schiffsunglück der Seegeschichte befasst, dem Tausende verzweifelt flüchtende Menschen zum Opfer gefallen sind, die auf dem Riesendampfer waren, der, von einem russischen U-Boot dreimal getroffen, binnen einer Stunde sank.

In den frühen fünfziger Jahren wurde mit damals sehr berühmten und hervorragenden Schauspielern ein Spielfilm über dieses Unglück gedreht: »Nacht fiel über Goten-hafen«. Aber im Stil der Zeit wurde aus dem eigentlichen Geschehen ein dramaturgisch aufgeblähtes Rührstück, in dem vor allem adlige Großherzigkeit und edles Gut-menschentum zu einem dramatischen Höhepunkt kom-men, ehe alles in der gurgelnden Ostsee zu einem schreck-lichen Ende führt – immer noch mit viel Edelmut garniert und wohl weit von der Wirklichkeit entfernt.

Unermüdlich hat auch ein weiterer Überlebender des Un-glücks Bücher zum Thema verfasst – Heinz Schön. Er, der als junger Freiwilliger zur Kriegsmarine wollte, ging sei-ner Lust an der Seefahrt dergestalt nach, dass er 1943 bei der Handelsmarine anheuerte und im Zuge seiner Ausbil-dung auf die *Gustloff* kam.

Auch ein britisches Autorenteam aus drei Journalisten hat sich 1979 die Mühe gemacht, viele Zahlen, Daten, Fak-ten und Details zusammenzutragen und die Tragödie des Flüchtlingsschiffs noch einmal von allen Seiten zu be-leuchten, vor allem auch unter Betrachtung der Persön-lichkeitsstruktur des russischen U-Boot-Kommandanten Marinesko, der die drei Torpedos auf die *Gustloff* abfeuern ließ.

Es ist blanken Zufällen und zahlreichen Merkwürdigkeiten geschuldet, dass hier in diesem Band die Tagebücher von Ursula Boencke (1902–1984) veröffentlicht werden kön-nen, die ebenso auf der *Gustloff* nach Westen fliehen woll-te wie ihre Nichte Peggy Poles (1924–1997). Mein beson-derer Dank gilt Herrn Siegfried Behringer, der so freund-lich war, den Abdruck von Ursula Boenckes Tagebüchern zu genehmigen. Die Erzählungen von Peggy Poles beru-hen auf vielen und über einen langen Zeitraum geführten Gesprächen, die ich mit ihr geführt habe.

Wie es dazu kam

Die neunziger Jahre des vorigen Jahrhunderts: Der Chef-redakteur eines bekannten Magazins hatte die Idee, eine ganz spezielle Frauengeschichte zu machen. Es sollten sich zwei ältere Damen finden können, die bereit wären, sich mit mir als Journalistin über eine höchst private und sehr persönliche Empfindung zu unterhalten, nämlich über die äußere Wahrnehmung, als »schön« oder »häss-lich« zu gelten, und darüber Auskunft zu geben, wie jede der beiden Frauen das Altern nun empfinde.

Wir wollten herausfinden, ob eine »Schöne« sich auch im Älterwerden noch mit ihrer Schönheit leichter tut, dem biologischen Verfall quasi ein Schnippchen schlagen zu können, und wie die »Hässliche« mit ebendiesen Erschei-nungen umgeht, resignativ oder gleichgültig. Jedenfalls waren Gefühle gefragt. Es sollte ein Bericht über das In-nenleben von Frauen werden.

Die Idee war interessant, die Ausführung erwies sich schnell als völlig unmöglich. Dies nicht, weil keine Frau bereit war, sich als »hässlich« zu bezeichnen, sondern weil eine ehedem »Schöne« sich nach reiflicher Überlegung strikt weigerte, über ihr Altern zu sprechen, das für sie ei-ner Verletzung ihrer Persönlichkeitsrechte gleichkam.

Die sogenannte »Hässliche«, die schnell gefunden war, hatte mit dem Thema gar kein Problem, sie war neugierig, witzig, auskunftwillig und völlig uneitel.

Meine Gespräche mit dieser uneitel Neugierigen liefen von Anfang an in eine ganz andere Richtung, wurden, von gegenseitiger Zuneigung getragen, sehr intensiv und hat-ten sich damit auch sowieso von der ursprünglichen Vorgabe entfernt. Es hatte sich rasch ein Gesprächsfaden entwickelt, an dem sich ein außerordentlich ungewöhnliches Leben erkennen ließ. Bemerkenswert vor allem war, dass dieses Leben von einem hochdramatischen Ereignis geprägt war – die Erzählerin hatte nämlich den Untergang der *Wilhelm Gustloff* überlebt.

Ich möchte an dieser Stelle auch noch die Umstände beschreiben, die zu den Gesprächen geführt haben, und auch die Örtlichkeiten, die äußerlich so gar nicht zu den Lebenskreisen und -umständen passen wollten, um die es ging.

Auf meiner Suche nach den »Damen« für das Schönheitsinterview war mir der Krimi-Schriftsteller Hansjörg Martin behilflich, der in jenen Jahren meist auf Mallorca lebte und mich ebendort in Verbindung mit meinen beiden »Kandidatinnen« brachte. Martin kannte alle, die sich auf das Eiland zurückgezogen hatten, um, vor Kälte und grauen Wintertagen geschützt, ihr Leben etwas erfreulicher zu gestalten.

So auch meine auskunftswillige, herrlichen baltischen Singsang verbreitende Peggy Poles.

Ich selbst kam immer nur während meiner Ferien auf die Insel, aber wann immer ich in den Jahren nach unserem ersten Treffen dort Urlaub machte, besuchte ich sofort Peggy in ihrem kleinen Häuschen nahe Santanyi, mitten auf dem Land. Diese Behausung war ein ebenerdiger Bungalow, eher schmucklos, in einem weiten, etwas verwilderten Garten. Dort lebte sie ganz allein, bewundernswert tapfer und souverän selbstständig, obwohl sie damals bereits, durch einen Schlaganfall in ihrer Beweglichkeit sehr eingeschränkt, aber hellwach im Kopf, im Rollstuhl saß und nur wenig Hilfe hatte. Sie konnte herrlich erzählen, hatte einen unverwüstlichen Humor, Selbstironie, wo sie meinte, dass sie angebracht wäre, eine gewisse nüchterne Kühle, was ihr Schicksal betraf, auch für diesen letzten Schlag – im wörtlichsten Sinn –, und immer voll interessierter Anteilnahme am Leben der Fragerin und deren Wohlergehen.

So freundeten wir uns an und so hörte ich im Laufe der Zeit ihre ganze Geschichte – wie sie als junges Mädchen, 1945, zusammen mit ihrer großen Familie im letzten Augenblick aus Danzig herauszukommen hoffte und auf der legendären *Wilhelm Gustloff* Platz fand. Wie das Riesenschiff unterging und wie sie ihre Tante zufällig wiederfand, die das Unglück auch überlebt hatte – was das Leben danach für sie bereithielt. Zunächst war das immer noch der Krieg. Aber es bedeutete auch, keine Familie mehr zu haben, keine Perspektive für ein geordnetes Leben. Am Anfang war das nur noch von Tag-zu-Tag-Überleben, Weitermachen, sich einem unbestimmten Schicksal ergeben und vielleicht da und dort einen Zipfel Glück oder wenigstens sicheres Aufgehobensein ergattern. Mehr gab es für Peggy lange nicht.

Davon handelten die Gespräche in dem kleinen Haus, wo Peggy immer alles liebevoll für unsere Gespräche hergerichtet hatte. Den Kaffee musste ich mir selbst in der Maschine machen, die Kekse stellte sie bereit, sie forderte mich ständig auf »Kindchen, so iss doch was, du brauchst das« (das Kindchen war schon reiferen Alters), während draußen die Zikaden sirrten und mir trotz mediterraner Temperaturen oft eiskalt wurde bei unvorstellbaren Geschehnissen, die sie alle zu bewältigen gehabt hatte, besonders, wenn Peggy von den Bildern und Erinnerungen sprach, die sie auch in ihrem achten Lebensjahrzehnt nicht losließen: Wie sich das riesige Schiff, das auf sie alle so sicher gewirkt hatte, im Dunkel jener frostigen Januarnacht unaufhaltsam dem eisigen Wasser zuneigte, wie sie, schon im Wasser und ums Überleben kämpfend, noch einmal die Stimme ihrer Mutter hörte, wie ihr dann, halb erfroren, die Sinne schwanden. Und wie sie irgendwann wieder zurück in das Leben kam.

Das alles erzählte sie mir, manchmal nachdenklich werdend, dann wieder kichernd, wenn ihr aus all dem Chaos eine besonders komische Begebenheit einfiel, sie schilderte mir ihr Leben nach der Katastrophe, in dem sich dann letztlich immer mehr katastrophale Verstrickungen und angehäuftes Unglück abspielten. Aber sie gab nie auf, sie hielt durch – getreu dem letzten Rat, den ihre Mutter ihr noch zurufen konnte, ehe sie in der eiskalten See unterging. Ein exemplarisches Frauenleben einerseits, geprägt von Krieg, Flucht, Elend, aber in den speziellen Einzelheiten ihres Schicksals ein sehr ungewöhnliches.

Unsere Begegnungen auf Mallorca markierten einen scheinbar glücklichen Endpunkt dieses Lebens, das noch einige Zeit ganz friedlich so hätte dauern dürfen. Trotz der Krankheit war Peggy ganz glücklich in dem geerbten Haus, umgeben von Freunden und gesegnet mit dem starken Willen zum Weiterleben – wie immer bei ihr. Ihr Lebensfaden riss dann ganz plötzlich, schnell und ohne große Kämpfe – sie starb im September 1997 auf diesem Fleckchen Erde, das ihr Ruhepol geworden war.

Durch die vielen langen und ausführlichen Gespräche mit Peggy sind wir uns natürlich sehr nahegekommen, es war mit der Zeit zwischen uns eine wirkliche Freundschaft entstanden. So kam es, dass mir Peggy eines Tages einen unglaublichen Schatz anvertraute, von dem sie meinte, dass er bei mir gut aufgehoben wäre. Sie schenkte mir die handgeschriebenen Tagebücher ihrer Tante Ursula Boencke, die in zwölf schulheft-ähnlichen Kladden die Geschichte ihrer russisch-deutschen Familie niederge-schrieben hatte. Die Familiensaga beginnt am Anfang des 20. Jahrhunderts, im zaristischen Russland. Ein Leben in Wohlstand und großbürgerlicher Sicherheit und in unver-rückbaren Gewissheiten prägen Ursula Boenckes Dasein, bis die politischen Wirren dieses Jahrhunderts ihr und al-len übrigen Familienmitgliedern Not und Elend brachten, Flucht und Untergang. Ursula Boencke verbrachte ihr späteres Leben in England, wo sie die Chronologie dann aus dem Gedächtnis verfasste. Sie war die Einzige und Letzte der Familie aus Peggys Elterngeneration, die vom Leben der Familie zur Zeit des Zarismus in Russland noch Zeugnis ablegen konnte.

Wenn man diese Tagebücher aufmerksam liest, dann spürt man die Kraft und den unbedingten Willen auch dieser Frau, selbst die schlimmsten Unglücke, politische Notsi-tuationen und auch private Niederlagen und Verluste zu überstehen und sich nicht nachhaltig davon in inneres oder äußeres Elend drängen zu lassen. Ursula Boencke hatte wahrlich alles verloren, was ein Menschenleben er-träglich und gelungen macht. Als sie nach dem großen Unglück in Berlin ankam, war sie Mitte vierzig, hatte Mann, Kind, Schwester, Schwager verloren und schaffte es dennoch, ihrer jungen Nichte Peggy Mut zum Weiter-leben zu vermitteln. Sie gab einfach nie auf: Ob es große Operationen waren, die sie noch in Vorkriegszeiten über-stehen musste, ein grotesker Flugzeugabsturz oder ob sie nach dem Krieg ihre Phantasie einsetzte, um wirtschaftlich zu überleben. Sie beobachtete dabei immer mit Witz und viel Ironie ihre eigenen Wechselfälle des Lebens, die heftiger nicht hätten ausfallen können. Sie hat für sich damit ein Maß an Ausgeglichenheit erreicht, das ihr bis in ihr hohes Alter – sie starb mit 84 Jahren – Lebensfreude und -lust beschert hat und immer die Kraft, für andere »da« zu sein.

Der letzte Eintrag in den Tagebüchern scheint programmatisch für das Leben dieser außergewöhnlichen Frau: »Geduld muss man haben und Zeit!«

Dass Peggy Poles und Ursula Boencke zwei der wenigen hundert Überlebenden der *Wilhelm Gustloff* waren, hat mich tief berührt, und ihre eindrücklichen Erzählungen über eine der größten Schiffskatastrophen der Welt, über Flucht und das Elend, das der Krieg über sie und ihre Familie gebracht hatte, machten mir einmal mehr den hellen Irrsinn dieses wahnwitzigen Krieges klar. Ich weiß, dass auch diese Schicksale nur zwei unter grässlichen und grausamen Erfahrungen vieler sind – hier aber aufgezeichnet in authentischer Dokumentation können sie stellvertretend für unzählige andere sein.

Hinweise und Erläuterungen zu den Tagebüchern

Ursula Boenckes Tagebücher sind ein einmaliger und ungewöhnlicher Schatz. Wir haben uns entschlossen, sie hier so abzudrucken, wie sie – vermutlich – im Laufe der sechziger und siebziger Jahre des 20. Jahrhunderts niedergeschrieben worden sind.

Das bedeutet, dass keinerlei Eingriffe vorgenommen worden sind. Der sehr unmittelbare Eindruck der Notizen sollte nicht verfälscht werden. Das bedeutet aber auch, dass alle Eigenarten der Rechtschreibung und der – oft ungebräuchlichen oder veralteten – Formulierungen so übernommen worden sind, wie sie im Original stehen. Überhaupt sind diese Tagebücher in einer Weise niedergeschrieben, als ob es gegolten hätte, einem Gegenüber etwas zu erzählen, vor sich hin plaudernd, manchmal etwas atemlos werdend und auch hierhin und dorthin springend, wenn es sich gerade ergab. Ganz spezifische Formulierungen sind abhängig von anderen Satz- und Wortstellungen im Russischen, so etwa die häufig auftauchende Wendung: »Wir mit Lusja …«, was im Deutschen heißen würde: »Lusja und ich …«. Auch das Weglassen bestimmter oder unbestimmter Artikel ist typisch für das Russische: »… paar Tage vor …«.

Dazu kommen oft altmodisch anmutende Ausdrücke wie z. B. »anläuten« für telefonieren, ein heute nicht mehr gebräuchliches Wort, das in der Generation der frühen Telefonie üblich war.

Der Eigenname Wüst findet sich in zweierlei Schreibweise: Ursula Boenckes Mutter war eine geborene »Wüst«, und in Russland hat man diesen Namen immer mit »ue« geschrieben, da es den Umlaut in der russischen Sprache nicht gibt. Die bekannte Schauspielerin Ida Wüst, von der hier oft die Rede ist, hat ihren Namen natürlich immer mit dem gängigen deutschen Umlaut »ü« geschrieben.

Da Ursula Boencke mit dem Schreiben erst in ihrem »Exil« in England begonnen hat, haben sich viele englisch-deutsche Formulierungen eingeschlichen, die auch für Begebenheiten in frühen Jahren des vorigen Jahrhunderts benutzt wurden und mit Sicherheit unüblich am Beginn der zwanziger Jahre in Russland oder Lettland waren. Auch diese Anglizismen haben wir so stehen gelassen, weil sie aus dem Zeitverständnis der Niederschrift heraus gelesen werden müssen.

Manches an Ursula Boenckes politischem Verständnis mag überdies etwas blauäugig klingen, wurde aber der Authentizität wegen natürlich nicht korrigiert, ebenso wenig wie gewisse zeitliche Ungenauigkeiten, die einer genauen Überprüfung nicht immer standhalten.

Aber es sollte eben alles original bleiben, um damit auch ein unverfälschtes Zeitbild wiederzugeben, das in seiner Form sicher einmalig ist.

Die Geschichte
unserer Familie

Was ich hier niederschreibe, möchte ich meiner Nichte Margarete widmen. Wir beide haben am 30. Januar 1945 den Untergang der *Wilhelm Gustloff* miterlebt, beide haben wir alle unsere Lieben verloren bei dieser schauderhaften Katastrophe und sind nun die Einzigen, die von unserer Sippe nachgeblieben sind.

Wir waren drei Geschwister – die älteste war meine Schwester Elisabeth (Lusja genannt), geboren am 31. Dez. 1900, ertrunken bei der Torpedierung des Dampfers *Wilhelm Gustloff* am 30. Januar 1945, mein Bruder Rolf, geboren am 19. April 1906 (verschollen), und ich, Ursula Carola, geb. am 3. November 1902 in St. Petersburg, Russland. Von unserer Kindheit und Jugendzeit möchte ich einiges erzählen, was mir in Erinnerung geblieben ist.

Mein Vater Carl Boencke stammte aus Riga und war Direktor der Zollabteilung der Firma Gerhard & Hey in Petersburg. Vater, gut gewachsen, mit krausen Haaren, war die Güte selbst, nie hörte man von ihm ein böses Wort, nie einen Tadel. Er war ein vielbeschäftigter Mann, den wir Kinder meistens nur zum Essen abends sahen, und trotzdem interessierte er sich stets dafür, was wir machen, wie wir lernen, und wusste ganz genau, wenn wir was ausgefressen hatten. Wir konnten zu ihm mit allen unseren kleinen Sorgen und Wünschen kommen, immer hatte er einen Rat, ein gutes Wort für uns. Meine Schwester und mich hatte er sehr gern, natürlich auch seinen Sohn, aber

21

wir waren eben »seine Mädels«. Alle Menschen, mit denen er was zu tun hatte, verehrten ihn, besonders die einfachen Arbeiter; für ihn gingen sie durchs Feuer. Er war ihnen ein gerechter und gütiger Chef. Die Eltern meines Vaters starben früh; er kam als junger Mensch nach Petersburg, so dass wir drei Kinder Großvater und Großmutter Boencke gar nicht kannten.

Mutter, Elisabeth Sophie Boencke, geb. Wuest, war deutscher Abstammung und kam als zweijähriges Kind mit ihren Eltern nach Russland. Großvater Edmund Wuest kam aus Deutschland nach Petersburg und hatte eine große Darmschleißerei-Fabrik.[1] Er starb im Jahre 1905 an einer Blutvergiftung. Mama, mittelgroß, mollig, dunkelhaarig, sehr elegant, war eine gute Erscheinung. Leider hatte sie für uns Kinder wenig Zeit, da ihre Tage ausgefüllt waren mit allerhand anderem wie z. B. Besuchen, Einkaufen, Modesalons, verschiedenen Konferenzen für irgendwelche Wohltätigkeits-Bälle, Konzerte oder Bazare zu arrangieren, Tees zu geben usw. Sie war »Dame Patronesse« eines Waisenhauses, war sehr freigebig (sie hatte Geld genug) und half so vielen armen Menschen. Viel Dank hat sie wohl selten für all dies in ihrem Leben erhalten, sie, die wirklich viel Gutes tat. Trotzdem lief aber Mutters Hausstand wie am Schnürchen, na ja, sie hatte auch viele treue Dienstboten, die ihr sehr ergeben waren. Wir Kinder waren unter Obhut unserer Gouvernante, einem netten anständigen, vernünftigen Menschen, so dass Mama keine großen Scherereien mit uns hatte. Mama war sehr dahin-

---

[1] Darmschleißerei: hier wurden Därme gespalten für verschiedene Zwecke, u. a. für Saitenherstellung von Musikinstrumenten.

ter, dass wir gut lernten, uns gut zu benehmen verstanden und gut angezogen waren. Sie selbst war, wie ich schon sagte, eine sehr gut angezogene Frau mit viel Eleganz und Geschmack, dabei aber nicht auffallend. Als Kinder bewunderten wir sie, und wenn sie mal in großer Toilette wohin ausfuhr, musste sie sich uns zuerst zeigen, und wir übten dann Kritik oder bewunderten sie. Ihr Abgott war ja Rolf, er war in demselben Jahre geboren wie der russische Thronfolger, war ein hübsches Kind, Mama kleidete ihn auch immer in Matrosenanzüge mit langen Hosen ganz so wie der kleine Alexei und war sehr stolz, dass er ihm ziemlich ähnlich sah, daher hatte er den Vorzug, mit ihr oft auszufahren, leider hatte er als erwachsener Mensch ihr später viel Kummer und Sorgen bereitet.

Unsere Großmutter Sophie Wuest lebte nach dem Tod ihres Gatten bei meinen Eltern. Ich kann mich gut an sie erinnern. Sie war eine schöne alte Frau, groß und stattlich, immer in steifer Seide gekleidet nach der damaligen Mode der alten Damen. Gütig und von allen sehr verehrt, bewohnte sie zwei Räume in der großen Wohnung meiner Eltern. Meine Schwester und ich liebten unsere Großmutter sehr. Wie oft saßen wir bei ihr und lauschten ihren Erzählungen. Und wenn sie in ihrem alten Mahagonischrank oder ihrem Sekretär Ordnung machte, bewunderten wir alle ihre alten Erinnerungen und waren neugierig, was sie alles in ihren alten Fächern aufbewahrt hatte. Wir hatten bei ihr in Verwahrung eine Sparbüchse und mussten immer mal mir ihr klappern, um zu hören und fühlen, wie viel Geld wir gespart hatten und ob sie schon nicht ganz voll ist. Für uns war es immer eine große Freude, wenn wir mit ihr zum Friedhof fahren durften. Sie hatte stets eine kleine geblümte Schachtel Pfefferminz-Bonbons bei sich, und wir durften unterwegs davon naschen. Lusja saß gewöhnlich neben ihr und ich gegenüber auf einem kleinen Rücksitz, der am Kutscherbock angebracht war. Es war eine schöne Fahrt durch ganz Petersburg, denn der katholische Friedhof, wo unser Erbbegräbnis war, lag am anderen Ende der Stadt. Bis Großmutter am Grabe ihrer Verstorbenen (Ehegatten und Sohn) ihren Rosenkranz betete und wir unser obligatorisches Gebet für die Toten verrichtet hatten, gingen wir mit meiner Schwester auf dem Friedhof spazieren, besahen, was uns interessierte: Alte Gräber, Grüfte, Kränze unter Glas mit verblichenen Blumen und Fotos, alte Kapellen, wo Särge standen, die in den nächsten Tagen wohl bestattet wurden. Uns plagte oft die Neugier, mal so einen Sarg aufzumachen, um zu sehen, wie so eine Leiche aussieht. Einmal erblickten wir einen ganz kleinen Kindersarg. Da kein Mensch in unserer Nähe war, versuchten wir, den Deckel aufzuheben, sahen ein kleines totes Kind, gelb und verschrumpft, erschraken fürchterlich vor dem Anblick, klappten den Deckel zu und rannten davon, hatten aber große Angst, der Großmutter dies zu erzählen, und behielten das Geschehene für uns. Die Folgen waren, dass ich Nächte von dieser kleinen Leiche träumte und sie lange nicht vergessen konnte.

Eines Tages bekamen wir mit Lusja jeder eine Postkarte aus Amerika von Onkel Ernst, er war der jüngste Sohn meiner Großmutter und war 12 Jahre als Ingenieur in Amerika. Wir kannten ihn nicht, er schrieb uns, dass er bald nach Russland zurückkommen wird und neugierig ist, wie seine Nichten aussehen. Mit seiner Ankunft hängt bei uns Kindern aber ein sehr trauriges Ereignis zusammen. Unsere Großmutter erkrankte und starb unter großen Qualen an einer Urämie. Wir waren untröstlich, dass

Großmutter nicht mehr unter uns weilt. Wir hatten keine Angst vor der Toten, sie sah schön und friedlich aus. Als der Sarg kam, musste Lusja ihn zuerst ausprobieren, legte sich hinein, um zu sehen, ob Großmutter es auch bequem haben wird, bestand darauf, dass man ihr wenigstens ein kleines weiches Kissen hereinlegt. Der Schreck meiner Mutter war groß, als sie ihre älteste Tochter im Sarge liegen sah. Sie bekam dieses Mal wohl keine Schelte von Mama, sondern wurde beruhigt, und es wurde ihr auch versprochen, dass ihr Wunsch erfüllt werden wird. Großmutter wurde im Salon aufgebahrt unter Palmen, und unzählige Lichter brannten in schweren silbernen Leuchtern. Lusja und ich saßen oft bei der Leiche, und unsere schönsten Heiligenbilderchen, die wir als Kinder sammelten, hatten wir ihr in den Sarg hereingelegt. Wir baten unsere Mutter, sie möge doch die Sparbüchsen, welche Großmutter in Verwahrung gehabt hatte, aufmachen, denn für dieses Geld wollten wir ihren Sarg mit Rosen und Maiglöckchen bekränzen. Großmutter starb im Mai 1910. Der Tag der Beerdigung war für uns sehr aufregend, wir haben uns nämlich vorgenommen, den ganzen Weg bis zum Friedhof hinter dem Sarge zu Fuß zu gehen, es war ja weit, aber wir haben es doch geschafft und gingen mit unserem Vater als Erste hinter dem Leichenwagen. Mama, da sie nicht ganz wohl war, und Mutters älteste Schwester Tante Sophie Paulsen fuhren in einer Kalesche. Viele Menschen gaben Großmutter das letzte Geleit, reich wie arm, jung wie alte. Diese Frau, die trotz ihres Reichtums sehr zurückgezogen und bescheiden lebte, hatte für jeden ein gutes Wort und eine sehr freigebige Hand und war geachtet und geehrt von allen. Das war Großmutter Sophie Wuest.

Unsere Gouvernante, die uns als Kinder betreute, hieß Margarete – oder: Margita, wir nannten sie aber »Funitschka«. Sie war ein junges liebes fröhliches Geschöpf und verstand, uns Kinder zu erziehen. Sie war zu Hause sehr beliebt, Vater und Mutter hegten zu ihr großes Vertrauen und waren unbesorgt, ihr die Erziehung ihrer Kinder anzuvertrauen. Sie erzog uns von Kindheit an zu nützlichen und selbständigen Menschen und nicht zu irgendwelchen verwöhnten Bälgern reicher Eltern. Als wir schon größer wurden und zur Schule gingen, beschäftigte sie sich nur mit unserem Bruder, trotzdem war sie auch immer um uns besorgt und blieb in unserem Hause, bis sie heiratete. Meine Mutter hat sie ausgesteuert und ihr die Hochzeit ausgerichtet. Sie heiratete in unserem Hause, und alle unsere Bekannten beschenkten sie aufs schönste. Als sie in der Kirche getraut wurde, fing Lusja an zu weinen (das tat sie eigentlich selten), und als der Pater sie später fragte, warum sie weinte, so antwortete sie: »Nun verlässt uns unsere Funitschka und wir haben sie doch so gern gehabt.« Mit dieser Hochzeit war unsere Kindheit dahin, wir waren nun schon angehende Backfische. Lusja ein großes pummeliges Mädel, »Slontschik« (Elefantenbaby) zu ihrem größten Ärger genannt, ich dagegen spiddeldünn. Rolf, der Liebling von Mama und aller Tanten, hatte uns oft geärgert, ich alleine erbarmte mich seiner und spielte manches Mal mit ihm. Er war ein netter Junge, sehr aufgeweckt und intelligent. Er fuhr oft mit Mama aus, wir dagegen wurden von Mutter nur dann mitgenommen, wenn sie irgendetwas für uns kaufen musste wie Schuhe oder was von der Garderobe, die wir anprobieren mussten. Mama liebte, uns gut anzuziehen, nicht affig, sondern einfach und schick, wir hatten wirklich das Schönste und

Beste. Mama war ja um unser leibliches Wohl auch sehr besorgt, für das seelische hatte sie wenig Zeit für uns. Vater, der vielbeschäftigte Mann, hatte dafür mehr Interesse. Für uns war es stets ein großes Erlebnis, wenn wir als größere Mädels Papa vom Büro abholen durften, und machten uns dann besonders nett. Es war ein Vergnügen, mit Papa durch den Newskij-Prospekt[2] zu schlendern bis zum Kaufhaus Gostinny Dwor, dort wo die schönen Läden waren. Wir konnten uns immer was wünschen, meistens waren es Bücher, denn wir beide sammelten gute Bücher und hatten schon eine ganz nette Kollektion davon. Dann überraschte uns Vater mit irgendwas ganz Schönem. Er hatte auch dabei nie Mama und den Bruder vergessen, und wir brachten ihnen immer irgendetwas mit. Mit einer Droschke fuhren wir dann nach Hause. Unterwegs mussten wir Vater erzählen, wie es uns in der Schule ergangen ist und was wir so auf dem Herzen hatten, sonst sahen wir Vater ja selten, auch zu Hause hatten wir ihn für uns alleine nicht. Rolf wurde zu solchen Fahrten nicht mitgenommen, da Vater manches Mal nur mit seinen beiden Töchtern auszugehen liebte.

Wie schön wurden in unserem Hause Feste gefeiert! Mein Geburtstag und Namenstag (nach altem russischem Stil) fiel mit dem Geburtstag meiner Mutter zusammen, außerdem war an diesem Tage auch ein russischer Staatsfeiertag. Es gab einen reichen Geburtstagstisch, und es kam viel Besuch an diesem Tage. Schon zum Tee erschienen Gäste, die Auserwählten und Verwandten blieben dann zum

---

[2] Newskij-Prospekt ist die Haupstraße St. Petersburgs, 1709 gebaut. Außer berühmter Palais steht dort auch das 1785 erbaute zweitgrößte Kaufhaus Russlands, Gostiny Dwor.

Abendessen. Vater und Mutter waren die besten Gastgeber, und ich kann mich erinnern, dass jeder gerne zu uns kam. Es war lustig, gemütlich und unterhaltsam, es wurde gut gegessen und getrunken, und alle kamen auf ihre Kosten. Als wir klein waren, blieben wir nicht zum Abendessen, wir spielten und amüsierten uns mit unseren Freunden auf unserem Zimmer und erschienen nur dann im Salon, wenn man uns rief. Erst später, als wir schon größer waren, nahmen wir an solchen Gesellschaften teil. Wie aufregend und schön war für uns das Weihnachtsfest zu Hause. Schon paar Wochen vor dem Feste wurde alles vorbereitet, die Wohnung wurde festlich geschmückt, es war ein Kommen und Gehen von verschiedenen Lieferanten. Wir mit Lusja machten auch verschiedene Weihnachtsgeschenke für unsere Eltern und die nächsten Verwandten. Lusja machte Handarbeiten, sie verstand es, Schönes auszusuchen. Da ich dafür kein Talent hatte, machte ich meistens nette Bastelarbeiten. Da wir von Vater stets ein reichliches Taschengeld bekamen und wir vor Weihnachten fleißig sparten, konnten wir auch manche netten Sachen für unsere Lieben kaufen. Vor Weihnachten gingen wir mit Lusja einkaufen, und keiner von unseren Hausgenossen wurde vergessen. Als Kinder lernten wir hübsche Weihnachtsgedichte, welche wir auf einem speziellen Weihnachtsbogen schön kalligraphisch aufschrieben, mit einer Widmung an unsere Eltern. Als große Mädels lernten wir ein Klavierstück auswendig und spielten es dann unseren Eltern am Hl. Abend vor, als Zugabe stets ein Bravourstück vierhändig. (Wir hatten zweimal in der Woche Klavierstunden bei einem sehr guten Lehrer.)
Unsere Arbeit vor Weihnachten war, verschiedene Sorten Nüsse zu knacken und sie in Schalen zu füllen, die später

mit Rosinen und anderem Konfekt auf den Tisch kamen. Gewöhnlich saßen wir in unserem Zimmer auf dem mit Teppich belegten Fußboden, hatten einen großen Bogen braunes Papier ausgebreitet, und jeder von uns, mit einem Nussknacker bewaffnet, ging an die Arbeit. Viele Nüsse wanderten auch in unseren Mund, das war erlaubt unter der Bedingung, dass wir die ganze Menge Nüsse (und es waren nicht wenige), nach Sorten sortiert, aufknacken mussten. Wir hatten einen halben Tag damit zu tun und taten es auch gerne. Und wenn wir so mitten in unserer Arbeit waren, wurde manchmal sachte unsere Tür aufgemacht und eine Hand schmiss uns schönes Konfekt herein. Als kleine Mädels dachten wir immer, das ist der Weihnachtsmann. Aber es war ja unsere liebe Mutter, die uns belohnte.

Dann kam der ersehnte Tag. Am Hl. Abend war außer unserer Familie jedes Jahr Tante Sophie mit ihren Kindern Sonja und Franz (Fritzka) bei uns, Mutters ältester Bruder Onkel Edmund, später auch Onkel Ernst – das waren unsere nächsten Verwandten. Die Geschwister von Vater lebten alle in Riga. Nur seine jüngste Schwester, Tante Wina, die mit General Bruhns verheiratet war, lebte in Petersburg. Als Kinder sahen wir den Tannenbaum nur zum Hl. Abend in vollem Glanze (die Salontüren waren für uns einige Tage vor dem Feste verschlossen). Als Erwachsene schmückten wir den Riesenbaum, der mitten im Salon stand, selber. Bevor der Baum angezündet wurde, hat man zum Abend gegessen. Die Tafel an diesem Tage war besonders festlich gedeckt. Blitzendes Silber, funkelndes Kristall glänzten auf dem Tisch, der war geschmückt mit Blumen, Hyazinthen und Maiglöckchen, die einen schönen Duft im Zimmer verbreiteten, wie auch mit Tannenzweigen. Alle waren festlich gekleidet. Die schönsten Sakussken[3] waren auf dem Tisch, Kaviar, roter und schwarzer, Sardinen, Hummer mit Mayonnaise, Italienischer Salat (alles nur Fisch – da wir am Hl. Abend kein Fleisch aßen) und als warmes Gericht gekochter Lachs oder Zander mit Eiern und Buttersauce und eine extra-schöne Süßspeise. Natürlich fehlte es nicht an verschiedenen alkoholischen Getränken. Nach dem Dinner wurde die Türe zum Salon geöffnet, und der Tannenbaum erstrahlte in seiner ganzen Pracht. Mutter setzte sich an den Flügel, und wir alle sangen »Stille Nacht, Heilige Nacht«, es war so schön und feierlich.

Nach dem kam die Bescherung: Für uns drei Kinder war alles unter dem Tannenbaum, ebenso für Sonja und Franz (obzwar sie viel älter als wir waren). Was gab es da nicht für schöne Sachen! Man war so überrascht und froh, dass man nicht wusste, was man zuerst anschauen sollte. Die Eltern schenkten so schön und reichlich. Von der Tante (Tjoja) gab es immer was Schönes, selbst Ausgesuchtes, meistens eine feine Garnitur Wäsche mit rosa oder hellblauen Schleifen durchzogen, so wie es damals Mode war. Onkel Ernst schenkte stets gute Bücher, Onkel Edmund irgendein Jux. Djadja[4] Sascha, der später so quasi auch zur Familie gehörte (er war der Verlobte von Tante Lilly Wüst, Mutters Cousine), immer etwas Extravagantes. Wir waren ja sozusagen seine großen Nichten, mit denen man schon poussieren konnte, und natürlich blieb der von ihm ersehnte Kuss des Dankes unserseits auch nicht aus! Wir ka-

[3] Sakuska: Die Sakusken sind eine Art Vorspeisen, können auch Getränke sein und gehen dem eigentlichen Essen voraus.
[4] Djadja: Onkel.

men auch mit unseren Geschenken. Unsere Eltern waren oft erstaunt, mit was ihre Töchter sie überraschten. Ich erinnere mich an ein Weihnachten, da schenkten wir mit Lusja Mama eine sehr kostbare Statuette von der Salome (es war ein sehr schönes Stück). Zuerst wollte Mutter böse werden, dass wir so viel Geld ausgegeben hatten, aber Vater beruhigte sie und sagte, lass doch den Mädels die Freude, du hast Töchter, die wissen, was schön ist, und haben viel Geschmack. Als die Bescherung zu Ende war, wurden Café, Liköre und Kuchen gereicht, Konfekt, Früchte, Nüsse usw. Und nun gaben wir unser Konzert zum Besten. Am Anfang waren wir sehr aufgeregt, aber wir spielten mit so einer Begeisterung und hatten großen Erfolg. Bruder Rolf spielte Geige, und als kleiner Bursche brachte er so manches nette Stück zu Gehör, Lusja begleitete ihn oft am Flügel. Um 11 Uhr fuhren wir dann alle zur Christmette. Meistens fuhr die Jugend mit Papa. Es wurde immer eine »Troika« bestellt. Fein war es, so in einer klaren Winternacht in die Kirche zu fahren, warm verpackt und froher Stimmung. Wir fuhren meistens nach Wassilij Ostrow zur kleinen Kapelle. Diese kleine Kirche und das dazugehörige Waisenhaus für Deutsche Kinder war das Werk meiner Mutter, sie hatte viel dafür getan. Ein befreundeter Pater hielt dort die Christmette. Schöne alte Weihnachtslieder erklangen. Wir sangen mit im Chor, wo unserer Jugendkamerad Ronni Kaban die Orgel spielte, seine älteste Schwester Mizzi, die eine sehr schön geschulte Stimme hatte, sang oft solo. Nach der Christmette ging es schnell nach Hause, wo uns heißer Tee oder Kaffee mit Stollen und Pfefferkuchen und lauter andere leckere Sachen erwarteten. Am ersten Feiertag war bei uns zu Hause großer Empfang, alle waren froher Stimmung, es wurde gelacht, gescherzt, und man amüsierte sich aufs Beste. Zum Abend wurde stets »à la fourchette« gegessen. Im Speisezimmer, welches sehr groß war, wurden kleine Tische hübsch geschmückt, der große Tisch an eine Wand geschoben und dort aufgestellt, und dann erschienen die auserlesensten Sakussken auf der Tafel. Das war immer ein Kunstwerk unserer Küchenfee. Natürlich fehlte es nicht an den schönsten und auch unzähligen Schnäpsen und Nalifken. Vor dem Abendessen war die Jugend meistens in unserem Zimmer versammelt, das sehr groß und geschmackvoll eingerichtet war (so wie die ganze Wohnung meiner Eltern), weiße Schleiflack-Möbel, ein großer roter Teppich, der den ganzen Fußboden bedeckte. Es war bei uns gemütlich, und man konnte Dummheiten machen und reden, wie einem der Schnabel gewachsen war. Wir spielten verschiedene Spiele, es war stets lustig und nie langweilig. Nach dem Essen, wenn die älteren Herrschaften sich beim Whist und anderen Kartenspielen amüsierten oder im kleinen Salon debattierten, stand uns der große Salon zur Verfügung. Es wurde getanzt und nette Gesellschaftsspiele gespielt, oder wir improvisierten einen Bunten Abend, Kabarett mit allerhand Vorführungen, wo sich jeder beteiligte, wer Lust hatte. Es wurde gesungen, deklamiert, was vorgespielt oder vorgetanzt. Das war meistens meine Spezialität, zusammen mit meiner Freundin Nonna Rembowsky (sie war die Tochter von Oberst Rembowsky, unsere Eltern waren mit ihm sehr befreundet. Sie wurde viel später von ihrem eigenen Mann während der Revolutionszeit erschossen). Wir tanzten verschiedene Nationaltänze oder vollführten einen damals ganz modernen Tanz »Argentinischer Tango« (wir hatten verschiedene Kostüme, und wenn uns was fehlte, so suchten wir uns was von Mamas alten Maskenkostümen). Wir waren beide große Tänzerinnen und baten oft unsere Eltern, sie möchten uns doch zum Ballett lassen, aber leider wurde daraus nichts. Djadja Saschka machte stets jeden Jux mit uns mit und lieh sich oft von Mutter irgendein altes Ballkleid und trat als Chansonette auf, manches Mal wagte er auch einen Can-Can, hatte stets großen Applaus. Es wurde viel getanzt, und das Schönste war, wenn Vater mit uns tanzte: Einen Walzer führte er gerne an oder auch eine Quadrille von anno Tobak, das war der Höhepunkt. Vater war ein guter Tänzer, und ich liebte sehr, mit ihm zu tanzen, auch Mutter tanzte gut, auch so manche von den älteren Leutchen schwangen sich im Walzertakt. Spät in der Nacht ging dann alles nach Hause, froh, in gehobener Stimmung und zufrieden. Dann kam Sylvester, und an diesem Tage hatte Lusja Geburtstag. Sylvester wurde stets zu Hause gefeiert und nur mit den nächsten Freunden und Verwandten. Glück wurde aus Blei gegossen, es gab Knallbonbons mit allerhand Überraschungen, Glühwein und den traditionellen Königskuchen, mit einem eingebackenen 5-Gold-Rubelstück. Er wurde in so viele Teile geteilt, wie sich Menschen sich in unserem Hause befanden, und wer das Stück mit dem Goldrubel erwischte, der war König und dem musste man eine Art Abgabezoll zahlen. Am 1. Januar fuhren wir beide mit Lusja in die Kirche und machten unsere üblichen Neujahrsvisiten bei Tjoja Sophie, bei der wir zu Mittag stets an diesem Tage waren, und dann bei Tante Wina (Vaters Schwester), wo wir Kaffee tranken. Unsere Eltern empfingen zu Hause Neujahrsgratulanten. Am Abend fuhr man meistens zu den Lamberts (Freunde von unseren Eltern) zum Neujahrsempfang. Lamberts waren sehr reiche Leute, Herr und Frau Lambert waren sehr nett, aber die Töchter schauderhaft, hochnasig, protzig und dumm, wir mochten die Mädels nicht, aber hin mussten wir und waren froh, nach diesem langweiligen Abend wieder zu Hause zu sein. Ferien zu Weihnachten hatten wir zwei Wochen, und nach Hl. Drei Könige musste man wieder zur Schule. Wir alle drei besuchten die St. Petrischule. Es war eine von den besten Schulen in Petersburg (Knaben- und Mädchen-Schule), es wurde viel von den Schülern gefordert, und lernen musste man fleißig, sonst flog man raus. Diese Schule hat Peter der Große gegründet, und zu unserer Schulzeit wurde das 200-jährige Jubiläum mit großem Pomp gefeiert, sogar der Zar Nikolai II. war zu dieser Feier anwesend. Unser Schulweg war weit, wir mussten ziemlich früh aufstehen, um pünktlich 9 Uhr da zu sein (da wir so weit weg wohnten, brauchten wir nicht zum Gebet). Wir mussten mit der Straßenbahn wie die meisten Kinder fahren. Vater wollte nicht, dass wir mit der Droschke fuhren, damit wir nicht verwöhnt werden, selten mal spendierten wir uns einen Fuhrmann von unserem Taschengeld. Ich ging gern zur Schule, ebenso Lusja, wir lernten nicht schlecht und brachten gute Zeugnisse nach Hause. Schön war die Schulzeit. Zu Hause hatten wir auch noch französische Konversationsstunden; es kam so eine verschrobene Mademoiselle zweimal die Woche. Als wir größer waren und viel lernen mussten, kam jeden Tag auf zwei Stunden ein »Repetitor«, meistens war es ein junger Student, der unsere Schularbeiten überprüfte und uns abhörte. Hauptsächlich aber war er Rolfs Erzieher. Wir freuten uns stets auf den Sonnabend, dann kamen wir früher nach Hause, machten schnell unsere Aufgabe und gingen meistens abends ins Theater, ins Schauspiel oder die Oper. Wir haben als junge Mädels die besten Schauspieler und Sänger gehört. Meistens gingen wir mit unseren Freunden ins Theater, und es war unter den Schülern Tradition, auf dem Olymp zu sitzen oder Balkon, das waren die Stammplätze der Kunstkenner, man ging in Uniform so wie auch zur Schule. Nur wenn man mit den Eltern ausging oder so von unserem Onkel ausgeführt wurden ins Theater, dann machte man Toilette. Manches Mal gingen wir auch unsere Bekannten und Schulkameraden besuchen. Oft hockten wir bei Ohmkes, deren Töchter Edith und Margarete gingen mit uns zusammen zur Schule, Edith mit Lusja in eine Klasse und Marga mit mir. Von klein auf wanderten wir zusammen denselben Schulweg, sie wohnten in der Nähe von uns. Ihr Vater war Direktor einer großen Firma (stammte auch aus Riga), die Mutter starb früh, und die Kinder (4 an der Zahl, Herbert, Edith, Margarete und Heddy) wurden von der Schwester des Vaters (Tschula) erzogen. Tschula erzog sie spartanisch, was sie hatten, war alles sehr gediegen, aber nichts Fesches und Nettes zum größten Ärger der Mädels. Viele fröhliche und später auch traurige Stunden haben wir zusammen verbracht.

Sonntags liebten die Eltern nicht, wenn wir ausgingen, Vater sagte immer, es ist der einzige Tag, wo er mit seiner Familie zusammen sein konnte. Wir durften wohl unsere Freunde auffordern, zu uns zu kommen, und meistens war auch jemand da. Im Januar war der Geburtstag meines Vaters, der stets sehr gefeiert wurde. Ein Jahr, kann ich mich erinnern, hatte Mama sich ausgedacht, sie wird an diesem Tag einen großen Maskenball arrangieren. Unsere ganze Wohnung wurde umgekramt. Viele bekannte junge Künstler, die bei uns zu Hause verkehrten, halfen, die Räume zu dekorieren, und witzige Wandplakate prangten an den Wänden. Es war für uns sehr aufregend, denn wir beide mit Lusja durften mit Vater die Gäste empfangen. Mutter wollte unerkannt auf dem Ball erscheinen. Vater, als Wirt von anno Tobak verkleidet, wir beide in neuen hellrosa Ballkleidern machten die Honneurs und empfingen unsere Gäste. Was kamen da für allerhand Masken! Wir amüsierten uns aufs beste und freuten uns, wenn wir jemand erkannten, mussten aber stillschweigen, um dieselben nicht zu verraten. Am neugierigsten waren wir, wie wohl unsere Mutter aussehen wird und ob wir sie erkennen würden. Und wirklich, wir konnten unsere fesche Mama bis zur Demaskierung nicht herausfinden. Sie kam mit ihrer Freundin, als Pariser Midinetten verkleidet sahen beide sehr fesch und unternehmungslustig aus und hatten großen Beifall. Punkt zwölf Uhr erschien plötzlich ein Gespenst, drehte sich und hopste unter dem Kronleuchter, und wie man wissen wollte, wer es war (es war gerade Demaskierung), verschwand der Geist. Der Portier durfte ohne Einladungskarten keinen hereinlassen, Vater fragte ihn, wer es war, unser treue Iwan wurde verlegen und sagte: »Herr, Sie sollen nicht böse sein, es war ein Scherz von den Marineoffizieren.« (Wir wohnten gegenüber dem Marine-Garderegiment, und das Offizierskasino war gerade unserer Wohnung gegenüber). Nächsten Tag erhielt meine Mutter einen großen Blumenstrauß mit einer Entschuldigung für die Störung. Mit der »Masleniza«, der sogenannten *Butterwoche*, wo kurz vor Beginn der Fastenzeit schon kein Fleisch mehr erlaubt war, nur noch Milch, Eier und Fisch, wurde noch einmal ein Höhepunkt des Festefeierns erreicht, ähnlich wie im Westen Fastnacht. Danach waren die Festlichkeiten zu Ende, und nach Aschermittwoch gab es eben strenges Fasten – bis Ostern.

Zu der Woche vor Palmsonntag hatten wir vor unserer Schule eine »Werba«, einen Jahrmarkt. Der war mit allerhand Schaubuden ausstaffiert, Verkaufsbuden von verschiedenem Jux und mit viel Klimbim. Es war Tradition, nach Schulschluss auf der »Werba« herumzubummeln, man kaufte unnötigen Kram und kam damit beladen eine Stunde oder mehr später nach Hause. In der Karwoche hatten wir Osterferien. Diese Woche war strenges Fasten, und man musste sich brav und ruhig verhalten. Am Mittwoch in der Karwoche gingen wir, als wir größer waren, zur Osterbeichte und Kommunion. Vater ging einmal im Jahr in seine Lutherische Kirche, und das war am Gründonnerstag, Mama meldete ihn vordem beim Pastor an und ging mit ihm an diesem Tage in seine Kirche. Der Pastor, wenn er ein Anliegen hatte, kam stets zu Mama, und sie hatte auch viel gespendet für die lutherische Gemeinde. Vater, der Lutheraner war, war ein sehr gottgläubiger Mensch, nie ging er am Morgen ins Büro, ohne sein Morgengebet zu verrichten, er achtete sehr unser katholisches Religionsbekenntnis und hatte viele Freunde unter der katholischen Geistlichkeit, die bei uns zu Hause verkehrte. Als mein Bruder geboren wurde, bestanden die Verwandten meines Vaters darauf, dass er seinen Sohn, den einzigen Boencke, in der lutherischen Kirche taufen soll. Es waren große Auseinandersetzungen zwischen den Geschwistern, aber Vater sagte, er ist in der katholischen Kirche getraut worden, seine Frau und Töchter haben diesen Glauben, und sein Sohn wird auch denselben bekommen; er liebt seine Frau und Kinder und will keine Spaltung in der Familie.

Wir mit Lusja und Kusine Sonja gingen am Gründonnerstag stets in die Malteserkirche (meine Eltern wurden in dieser Kirche getraut), diese Kirche lag im Komplex der Gebäude des Pagenkorps, erbaut vom Paul I., einem Sohn Katharinas II. Am Gründonnerstag war in dieser Kirche viel los, sie war die Gesandtschaftskirche in Petersburg, und man konnte an diesem Tage alle Gesandten in Gala-uniform sehen, die am Gottesdienst teilnahmen, gebetet hat man damals wohl weniger … Am Karfreitag war es bei uns Tradition, nach der Kirche auf den Friedhof zu fahren. Meistens fuhren wir in einer ganzen Kompanie. Da an diesem Tage zu Hause gefastet wurde, kauften wir uns un-terwegs stets Schokolade oder Konfekt, denn der Weg zum Friedhof war weit, und nach Hause kamen wir ziem-lich spät. Man konnte uns zu Hause ja auch wenig gebrau-chen, das Einzige, was uns erlaubt war, Eier zu färben, das taten wir mit Vorliebe und entfalteten dabei unsere künst-lerischen Talente. Ab und zu steckten wir mal unsere Nase in die Küche, denn dort wurde *Pascha*[5] zubereitet, und man musste doch mal probieren! Unsere Küchenfee war aber sehr streng und setzte uns meistens schnell wieder an die Luft. Sonnabend gingen wir mit Lusja Schokoladeneier einkaufen für Papa, Mama und Freunde sowie auch Haus-genossen. Mutter bekam meistens noch ein extra Ei mit Maiglöckchen (ein Gipsei als Blumentopf zum Beispiel), dann am Nachmittag gingen Lusja, unser ältestes Dienst-mädchen Njuscha und ich in die Stanislauskirche, die nicht weit von uns war, und ließen dort *Kulitsch*, *Pascha*, Eier, Schinken und Salz weihen, alles schön auf einem großen silbernen Tablett arrangiert und dekoriert. Das war so Sit-te, dieses alles kam dann auf den Ostertisch mit allen ande-ren schönen Sachen. Am Abend wurde nur Tee mit Bu-

[5] Kulitsch und Pascha sind traditionelle russische Osterkuchen.

lotschki (weiße Brötchen) getrunken, und um 12 Uhr fuhr man in die Kirche zur Auferstehungsfeier. Meistens waren wir in der Katholischen Seminarkirche zu dieser Feier, der Rektor, unser guter Bekannter, forderte uns stets auf, dorthin zu kommen, und schickte die Einladungskarten (ins Seminar konnte man sonst nicht hereinkommen, nur bei besonderen Festlichkeiten und per Einladung).

Der Gottesdienst in dieser Kirche war stets sehr feierlich, und die jungen Kleriker (Seminarstudenten) und Priester erfreuten einen mit einem schönen Gesang. Nachdem wir aus der Kirche zu Hause angekommen waren, wurde gegessen. Auch Ostersonntag war bei uns viel Besuch, es war ein Kommen und Gehen, es wurde gegessen und getrunken, der Ostertisch stand den ganzen Tag gedeckt, und jeder musste etwas zu sich nehmen, das war so Sitte im alten guten Russland. Und noch ein alter russischer Brauch: Man begrüßte sich mit »*Christos woskres*«, das heißt »Christus ist auferstanden«, und musste dann antworten »*Wojistino woskres*«, was bedeutet »Der Herr ist wahrhaftig auferstanden«. Dazu war es Sitte, dass man dreimal den Osterkuss wechselte. Es war ja manches Mal nicht schön, einen älteren Herrn abzuküssen (und wenn man es nicht tat, war große Beleidigung), dafür erntete man allerdings stets ein schönes Osterei aus Schokolade, Marzipan oder ein nettes kleines Ei als Anhängsel aus Emaille, Gold oder einer guten Juwelierarbeit. Am späten Abend zählten wir dann immer unsere Ernte. Die Osterwoche war meistens sehr fröhlich und lustig, man war viel eingeladen und wusste manches Mal nicht, zu wem man zuerst gehen sollte. Nach Ostern musste man sehr anstrengend lernen, denn im Frühling wurde man ja versetzt in die nächste Klasse und musste ein gutes Abgangszeugnis haben. Es kamen auch verschiedene Examen, und das war für uns eine aufregende Zeit. Und wenn dann der Tag des Schulschlusses kam, dann war man so nervös und gespannt, was wird sein. Schulschluss in unserer Schule war sehr feierlich. In einer riesengroßen Aula versammelten sich alle Schüler und Schülerinnen. Die Abiturienten in den vorderen Reihen (die Mädels in festlichen weißen Kleidern, die jungen Leute in Gesellschaftsanzügen) und wir anderen in unserer Uniform. Nach einer feierlichen Ansprache des Leiters der Schule wurden den Abiturienten die Abschlusszeugnisse und den besten Schülern die Auszeichnung ausgehändigt. Die größte Auszeichnung war die goldene Medaille, ein goldener schön gravierter Siegelring mit dem Emblem der St. Petrischule. Wir anderen erhielten unsere Zeugnisse in unseren Klassen.

Wie froh war man, wenn man versetzt wurde in eine höhere Klasse und ein gutes Zeugnis bekam. Man verabschiedete sich von der Klassenlehrerin, überreichte ihr den traditionellen Blumenstrauß, und nachdem man noch so allerhand Ermahnungen auf den Weg bekommen hatte, ging man schnell nach Hause, um den Eltern die Zeugnisse zu zeigen. An diesem Tage leisteten wir uns stets einen Fuhrmann, denn sonst ging es uns nicht zu schnell genug. Wie waren wir froh und glücklich, wenn unsere Eltern mit uns zufrieden waren, und am schönsten war das Gefühl, dass man nun für einige Zeit nicht mehr zur Schule gehen musste.

Nach Schulschluss fuhren wir auch die nächsten Tage nach Finnland, wo unsere Eltern eine Datscha (Villa) hatten. Mama mit einigen Dienstboten hatte ja schon einige Wochen vorher alles in Ordnung gebracht, es war ja alles da, man brauchte nur seine persönlichen Sachen mitzunehmen. Unsere Villa lag nicht weit vom Meer in der Nähe von Wiborg. Finnland, das Land der Tausend Seen – man musste dort gelebt haben, um dieses Land gernzuhaben. Unsere Villa war sehr geräumig, und jeden Sommer lebte bei uns auch Tante Sophie mit Sonja. Wir konnten auch unsere Freundinnen einladen, bei uns paar Wochen den Sommer zu verbringen, es war viel Besuch bei uns, meine Eltern wollten jedem eine Erholung bei uns gönnen und taten es gern. Vater kam aus Petersburg stets am Freitag Abend und blieb dann bis Montag Früh, und er brachte meistens paar junge Leute mit. Für uns waren es ja keine Kavaliere, da wir noch zu grün waren, aber für unsere Kusine Sonja, die so in heiratsfähigem Alter war. Aber auch wir hatten unseren Spaß. Papa wurde jedesmal von uns abgeholt (6 Kilometer waren wir von der Bahnstation entfernt). Wir Jugend alle per Rad. Andejs, unser finnischer Kutscher mit seinem leichten Wagen und nettem kleinem finnischen Pferd, erwartete Vater schon eine Stunde, bevor der Schnellzug ankam. Vater wurde mit großem Hallo empfangen und stürmisch begrüßt. Bevor man nach Hause startete, war es üblich, in der Bahnhofsgaststätte paar »*Piroschki*« zu essen oder das, auf was man gerade Appetit hatte. (Die finnischen Gaststätten hatten stets eine sehr schöne Auswahl von allerhand leckeren Sakussken und Speisen.) Papa freute sich, wenn die Gesellschaft mit vollen Backen kaute. Nachdem man sich gestärkt hatte, machte man sich auf den Heimweg, Papa eskortiert von einer Schar Jugend per Rad. Vater kam nie mit leeren Händen aus der Stadt, er brachte stets uns was Nettes mit, und wir freuten uns, wenn er mit uns zusammen war. Besonders liebte er uns zuzusehen, wie wir Tennis spielten. Er und Kusine Sonja, welche wegen eines Herzleidens nicht spielen konnte, schlossen Wetten ab, welche Partie gewinnen wird. Wenn wir zum Baden gingen, kam auch Vater mit uns. Da der Strand sehr steinig war, waren große lange Stege gebaut, wo sich auch die Kabinen zum Auskleiden befanden, und am Ende des Steges waren Sitzbänke und Liegestühle aufgestellt, wo man sich sonnen konnte. Wir trieben viel Sport im Sommer und konnten machen, was wir wollten, aber zu allen Mahlzeiten musste man pünktlich erscheinen. Zwei Stunden am Tage mussten wir aber lernen, um sich ein wenig auf das kommende Schuljahr vorzubereiten. Das taten wir früh am Morgen, damit wir den ganzen Tag frei waren. Mama engagierte jeden Sommer einen jungen Studenten, der mit uns lernte. Es war stets ein netter junger Mensch, der sich in den Sommerferien ein wenig Geld verdienen wollte. Gut erzogen, mit guten Manieren, und wurde bei uns als ein Glied der Familie behandelt, er war uns auch ein guter Spiel- und Sportkamerad und machte jeden Jux mit uns zusammen mit.

Einen Sommer besuchten uns Mutters Verwandte aus Deutschland. Es kam eine Tante von Mama mit ihrer Tochter (Tante Klara Wuest und Lilly). Wir waren sehr neugierig auf unsere ausländischen Verwandten, und eines Tages erschienen sie auch (Sommer 1913). Mama und Vater hatten sich es in den Kopf gesetzt, Lilly zu verheiraten (das haben wir zufällig erfahren), und zu diesem Zweck brachte Vater jeden Freitag paar heiratsfähige, gutsituierte und ganz passabel aussehende junge Herren mit. Wir natürlich waren gespannt auf die Wahl unserer Tante Lilly und passten auf wie die Detektive, ließen uns aber nichts anmerken und sagten auch keinen Ton. Lusja ging stets mit ihrem Fotoapparat herum und knipste, wenn unsere liebe Tante nichts sah und hörte. Dann entwickelte sie heimlich die Bilder, und es war ein Spaß. Und richtig: Am Schluss des Sommers verlobte sich Tante Lilly mit einem Herrn – Alexander Thalmann, wir nannten ihn ganz einfach Thalminski oder Djadja Laschka. Er hatte einen guten Posten und war ganz wohlhabend, war stets sehr gut gekleidet, hatte aber eine Glatze, die ihm viel Kummer machte, weil er deswegen stets aufgezogen wurde. Sonst war er ein lustiger Mensch, kein Spielverderber, kein großes Licht. Er liebte junge Mädels, und man konnte ihm auf dem Kopf tanzen, für einen Kuss tat er alles, was man von ihm wollte. Verlobung wurde lustig gefeiert. Die Hochzeit wurde auf den Herbst 1914 angesetzt, aber leider brach der Krieg aus, und das Brautpaar wurde getrennt.

Aber nach dem Kriege, 1918, haben sie sich doch wiedergefunden auf eine ganz sonderbare Weise, und geheiratet. Thalmann stammte aus Libau und war nach der Revolution in seine Heimat zurückgekehrt, trat dort in die Eiserne Division ein, die damals gegen die Bolschewiken kämpfte. Eines Tages suchte ihn ein Fliegermajor auf, fragte, ob er Alexander Thalmann sei, und sagte, er soll mit ihm mitkommen. Befahl ihm, sich in ein Flugzeug zu setzen, und brachte ihn persönlich nach Frankfurt a. M. zu seiner Braut. Das war der Bruder von Tante Lilly, Philo Wuest, damals ein großer Haudegen und bekannter Fliegeroffizier. So kam also die Hochzeit zustande, die Ehe war aber nicht von langer Dauer, nach paar Jahren waren sie geschieden.

Den Sommer, als die Damen Wuest bei uns waren, mussten wir ihnen doch das schöne Finnland zeigen. U. a. fuhren wir auch nach Imatra, zu dem berühmten Wasserfall.

Das ist eigentlich kein richtiger Wasserfall, aber ein Fluss, der Vuoksi, dessen Strömung reißend und mit schäumender Wucht dahinfließt. Dieser Fluss, der zwischen Granitfelsen dahindonnert, erzeugt für das ganze Land durch ein Kraftwerk die Elektrizität. Die Landschaft ist sehr schön und eigenartig, es sind dort paar schöne Hotels, weil Touristen aller Länder sich dieses Naturwunder ansehen. Besonders malerisch ist es im Winter, der Fluss friert auch beim strengsten Frost nicht zu.

Wiburg, Helsinki, was waren das für saubere, nette Städte. Mutter kaufte viel ein in Finnland, besonders konnte man gute Kristallsachen, die im Lande produziert wurden, kaufen. Im Herbst wurde stets eine große Pilzsammlung veranstaltet, an der sich außer Mama und Tjoja Sophie alle beteiligten. Man zog aus am frühen Morgen, bewaffnet mit Körben und Butterstollen, in den Wald. Zwischen dem nordischen Rentiermoos wuchsen die schönsten Steinpilze, nur die Köpfe wurden gesammelt, da man sie zu Hause für den Winter trocknete und einmachte. Auch sammelten wir Kranzbeeren, die als Kompott für den Winter eingemacht wurden. Herrlich war es, so durch den Wald zu wandern, man war fröhlich, sang Lieder und kam müde und vollbeladen am Abend heim. Wir blieben bis zum Schulanfang auf unserem Landhaus, dann war die schöne Zeit vorbei, und man musste in die Stadt, und trotzdem freute man sich wieder, in die Schule zu gehen und seine alten Kameraden zu treffen. Man nahm Abschied von allen Sommerfreunden und Spielkameraden, vom Meer und von den lieben Plätzen, wo man gern verweilt hat und glücklich war. Wir fuhren meistens mit unserem Vater in die Stadt, Mama kam einige Tage später, da sie noch alles ordnen musste, denn das Haus wurde so verlassen, dass wir auch im Winter zu jeder Zeit dort leben konnten. So vergingen die Jahre, und man lebte sorglos und heiter.

Dann kam der Krieg, 1914, und damit begann schon der Ernst des Lebens. Viele von unseren guten Freunden und Bekannten, die deutsche Staatsangehörige waren, wurden nach Sibirien verschickt, so auch Mamas Bruder, Onkel Ernst. Die Deutschen mussten ihre Wohnungen verlassen, durften nur das Nötige mitnehmen. Ihr Besitz und Bankguthaben wurden von der Regierung beschlagnahmt. Mutter half, wo sie konnte, da sie russische Staatsangehörige war, konnte man ihr nichts anhaben. Auch viele unserer Freunde zogen in den Krieg, es gab Abschiedstränen, man wünschte jedem, dass er zurückkommen möchte – und wie viele blieben auf dem Schlachtfelde! Wir waren doch in Russland geboren, und man war ja mit diesem Lande verwachsen. Einen Hass gegen die Deutschen hegten wir nicht, da unsere Mutter doch deutscher Abstammung war. Man verfolgte angespannt alle Nachrichten, die von der Front kamen. In der Schule wurde in den Handarbeitsstunden fleißig für die Soldaten Wäsche genäht, Strümpfe gestrickt und für die Lazarette Verbandstoff zurechtgemacht. Wir schickten Liebesgaben an die Front und freuten uns auf jede Nachricht, die von den lieben Freunden aus der Kampfstellung kam. Mama war viel unterwegs, sie sorgte für die Flüchtlinge, die aus den Kampfgegenden kamen, verschaffte Unterkunft, Stellen, Kleider, Wäsche, oft mussten wir mit Lusja unsere Sachen hergeben (wir bekamen ja andere dafür) für irgendwelche Mädel, die sofort was benötigten. Ja, unsere Mutter half allen, aber als sie selbst Flüchtling war und nichts mehr besaß, da hat ihr keiner was gegeben, da hat man vergessen, was sie einst getan hatte (besonders die Rigaer Verwandten und Bekannten). Mit dem Schwedischen Roten Kreuz und dem Gesandten arbeitete Mama und konnte dadurch viel den deutschen Verschickten und Kriegsgefangenen helfen, Geld spielte bei ihr damals keine Rolle, sie hatte genug davon und gab es gerne.

Mama brachte es auch fertig, dass Onkel Ernst aus Sibirien nach Schweden reisen konnte. Onkel Ernst hatte sowohl die amerikanische Staatsangehörigkeit wie auch die deutsche. Sie und Lusja fuhren zum Bahnhof, um ihn zu sprechen, als er durch Petersburg kam. Er war unter Bewachung von zwei Gendarmen und konnte nur paar Worte mit Mama wechseln. Leider funktionierte der schöne Plan nicht, Onkel Ernst wurde an der finnischen Grenze arretiert und saß ein Jahr in Petersburg im Gefängnis der Spionage verdächtigt und wurde dann wie ein Schwerverbrecher wieder nach Sibirien verschickt. Das alles haben wir erst nach einem Jahr erfahren durch einen anständigen *Ochrana*-Offizier[6], der zu uns nach Hause kam und Mama aufklärte und sie auch zur gleichen Zeit warnte, sie möge vorsichtiger sein, da sie auch beobachtet wurde. Schon damals war ein großes Misstrauen in Russland gegen alles, was ausländisch war. In Petersburg merkte man wenig was direkt vom Kriege, am Anfang. Es war alles da, nur das eine war anders: Man feierte nicht mehr so üppige Feste, ja es wurden Bazare und mal auch Bälle und Wohltätigkeitsfeste veranstaltet, aber der Betrag ging immer ans Rote Kreuz oder Kriegswaisen usw. Als der Krieg aber schon paar Jahre dauerte und die russischen Truppen nicht vorwärts kamen, fing es im Volke an zu gären. Man war

[6] Ochrana war die zaristische Geheimpolizei.

sehr schlecht auf die russische Kaiserin zu sprechen (sie war eine deutsche Prinzessin). Dazu kam noch die Affäre »Rasputin« des wunderheilenden Mönchs, den der Kaiser und die Kaiserin sehr verehrten, da er quasi den Thronfolger von seinem Leiden (er war Bluter) heilte. Rasputin, ein schlauer, gewitzter russischer Bauer aus Sibirien, gehörte eigentlich zu der Sekte der *Chlysti*, die sehr eigenwillige Grundprinzipien hatten. Er hatte viele Anhänger bei Hof und verstand es, alles zu seinen Gunsten auszunützen. Wir haben ihn mal eines Tages in Finnland gesehen. Er war zu Gast bei einer Hofdame der Kaiserin, die eine große Verehrerin von ihm war. Sie hatte ihre Sommervilla nicht weit von der unsrigen. Wir kamen gerade, eine große Kompanie, angeradelt und sahen ihn von weitem auf dem Gehsteig promenieren. Einige von uns waren sehr boshaft und fuhren auf dem Gehsteig, so dass er uns ausweichen musste. Ein Mann, mittleren Jahres, groß mit einem ungepflegten Bart und sehr faszinierenden Augen in einer kornblauen russischen Hemdbluse, dunkelblauen Hosen und Juchtenstiefeln. Er trat zur Seite, um uns durchzulassen, lächelte und sagte: »Ach, die Jugend!« So haben wir den berüchtigten »Grischka Rasputin« in eigener Person gesehen. Er wurde im Dezember 1916 von Großfürst Graf Jussopow und einigen anderen Männern ermordet.

In diesem Winter starb auch die Schwester meines Vaters, Tante Wina Bruhns. Sie war verheiratet in zweiter Ehe mit Wilhelm Bruhns, der in der russischen Armee als Stabsarzt (General) ein Feldlazarett leitete und an der Front in Kars stationiert war. Tante Wina war die jüngste Schwester meines Vaters und seine liebste. Sie war eine glänzende Erscheinung, wir hatten sie auch sehr gern. Nach langem Krankenlager starb sie unter großen Qualen. Auf dem

Sterbebett musste Vater ihr versprechen, sie in Riga, in ihrer Heimatstadt, zu beerdigen, es war sehr schwierig, die Leiche dorthin zu transportieren, da die Front 30 km von Riga entfernt war. Aber Vater konnte es durch seine Beziehungen so arrangieren, und sie wurde in Riga auf dem Domfriedhof neben ihrem ersten Ehegatten beigestattet. Sie starb am 6ten Januar 1917.

Weihnachten 1916–17 kam Vaters älteste Schwester Tante Alice mit ihrer Tochter Siegrid aus Riga zu Besuch, sie wollte nochmals ihre Schwester sehen wie auch ihre beiden Söhne, die nach Petrograd auf Urlaub von der Front kamen. Tante Alice war eine falsche Person, um unsere Eltern scharwenzelte sie herum, da sie nur ihren Vorteil davon erhoffte, ebenso ihre Söhne, sie nützten unsere Eltern aus auf eine sehr schlaue Art und Weise. Für Vater war sie erledigt, als sie zurück nach Riga abfuhr ein Tag vor dem Tode ihrer Schwester, nur weil ihre Tochter zur Schule musste. Siegrid als erste Schülerin durfte ja um nichts in der Welt den Schulanfang versäumen, sie trieb ein großes Affentheater mit dieser Tochter. Wir alle waren froh, als sie wieder abreiste. In der Kriegszeit war unser Haus Absteigequartier für alle Rigenser (Dank dafür haben meine Eltern nie geerntet). Es verkehrten bei uns zu Hause auch die Söhne des großen Schiffsreeders Seeberg aus Riga, Eugen und Otto. Die beiden besuchten in der Kriegzeit die Schule in Petrograd und zählten bei uns zu Hause zur Familie. Jeden Sonntag früh am Nachmittag erschienen die beiden. Es waren sehr gebildete und wohlerzogene junge Leute, und wir mit Lusja wurden mit ihnen sehr befreundet. Eugen, der jüngere, so alt wie Lusja, machte ihr den Hof, Otto, der ältere, war wie mein großer Bruder und Freund. Wir verlebten viele

nette gemütliche Stunden zusammen, gingen oft alle vier ins Theater oder Kino, musizierten viel (Otto spielte Klavier, Eugen Geige). In unserem Zimmer las Otto uns vor, so manche schöne Sachen, dann wurden die Meinungen ausgetauscht und auch so mancher Spaß gemacht. Eugen war u. a. auch ein großer Künstler, er konnte gut zeichnen, hatte auch ein Pastellbild von mir gemalt, das sehr gelungen war und welches er meinen Eltern präsentierte, als Dank für die genossene Gastfreundschaft. Vater und Mutter hatten die beiden sehr gerne, und die alten Seebergs waren meinen Eltern sehr dankbar, dass ihre Söhne ein Haus hatten, wo sie wie ihre eigenen Kinder behandelt wurden. (Seebergs waren die Einzigen, die sich uns gegenüber anständig betragen haben, als wir dann als Flüchtlinge nach Riga kamen.) Otto und Eugen lebten in einer Pension, die einer Freundin von Mama, Frau Werner, Tjoja Wera von uns genannt, gehörte. Ihr Ehegatte, Onkel Karl, der unter ihrem Pantoffel stand, war ein Freund von Vater, ein alter Rigenser. Tjoja Wera, stets sehr fesch, war ein großes Klatschmaul und hatte eine scharfe Zunge und kam immer mit irgendwelchen Neuigkeiten. Onkel Karl liebte die Jugend, besonders das weibliche Geschlecht, poussierte gerne mit uns und unseren Freundinnen, dafür musste er aber zum Tanze aufspielen; er konnte nur einen Walzer und Polka, und diese spielte er mit enormem Schwung. In der Pension von Tjoja Wera lebte auch Onkel Talminski, Tante Lillys Verlobter. Die Pensionsmama war oft unzufrieden mit ihren Pensionären, die parierten ihr nämlich nicht und trieben oft verschiedene Scherze. Sie liebte, dass man ihr den Hof machte, und ihr Schleppenträger war Djadja Saschka.
Wir waren oft zu verschiedenen Späßen aufgelegt. So hat-

ten wir auch einen Bekannten, auch aus Riga stammend, Hardy Sulz. Er war Offiziersschüler bei der Kavallerie, war ein lustiger Bursche, von zu Hause aus sehr verwöhnt und verweichlicht, sah sehr gut aus, ein wenig zu füllig für einen jungen Mann und ein Gesicht wie ein Mädchen, rosig und zart, aber für alle Schandtaten war er zu haben. Eines Sonntags wollten wir alle ins Kino gehen, Hardy durfte nicht mit, da er keine Erlaubnis (von der Schule) hatte, wollte aber unbedingt mit uns gehen. Wir gaben ihm den guten Rat, sich als Dame zu verkleiden (die Fratze und Figur hatte er ja dazu). Gesagt, getan. Mutter musste ihre Kleider hergeben, auch den Persianermantel, einen großen Hut mit Schleier, Muff und alles was dazu gehörte, passte alles prima, und er sah sogar ganz fesch und unternehmungslustig aus – aber die Füße! Er hatte Kavalleriestiefel und sogar ganz große, Vaters Filz-Überschuhe mussten herhalten, aber es passte ganz gut (man trug ja damals lange Kleider). Otto Seeberg hakte ihn unter, und so gingen wir los. Kamen ins Kino, der Film lief schon, und setzten uns auf die angewiesenen Plätze. Als es aber Pause war und das Licht anging, erblickte Hardy plötzlich neben sich paar Offiziere von seinem Regiment, er schwitzte Korinthen und wurde ganz bleich, erkannt haben sie ihn aber nicht. Wie es dunkel wurde, machte er sich aus dem Staube, Otto musste natürlich mit, als sein Begleiter, wir anderen aber sahen uns den Film zu Ende an. Auch Djadja Saschka war auch stets das Ziel unserer Witze, er nahm es uns aber nicht übel, wenn wir ihn veräppelten. Wir schickten ihm einmal eine rothaarige Perücke (er hatte eine Glatze, trotzdem er noch ein ziemlich junger Mann war), oder mal an seinem Geburtstag, welchen er stets sehr wohl feierte, da sandten wir ihm ein Blumenarrangement (ein

Nachttopf mit Maiglöckchen, schön mit Schleifen garniert, so dass man den Henkel nicht sah). Als die ganze Gesellschaft an der Tafel saß und fröhlich speiste, bemerkte Vater den Blumentopf (er stand als Dekoration in der Mitte auf dem Tisch), fragte Saschka, wer ihm denn so was geschickt habe, erst jetzt bemerkte Saschka, was für ein Geschenk er bekommen hatte, welche Verehrerinnen ihm wohl das gesandt haben. Es entstand ein großes Gelächter, als man das Blumenarrangement so näher betrachtete. Trotz Krieg war man auch oft lustig und machte verschiedenen Jux, man war eben noch jung und sorglos.

Ich kann mich noch sehr gut an meine Erste Hl. Kommunion erinnern. Es war im Kriege 1916. In einer kleinen Kapelle auf dem Wassilij Ostrow gingen wir, acht junge Menschen verschiedener Nationen, zur Ersten Hl. Kommunion. Unser Religionslehrer, Prof. Ignatius Swirski (später Rektor an der Universität in Wilna), ein Jesuitenpater, noch recht jung, war ein sehr kluger und guter Mensch. Wie er es fertigbrachte, Kinder verschiedener Nationen (2 Spanier, 3 Belgier, 1 Franzose und zwei russisch-deutsche Mädels) zu diesem Tage vorzubereiten, war fabelhaft (wir waren nämlich alle Petrischüler). Die Unterrichtssprache war Russisch, wir versäumten keine Stunde, und das, was er uns lehrte, blieb für unser ganzes Leben. Als wir in die Kapelle hereinkamen, fing mein Schleier Feuer, meine Hand, die die brennende Kerze hielt, kam wohl zu nahe, aber eine Dame, die mir am nächsten stand, hatte so viel Geistesgegenwart und löschte die Flamme. Ich erschrak zu Tode und wurde kreidebleich. Pater Ignatius, der uns vor dem Altar erwartete, kam auf mich zu und sagte: »Es ist ja schon alles gut, die liebe Muttergottes hat Dich beschützt.« Die Feier in der Kapelle war so schön und erhaben, und mit großer Andacht und Liebe ging ich das erste Mal zum Tische des Herrn. Zu Hause war großer Empfang, Besuch wie auch Geschenke ohne Ende. Zum Dinner waren nur die allernächsten Bekannten da. Ich saß an der großen Tafel, neben meinem Vater, die Jugend speiste in einem anderen Zimmer, dort ging es lustig zu, ich musste aber sehr artig Reden anhören und mich feiern lassen. Damals war es Sitte, zur Hl. Kommunion Geschenke zu machen. Von den Eltern bekam ich eine goldene Uhr und einen schönen Brillantring, von Bekannten verschiedene Goldsachen, Bücher, viele Blumen und verschiedene andere wertvolle Sachen, was so eine angehende junge Dame brauchte. All diesen Schmuck durfte man erst tragen, wenn man die Schule beendet hatte, nur paar schlichte Sachen konnte man behalten. Ich trug täglich einen schönen goldenen Siegelring, trotz des Protests meiner Klassenlehrerin (in der Schule durfte man keinen Schmuck tragen).

Nun war man halb erwachsen und wurde wie eine angehende junge Dame behandelt. Wir mit Lusja wurden so erzogen, dass wir selbständig handeln konnten. Unsere Eltern hatten großes Vertrauen zu uns und wussten ganz genau, dass wir ihnen keinen Kummer antun werden. So durften wir mit unseren Freunden alleine ins Theater oder zu irgendeinem Konzert gehen ohne irgendeine Dame d'honneur. Es fehlte uns nie an Begleitern, wir hatten viele Bekannte, natürlich war man auch wählerisch. Zu Hause wurde ich immer geneckt, dass ich eine Schwäche für »blaue Knöpfe« habe, d. h. für alles, was Uniform trug. Ich muss wohl sagen, meine besten Jugendfreunde waren Kadetten, Marineschüler und angehende Offiziere, mal verirrte sich auch ein »Civilist« darunter. All diese jungen Leute leben heute nicht mehr, der Krieg und die Revolution in Russland hat sie verschlungen …

Mit der Revolution 1917 begann auch für uns der Ernst des Lebens.

Es war Februar, bitter kalt, es waren Unruhen in der Stadt, und man munkelte, dass etwas passieren würde. Es begann mit verschiedenen Streiks in den Fabriken, Straßenbahnen usw., man sah Menschen sich zusammenrotten, Polizei patrouillierte verstärkt auf den Straßen, dann sausten mal berittene Kosaken vorbei, und richtig, eines Tages brach die Hölle los. Es brannte in vielen Teilen der Stadt, die Revolutionäre zündeten verschiedene öffentliche Gebäude an, es wurde auf den Straßen geschossen, und man sah manchen tot zusammenbrechen. Wir konnten aus unseren Fenstern sehen, wie der Mob die Gardekaserne stürmte, wie die Offiziere entwaffnet und abgeführt wurden. Auf den Straßen wurden Versammlungen abgehalten, Redner verdammten die alte Zarenregierung und priesen die neue Freiheit. Eine provisorische Regierung wurde gebildet, aus alten bekannten Sozialisten und Demokraten, und der Zar wurde gezwungen abzudanken. In den ersten Tagen der Revolution konnte man sich nicht auf den Straßen zeigen, der Pöbel war der Herr der Situation, sämtliche Wein- und Schnapsläden wurden demoliert, der Alkohol floss auf den Straßen in den Rinnsteinen, Menschen betranken sich bis zur Ohnmacht und blieben am Rinnstein liegen. Den Offizieren wurden die Axelstücke heruntergerissen, und besser angezogene Menschen konnten gewärtig sein, dass man auf der Straße ihnen den Pelz auszog. Wie entsetzlich wurden die armen Polizisten misshandelt, viele mussten ihr Leben für den Zaren hergeben. Die erste

Nacht erschienen bei uns zu Hause einige roten Matrosen und fragten, ob sich bei uns nicht Polizisten versteckt haben, sie durchsuchten die ganze Wohnung, und beim Fortgehen sagte einer, dass seien ja reiche Bourgeois, das müsse man sich merken. Vater musste zum Zollamt, das sehr weit im Hafen lag, er war sehr unruhig, denn wer weiß, was dort mit all den Speichern, die der Firma gehörten, geschehen war. Am dritten Tage wollte [er] dorthin gehen, nahm Lusja mit, denn er wollte nicht alleine gehen. Lusja war ja ein tapferes Mädel. Erst spät am Nachmittag kamen die beiden wieder todmüde nach Hause – es gab ja keine Straßenbahn, keine Droschken, alles war im Taumel der Freiheit und arbeitete nicht. Als Vater zum Zollamt kam, waren alle Hafenarbeiter versammelt – er wurde nicht belästigt, konnte ruhig ins Büro gehen, paar Arbeiter begleiteten ihn. Als ein Rädelsführer ihn anschnauzte und fragte, was er hier zu suchen hat, antworteten die Arbeiter: Lass ihn in Ruhe, das ist unser Chef, er ist gut zu uns gewesen und gerecht, ihm darf nichts passieren, wir kennen ihn, er war immer für uns da. Vater versammelte die Arbeiter im Büro (die Anführer), wünschte ihnen viel Glück und Erfolg für die erstandene Freiheit und wollte ihnen die Schlüssel übergeben und sagte: »Ihr seid nun die Herren.« Die Arbeiter aber baten ihn, es soll alles so bleiben, wie es war, er möge ruhig nach Hause gehen, sie werden schon dafür sorgen, dass nichts abhanden kommt, und wenn es ruhiger wird, möge er in paar Tagen zurückkommen. Er war ihnen ein guter Arbeitgeber und kein Menschenschinder. Nachdem sich so der erste Sturm gelegt hat, nahm das Leben wieder seinen alten Gang, aber es war schon nicht mehr dasselbe. Die Lebensverhältnisse wurden schlechter. Es verschwand allmählich alles, und man konnte nur für teures Geld (schwarz) Lebensmittel bekommen. In der Schule waren keine großen Änderungen, das einzig Auffällige war, man betete nicht mehr für die Gesundheit des Zaren. (Die Kämpfe an der Front wurden eingestellt, und der Zar wurde gezwungen abzudanken. Die ganze Zarenfamilie und viele von den Großfürsten wurden unter Arrest gesetzt.)

Ich erinnere mich, wie die Opfer der Revolution beerdigt wurden. Es war Anfang April, ein Matschwetter (beinahe 2 Monate waren die armen Leichen nicht verscharrt, sie wurden halb verwest gesammelt und in roten Särgen aufgebahrt). Lusja und ich gingen zu unseren Bekannten, denn durch deren Straße sollte die Prozession kommen (in unserem Bezirk). Es schneite und regnete, Arbeiter mit roten Fahnen, Kränze mit roten Schleifen und die Särge getragen von den Kämpfern der Freiheit, deren Farbe von der Feuchtigkeit verlorenging. Orchester, die das Freiheitslied und die Internationale spielten, und dahinter der Pöbel, der grölte. Sie wurden auf dem Mars-Felde begraben, wo früher die eleganten Militärparaden stattfanden. In den ersten Tagen der Revolution starb auch unsere alte gute Amme, sie hatte zuletzt bei Tante Sophie gelebt und war nun im Krankenhaus gestorben. Lusja, meine Kusine und ich gingen hin, um anzuordnen, dass die Leiche aufgebahrt werden sollte. Als wir dahin kamen und die Verstorbene sehen wollten, schickte man uns in die Leichenkammer, wo wir uns die Tote selbst heraussuchen sollten. Uns war es nicht sehr schön zu Mute. Wir stiegen in ein Gewölbe, und es war unheimlich, so herumzugehen und nach seiner Verstorbenen zu suchen, dazu noch der Gestank, dass einem übel wurde. Endlich fanden wir unsere Tote, an jedem Fuß baumelte eine Nummer. Ein Leichenwärter, den wir gut bezahlten, versprach, einen Sarg zu besorgen, sie in der Kapelle aufzubahren, wo den nächsten Tag eine »*Panichida*«, ein Requiem, sein sollte. Den nächsten Tag erschienen wir alle zur Totenfeier. Die verstorbene Tatjana lag in einem weißen Sarge, garniert mit roten Schleifen (es war ja Revolution). Sie war in unserer Familie 26 Jahre gewesen, war Amme aller meiner Kusinen und Vettern und auch von uns dreien gewesen, eine gute, treue, russische Seele.

Den Sommer nach der Revolution verbrachten wir wie immer in Finnland. Die Finnen liebten nicht die Russen, es gärte auch in diesem Lande, sie wollten frei von dem russischen Joch sein. Als wir im Herbst zurück mussten, wurde unser Landhaus so hinterlassen wie immer, so dass wir, wenn große Unruhen in Petersburg sein würden, sofort nach Finnland kommen könnten. Befreundete Finnen versicherten uns, dass es bei ihnen sicherer sein wird, uns zu schützen. Im Oktober 1917 gewannen die Bolschewiken mit Lenin, Trotzki usw. die Oberhand. Haussuchungen, Arreste waren an der Tagesordnung, man war seiner persönlichen Freiheit nicht mehr sicher. Die *Tscheka*, der neue Geheimdienst, arbeitete auf vollen Touren, und Vater musste gewärtig sein, dass man ihn jeden Tag abholen kommt. Wir waren eben die Bourgeoisie, die Blutsauger. Guthaben in den Banken wurden konfisziert, was man in den Safes hatte auch. (Während des Krieges brachte Mama ihre besten Schmucksachen wie auch das meiste Silber in einem Mädchenkoffer in die Bank in den Safe.) Zu Hause versteckte man, was man noch bei sich hatte, man wurde schlau und erfinderisch. Wenn paar Freunde uns besuchten, so blieben sie auch gerne zur Nacht, denn abends spät konnte man sich auf den Straßen nicht zeigen. Andauernd waren Überfälle, und Menschen wurden bis aufs Hemd ausgezogen. So kam wieder einmal der Winter, mit ihm der Hunger, und wir fuhren nach Finnland. Wir hatten dort viele Lebensmittel versteckt. Es war noch immer schön in Finnland (das war auch das letzte Weihnachtsfest).

Es war noch so schön: Die Christmette in einer kleinen Kapelle. Papa mit Mama fuhren im Schlitten, wir Jugend auf Schneeschuhen durch den verschneiten Wald bei einer sternklaren Nacht. Die Schneeschuhe steckten rund um die Kapelle im Schnee. Die Christmette war sehr feierlich, viele standen draußen. »Stille Nacht, Heilige Nacht« wurde gesungen, wie in der ganzen Welt, und hier im Walde sang es jeder in seiner Sprache. Nach Hause ging es mit großem Hallo, und man freute sich auf den heißen Kaffe und Stollen. Neujahr wurde auch noch einmal, das letzte Mal, ganz lustig gefeiert, endete mit Schlittenfahrt bei Mondschein. Nächsten Tag kamen am Morgen paar bekannte Finnen, sie kommen uns holen, um uns weiter ins Dorf zu bringen; diese Nacht, so sagen sie, geht es los, Krawall zwischen Roten und Weißen, und es könnte gefährlich werden. Alle waren sehr aufgeregt, was soll man in dieser Eile mitnehmen. Kamm und Zahnbürste und zwei Tafeln Schokolade steckte ich in meine Hosentasche. Paar Tage verbrachten wir bei den finnischen Bauern, sie waren rührend zu uns. Die Finnen sind ja eigenartige Leute, wenn sie aber einen gernhaben, gehen sie für ihn durchs Feuer. Zurückgekommen fanden wir unser Haus so vor, wie wir es verlassen haben, es war nur Krawall an der Station und Umgebung gewesen, sechs Kilometer weit entfernt. Die weißen Finnen haben die Roten gründlich verdroschen, es gab wohl auch Tote, denn bei den Finnen sitzt der Dolch, die »*Pukka*«, locker am Gurt.

Die Weihnachtsferien gingen zu Ende, es war traurig, Finnland zu verlassen – niemand wusste, ob man es einmal noch wiedersehen wird.

Es war tatsächlich das letzte Mal, denn die Kronstadter Roten Matrosen haben dann Vieles zerstört und geplündert.

Wie hat sich die alte Zarenstadt Petersburg seit der Revolution verändert, besonders seit die Bolschewiken am Ruder waren. Das Morden von früheren Offizieren und Kadetten nahm kein Ende, sie wurden auf das grausamste misshandelt. So mancher von unseren Bekannten gab sein Leben hin.

Alle waren sehr bedrückt, man sah kein frohes Gesicht mehr auf der Straße. Auch wir hatten Angst, dass man unseren Vater abholen wird. Ständig waren Haussuchungen von bis zu den Zähnen bewaffneten Matrosen. Es gab immer weniger Lebensmittel. Wir aßen schon längst Pferdefleisch, das Brot war schlecht und knapp, von Kartoffelschalen wurden Plätzchen gebacken, und mit dem Frühling kamen auch die Seuchen, Typhus, Ruhr und am schrecklichsten Cholera. Gott sei Dank, keiner von uns erkrankte, wir wurden geimpft gegen Typhus und Cholera. Menschen starben auf den Straßen, die Krankenhäuser waren überfüllt. Wir gingen auch ohne Lust zur Schule. Lusja machte in diesem Jahr ihr Abitur. Sie bestand es gut, aber es gab nur ein Abzeichen mit dem Datum und keine goldene Medaille. Da die Bolschis mit den Deutschen Frieden geschlossen hatten, kamen aus Sibirien einige verschleppte Deutsche zurück, sie konnten weiter nach Deutschland reisen – man sammelte sie, und es gingen mehrere Transporte. So manche Bekannte kamen durch Petersburg. Auch Onkel Ernst (Mutters Bruder) kam wieder, sehr gealtert, nicht mehr der lustige elegante Onkel, ein gebrochener müder alter Mann. Ein paar Jahre Zwangslager geht an niemandem spurlos vorbei.

Das Leben in Petersburg wurde mit jedem Tag unerträglicher. Die Angst: »Jetzt kommen sie« und werden Vater abholen, und der Hunger und die Seuchen, an denen Hunderte von Menschen starben, und dazu auch noch eine Rattenplage. Unsere Wohnung war im ersten Stock, und unter uns war früher ein gastronomischer Betrieb und eine große Konditorei. Da die beiden geschlossen wurden, kamen die Ratten in unsere Wohnung. Was haben wir nicht versucht, um sie zu vertreiben – es half nichts, die letzten Vorräte wurden angenagt und aufgefressen. Sie krepierten auch unter dem Parkett-Fußboden, und der Gestank war entsetzlich. Mein Bruder wurde sogar einmal im Schlaf von einer Ratte ins Ohr gebissen. Kaum konnten meine Eltern die Dienstboten noch ernähren, entlassen durfte man sie nicht. Die Bankguthaben waren verloren, das neue Geld hatte keinen Wert, und auf dem Schwarzen Markt gab es wenig was zu kaufen, man musste sehr sparsam leben.

Meine Eltern beschlossen, nach Riga überzusiedeln. Riga war die Heimatstadt meines Vaters und war im Jahre 1918 von den Deutschen okkupiert. Die früheren Balten mit ihren Familien konnten zurück. (Es war bei den Friedensverhandlungen so beschlossen.) Vater meldete uns an. Mama und wir drei Kinder sollten zuerst fahren, er wollte nachkommen. Es hat ihn eine gute Stange Geld gekostet, uns herauszubekommen. Wir durften nur das Nötige mitnehmen, es wurden nur 100 Pfund (d. h. ca. 50 Kilo) pro

Person erlaubt. Ein großes Problem war: Wo sollten wir Geld verstecken, man durfte offiziell nur eine kleine Summe mitnehmen. Da kamen wir auf die Idee, alle Knöpfe an unseren Mänteln mit 10-Rubel-Goldstücken zu beziehen (mit Stoff wie der Mantel) und wieder anzunähen. Rolf bekam eine Bauchbinde, in der Mamas letzter Schmuck und unsere paar Wertsachen eingenäht wurden. Er war ein fixer Bursche, und die lose Matrosenjacke bedeckte alles, wer vermutete schon etwas bei einem Bengel, der herumhopste. Mama, Lusja und ich hatten in den Schuhen Sohlen aus Geldscheinen. Wir hatten genug mit, um ein Jahr leben zu können. In Riga sollten wir ja Geld bekommen, da Vater vielen Rigensern, die in Petersburg waren während des Krieges, Geld geliehen hatte mit dem Versprechen, wenn er es nötig hat, wird es retourniert. (Das Geld haben wir nie wiedergesehen.) Den Tag vor unserer Abreise besuchte uns eine befreundete Dame, beim Abschied umarmte sie uns alle und küsste uns. Den Morgen darauf kam ihre Tochter und teilte uns mit, die Mutter sei in der Nacht an Cholera gestorben. Wir waren alle so erschüttert und aufgeregt, sie hatte uns doch alle so herzlich abgeküsst – ob wir auch nun angesteckt sind. Wir konnten unsere Reise nicht aufschieben, mussten an diesem Tage fahren. Gott sei Dank, dass wir gegen Cholera geimpft waren – also, es passierte nichts. Für meine Mutter war es sehr schwer, die schöne Wohnung zu verlassen. Vater wollte, wenn wir fort waren, alles in einen Speicher schaffen, denn keiner glaubte, dass dieser Zustand in Russland ewig sein würde. Man erfuhr, dass sich eine »Weiße Garde«-Armee im Süden Russlands gebildet hatte und hoffte, dass alles wieder gut werden würde, eines Tages. Wir mussten uns von so manchen lieben Sachen trennen, man ging mit verweinten Augen herum, es war bitterschwer, die Stadt, in der man geboren war, wo man eine sonnige frohe Kindheit und Jugend gehabt hatte, zu verlassen. Was erwartete uns in Riga?

Vater tat uns leid, dass er nicht mitkommen konnte, aber er sprach uns Mut zu und versprach, in paar Wochen nachzukommen. Lusja und mir nahm er das Versprechen ab, gut auf Mutter und Rolf aufzupassen. Mama war kränklich zu dieser Zeit, und all diese Aufregungen hatten ihr Herz sehr geschwächt, so dass sie ganz zusammenklappte.

»Kopf hoch! Seid tapfer, meine Mädels, und lasst Euch nicht unterkriegen«, das waren die letzten Worte von Vater, als der Zug sich in Bewegung setzte. Unser Herz war so schwer, Tränen kullerten aus den Augen, trotzdem man sich zusammennahm, um nicht zu weinen.

Adieu Russland, adieu unsere Heimatstadt Petersburg! Ob man mal je wieder zurückkommt – wer weiß?

Das war August 1918 und somit auch das Ende unserer schönen Zeit, die wir in unserem Elternhause gehabt haben.

Die Fahrt nach Riga

Verladen wurden wir in einen Viehwagen, wo außen auf russisch draufgeschrieben stand: CHOLERA WAGEN.

Für Mama hatten wir einen Liegestuhl mit uns; wir saßen auf unseren Koffern, der Waggon war voll von Menschen, Heu war im Wagen, und man versuchte, so bequem wie möglich sich zu arrangieren. Jeder hatte etwas mit zum Essen und Trinken, denn unterwegs gab es nichts. Nur zweimal bis zur Grenze hielt der Zug, dass man aussteigen konnte (Frauen rechts, Männer links), um seine Notdurft zu verrichten. Die älteren Leute empfanden es schauderhaft, für die Jugend war es auch ein großer Spaß. Früh am Morgen kamen wir an die baltische Grenze (das Baltenland war noch von den deutschen Truppen besetzt). Nun hieß es: Alles aussteigen, in die Entlausungsanstalt und zur Impfung anstellen. Wir wurden davon verschont, da wir ein Attest von einem Arzt hatten. Mutter brauchte nicht geimpft zu werden – wir hatten ja die Scheine, dass wir gegen Typhus und Cholera geimpft waren, nur wir Kinder mussten noch gegen Pocken geimpft werden. So kamen wir in einen Raum und sahen zwei lange Reihen Menschen stehen, die eine Reihe war für die, die noch geimpft werden sollten, die anderen hatten es schon hinter sich, standen nur da und bliesen auf den Arm (damit es trocknet). Wir gesellten uns zu den letzten und fingen einfach auch an, auf unseren hochgekrempelten Arm zu blasen, und übergingen die Impfung so ganz unbemerkt und bekamen den Impfschein, ganz frech und schlau. Als diese ganze Prozedur zu Ende war, wurden die Leute nach diversen Richtungen in Züge verladen (3. Klasse natürlich), nach

Reval und nach Riga. So kamen wir nach langer unbequemer Fahrt in Riga an.

Mein Vater hatte uns einen Brief mitgegeben an seinen guten alten Freund, dem das Hotel Petersburg (am Schlossplatz) gehörte. Wir wurden von Herrn K. (dem Besitzer) im Hotel untergebracht, bekamen für Mama ein Schlafzimmer, welches sie mit Rolf, unserem Bruder, bewohnte, und dazu hatten sie anschließend einen kleinen Salon. Wir Lusja und ich hatten nebenan ein kleines dunkles Schlafzimmer. So waren wir untergebracht, bis wir eine Bleibe für uns finden würden. Es waren noch immer deutsche Truppen in Riga. Vaters Schwester und sein Bruder hatten ziemlich geräumige Wohnungen, aber wir bekamen kein Angebot, bei ihnen für kurze Zeit zu leben. Das war der Dank für alles, was mein Vater für seine Geschwister getan hatte. Wir waren jetzt eben nicht mehr die reichen Verwandten, sondern Flüchtlinge mit nur paar Koffern.

Die Besitzer des Hotels waren anständig und lieb zu uns, sie verstanden unsere Lage, und wir wollten eigentlich ja nur bleiben, bis Vater kommt. Wir hatten auch noch genug Geld, um die Rechnungen zu bezahlen.

Lusja wollte arbeiten und fand auch eine Stelle (durch Protektion von Herrn K.) beim damaligen Deutschen Theater, als Sekretärin des Herrn Direktor; sie hatte ja ein prima Abiturzeugnis von der Petrischule, und das hieß schon was. Mein Bruder (12 Jahre alt) und ich mussten noch zur Schule gehen. Rolf wurde in einem Gymnasium aufgenommen, und ich meldete mich bei dem russischen Gymnasium (mein Deutsch war nicht sehr perfekt). Frau Lischina, der Boss, war sehr nett zu mir, und nachdem sie mein Zeugnis sah, steckte sie mich gleich in die vorletzte Klasse. So fing im Herbst unsere Schule an. Ich ging jeden

Morgen zusammen mit dem Sohn des Hotelbesitzers (er hatte zwei Töchter und einen Sohn) in die Schule. Wir hatten einen gemeinsamen Weg: er in die Börsenkommerzschule längs der Nicolaistraße und ich denselben Weg bis zur Mühlenstraße. Zurück kamen wir alleine, da der Unterricht verschieden endete. Paul und ich wurden mit der Zeit gute Freunde, die Töchter waren zu jung noch und sehr von sich eingenommen. Man konnte mit ihnen nichts Vernünftiges reden. Wir waren ja öfters bei K. (sie hatten eine Privatwohnung im Hotel) eingeladen. Die anderen Bekannten, die bei uns zu Hause in Petersburg während des Krieges ein und aus gegangen waren, machten vielleicht gerade noch eine Anstandsvisite, und das war alles – nur eine Familie hat Lusja und mich mal eingeladen. Mama ging wenig aus, da sie öfters sich nicht wohl fühlte. Die anderen »lieben« Verwandten zeigten sich auch selten. Ich hatte eine Taufmutter in Riga, die gewesene Frau von Vaters älterem Bruder (er heiratete später noch mal eine viel jüngere Person). Sie schenkte mir ein Sparbuch, da war eine ganz nette Summe drauf, in Zarenrubeln. Aber als ich es später umtauschte, bekam ich nur eine sehr kleine Summe, denn das Geld hatte keinen Wert mehr.

Lusja und ich gingen beinah jeden Abend zum Hauptbahnhof, weil wir dachten und hofften immer, unser Vater wird mal kommen – aber vergebens.

Am 18. November 1918 wurde Lettland als selbständiger Staat erklärt, Kurland, Livland und Zemgallen kamen dazu, mit der Hauptstadt Riga. Estland mit der Hauptstadt Reval und Litauen mit der Hauptstadt Kaunas (Kowna). Sie wurden selbständig, die drei baltischen Staaten. Mithin zog die deutsche Besatzung auch ab. Wir bekamen einen Präsidenten, das Parlament mit verschiedenen Abgeordneten, wo auch die Minderheiten des Landes ihre Vertreter hatten. Lettland war ja ein Gemisch von verschiedenen Völkern. Das Gros waren Letten, dann die Deutschbalten, Polen, Russen, Juden. Alle hatten ihre Schulen, Kirchen, Zeitungen etc. und lebten einigermaßen friedlich miteinander.

Weihnachten 1918 war für uns ein trauriges Fest. Es wurde Neujahr und es gab wenig was in den Läden. Am 6. Januar 1919 besetzten kommunistische lettische Truppen Riga (das lettische sibirische Regiment) unter der Führung eines Erzkommunisten. Vor den Kommunisten sind wir geflohen, und sie folgten uns auf den Fersen nach! Es war schrecklich, man kann das gar nicht beschreiben. Es gab nichts, alle hatten Hunger, es war ein reiner Schreckenswinter. Und unsere Gedanken waren natürlich immer bei Vater: Wo ist er wohl und was ist mit ihm passiert? Die Kommunisten besetzten auch das Hotel Petersburg, Offiziere bewohnten es nun. Vorläufig konnten wir noch bleiben, man gab uns eine Woche Zeit. Lusja und ich fanden dann endlich drei möblierte Zimmer mit Bad und Küchenbenutzung, vis-à-vis dem Schützengarten. Eine frühere Angestellte vom Hotel wurde unsere Aufwärterin, sie kam jeden zweiten Tag und brachte uns immer etwas zum Essen mit. Wir wussten ja nicht die Quellen, wo man vielleicht etwas bekommen konnte. Die Aufwärterin war eine Lettin, eine gute Person, und sie verehrte sehr unsere Mutter. Unsere Wirtin aber (sie hatte ein Zimmer in derselben Wohnung) war eine schauderhafte Person, dazu auch sehr links angehaucht, sie rannte zu jedem Vortrag des kommunistischen Führers und war von seinen Reden begeistert. Wir mussten sehr vorsichtig sein. Was Mutter noch an Wertsachen hatte, versteckte für sie die Aufwärterin in ihrer Wohnung, sie war sehr ehrlich und verstand unsere Lage. So vergingen die Tage, und immer noch gab es keine Nachricht vom Vater. Lusja arbeitete nach wie vor beim Theater, ich bekam von ihr oft Freikarten.

In der Schule wurde ich in den Schülerrat gewählt. Die Kommunisten verlangten, dass in jeder Schule der Schülerrat was mitzureden hatte. Warum sie gerade mich gewählt haben, war wohl, weil sie meinten, da ich erst vor kurzem aus Russland gekommen war, verstünde ich was vom Kommunismus. Sie hatten sich aber verrechnet, ich war nämlich »weiß« und nicht »rot«. Machte aber den ganzen Zauber einfach mit und habe so manches dadurch erreicht. Meiner Schulvorsteherin berichtete ich, was so vorging. Wir hatten aber in den letzten Klassen einige Mädels (hauptsächlich Jüdinnen), die sehr für das neue kommunistische Regime waren.

Mama muss viel durchgemacht haben während all dieser Zeit, sie war oft krank, hatte keine Energie mehr, musste mit jedem Pfennig rechnen. Wir mit Lusja hatten mehr Übersicht über die ganze Lage, und obwohl wir doch beide aus einer wohlhabenden Familie stammten, waren wir aber sehr selbständig erzogen und konnten danach handeln.

Mein Freund Paul ging mit mir öfters ins Kino und als Präsent brachte er mir immer eine Stulle Weißbrot mit, was ich sehr genoss, denn das war ein Luxus, den wir nicht mehr hatten. Manchmal gingen wir auch Schlittschuh laufen auf der Esplanade (das war ein Platz, wo früher Paraden abgehalten wurden). Im Winter war an einem Ende eine Schlittschuhbahn, und am anderen Ende grenzte der Platz an die Hinterfront der russischen Kathedrale. Der größte Spaß war aber der: Auf dem Platz an der Kathedrale waren die Opfer der «Roten«, die bei der Übernahme gefallen waren, begraben, und da stand eine Rotarmisten-Wache Tag und Nacht, es war auch alles schön beleuchtet. Wir aber krochen durch den Zaun durch, auf die Schlittschuhbahn, immer am Abend, wenn schon kein Betrieb mehr war und alles geschlossen, und übten uns im Kunstlaufen. Keiner störte uns dann natürlich mehr.

Die lettische Regierung, die am 18. November 1918 proklamiert wurde, floh nach Kurland nach Libau, das nicht besetzt war von den Kommunisten. Dort sammelten sich die Baltische Landeswehr und das lettische Regiment, die der Regierung treu waren.

Mitau dagegen, südwestlich von Riga, war auch von den Roten besetzt, aber auf nicht sehr lange Zeit. Es war politisch eine wirre und schreckliche Zeit.

Als es nun Frühling wurde, erschien doch eines schönen Tages unser Vater. Er hatte Petersburg verlassen, wie er stand und ging, und kam nur mit einem kleinen Koffer über die grüne Grenze. Er wusste gar nicht, ob wir noch in Riga waren, und kam zuerst zu seiner Schwester, Tante Alice, die auf der Nicolaistraße in einem großen Hause eine 5-Zimmer-Wohnung hatte. Er fragte, was mit uns los sei, und die Tante gab ihm unsere Adresse, da sie wusste, dass wir das Hotel verlassen mussten. Als wir nach Hause kamen, Lusja von der Arbeit, ich von der Schule (Rolf war schon da), waren wir ganz sprachlos vor Freude: Unser lieber Vater, mager zwar, vergrämt und ungepflegt, war da! Gott sei Dank, Mutter lebte auch auf. Aber nun wussten wir nicht, was die kommunistische Wirtin dazu sagen würde. Sie bekam gut bezahlt und sagte gar nichts!

Vater war aber sehr vorsichtig. Unsere gute Aufwärterin hatte Verbindungen zum Schwarzen Markt, und durch sie konnten wir einiges zum Essen bekommen. Sie kochte meistens bei sich zu Hause (damit unsere Wirtin es nicht merkt) und brachte es den Eltern. Wir mit Lusja aßen ja irgendwas in der Schule oder sie in der Kantine, und am Abend war eine Grütze meistens schon fertig in der Ofenröhre für uns. Aber eines Tages hatten wir mit Lusja was Unglaubliches entdeckt: Unsere Wirtin hatte eine Speisekammer, die grenzte an unser Badezimmer. Im Badezimmer war ein mittleres Fenster, ziemlich hoch oben. Lusja war ein großes starkes Mädel, ich kleiner und dünn. Was hat das Biest in dieser Kammer wohl versteckt? Also wollten wir nachsehen. Ich stieg auf die Schultern von Lusja (wir hatten das Badezimmer zur Vorsicht abgeschlossen) und sah nach. Da hingen Speck und Dauerwürste en gros herum, wie auch verschiedene andere köstliche Sachen auf den Regalen lagen. Mit einem Messer bewaffnet konnte ich das Fenster aufmachen und ruck-zuck ein paar Scheiben Speck abschneiden (er war schon angeschnitten). Wir legten unsere Beute Vater auf den Teller und verschwanden. Vater fing an, uns auszufragen, von wo der Speck herkam. Kein Wort von uns, wir wollten die Quelle natürlich nicht verraten, und einmal in der Woche vollbrachten wir von nun an dasselbe Manöver. Das haben wir nur gewagt, wenn unsere Wirtin zum Meeting ging und spät nach Hause kam. Somit konnten wir unseren Vater ein wenig auffüttern.

Es wurde April, Ostern und Mai, und dann passierte was. Am 22. Mai 1919 wurde Riga von den Bolschewiken wieder befreit. Die Baltische Landeswehr, die lettischen Einheiten und die Lievenschen Freiwilligen (der russische Fürst Lieven organisierte eine russische Abteilung) haben sich da beteiligt. Es ging alles sehr schnell vorwärts. Erst im Sommer haben die letzten Bolschewiken ganz Lettland räumen müssen. Die neue lettische Regierung kam zurück nach Riga, und allmählich wurde Ordnung geschaffen.

Im Sommer gaben meine Eltern die möblierten Zimmer auf, und wir fuhren alle zu Vaters anderer Schwester, Tante Zibbe (Emilie), nach Klein Ruhental, nicht weit zwischen Mitau und Bauske. Groß Ruhental, das Schloss, wurde schon im Ersten Weltkrieg von den Kosaken ziemlich ausgeplündert, und später suchten die Deutschen nach einem vergrabenen Schatz und fanden nichts. Mein Onkel, der Verwalter von den Gütern war, wurde von den Bolschewiken im Lievenschen Walde erschossen. (Fürst Lievens Besitz grenzte an Groß Ruhental, seine Söhne bewirtschafteten das Land.) In dem geräumigen Hause lebte meine Tante mit ihren zwei Töchtern und drei Söhnen. Der zweite war in der Landeswehr, und der jüngste und der älteste bewirtschafteten das Land. Im oberen Stock dieses Hauses wohnte, als wir kamen, ein Vetter des verstorbenen Onkels mit Frau und Sohn. Er wurde als provisorischer Verwalter eingesetzt. Diese Familie kam auch aus Russland (so wie wir), aus Odessa. Die Tante war nicht sehr gut zu sprechen auf ihre Verwandten, wir aber wurden sehr befreundet mit ihnen und nannten sie Herr und Frau von »oben«. Vater und Mutter hatten wohl sehr eine Erholung nötig, wir Kinder ja auch, aber es war nicht sehr angenehm, dort zu leben, die Tante duldete uns gerade, da doch Vater so vieles seinerzeit für sie getan hatte. Der verstorbene Onkel hatte nämlich den Posten nur durch Fürsprache meines Vaters erhalten. Auch lebten wir nicht umsonst bei ihr, Vater zahlte gutes Pensionsgeld. Kurland wurde besetzt von den Truppen Generals von der Goltz, sie waren in Bauske, und wir waren da ganz in der Nähe.

Als die Offiziere gerochen (d.h. erfahren) hatten, dass in Ruhental drei nette Mädels sind (die zweite Cousine war noch zu klein), wurden sie zuerst mit meinen Vettern bekannt und später lud man sie dann zu uns ein. Hoch zu Ross kamen sie angeritten zur Tante, machten bei ihr Visite, und dann erschienen sie immer öfter – der Anziehungspunkt waren nämlich wir. Papa und mein ältester Vetter amüsierten sich darüber, wir natürlich auch. Papa aber kannte seine Töchter und wusste ganz genau, dass wir keine Dummheiten machen werden. Es war ganz lustig, auch wenn die politische Situation alles andere als komisch war. Einmal wurde in Bauske ein großer Ball veranstaltet, vom Offizierskasino, auch wir waren eingeladen und fuhren mit Papa und dem älteren Vetter hin. Meiner älteren Cousine habe ich vorher noch Tanzstunden gegeben, denn sie war noch nie zuvor in ihrem Leben auf einem Ball. Zuerst waren so à la Cabaret verschienene Vorführungen (von den Soldaten), und dann wurde ein Tusch geblasen, und die Polonaise startete, angeführt wurde sie von einem höheren Offizier mit mir (ich fühlte mich sehr geehrt). Vater amüsierte sich auch sehr, den Walzer tanzte er mit seinen Töchtern – er war ein guter Tänzer. Meine Schwester und ich hatten so paar nette Kavaliere, die sich wohl große Hoffnungen machten, aber es war nichts für uns, es waren ja Fremde, in einem Freikorps angeworben, da es in Deutschland-Österreich keine Arbeit für sie damals gab, als der Krieg aus war. Intelligent waren einige, aber man wusste ja nicht die richtigen Familienverhältnisse. Also zum Zeitvertreib waren sie ganz amüsant, aber auch nicht weiter.

So kam auch der Herbst, und wir zogen nun erst mal zunächst nach Mitau. In Mitau bildete sich eine »weiße«

Armee – Anführer war ein Graf Bermondt-Avalov (ein früherer Zarenoffizier). Die Bermondtaffäre dauerte nicht lange, der lettische Staat hat sie nicht geduldet. Wir konnten nicht zurück nach Riga, nur Vater fuhr hin, um was zu unternehmen. Es war öde und langweilig in Mitau, Lusja war in einer Deutschen Schule Hilfslehrerin geworden, Rolf ging auch zur Schule, und ich musste Haushalt führen, für die Familie kochen, die zwei Zimmer in Ordnung halten, auf den Markt kaufen und sehen, was man zum Essen bekommen konnte. Mutter war damals krank, sie hatte ein Magenleiden, was später sich zum Zwölffingerdarm-Geschwür entwickelte. Es war auch für uns alle ein schlimmer Winter in Mitau (wir wohnten in einem Haus, das der Mutter eines Vetters meines Vaters gehörte). Dann kam der Frühling, und Vater gründete mit einem Bekannten eine Speditionsfirma. Meine Mutter opferte ihren letzten Schmuck und wir beide mit Lusja auch, was wertvoll war, damit Vater was Neues anfangen konnte. Anfang des Sommers waren wir noch in Mitau, konnten dort sogar ein wenig Tennis (im Schlosspark) spielen, und es fanden sich auch paar nette Jungs, mit denen wir zusammen spielten.

Eines Tages fuhren wir nach Riga mit Lusja, um zu sehen, wie unser Vater untergebracht ist (man konnte jetzt wieder ohne spezielle Genehmigung nach Riga fahren). Er wohnte bei seiner ältesten Schwester. Als wir dorthin hinkamen und fragten, wo Vaters Zimmer ist, zeigte sie uns das kleine frühere Mädchenzimmer. Haben wir einen Krach gemacht! Ob sie sich nicht schämt, unserem Vater so was zu bieten. Wir sind dann zu Papa ins Büro, sagten, wir werden eine Wohnung suchen. Dann fuhren wir zurück nach Mitau, um die Mutter vorzubereiten, dass wir schon am nächsten Morgen früh nach Riga fahren würden auf Wohnungssuche und bei Bekannten übernachten.

Wir hatten auch großes Glück und fanden sofort am nächsten Tag eine 5-Zimmer-Wohnung auf der Elisabethstraße, Ecke Kaisergartenstraße. Unsere frühere Aufwärterin (wir suchten sie auf) half uns viel. Zuerst haben wir nur das Allernotwendigste zusammenbekommen, aus dem Hotel und von Bekannten. Einiges konnten wir zukaufen, aber es waren benutze Sachen. Es dauerte ca. eine Woche, bis es so weit war, dass wir alle Mitau verlassen konnten. Gott sei Dank – nun waren wir wieder alle zusammen, hatten unser eigenes Heim und waren glücklich. Nur Mama machte uns große Sorgen, aber sie war sehr tapfer und zeigte eigentlich nicht, wie schwer sie mit ihrer Krankheit zu kämpfen hatte. Sie musste sehr Diät halten, es gab damals schon wieder etwas mehr, was man kaufen konnte. Und unsere liebe Aufwärterin sorgte auch sehr für sie. Wir hatten immer gute Dienstboten gehabt, denn meine Eltern verstanden es einfach, mit den Leuten umzugehen.

Lusja fing nun an zu studieren, sie wollte Lehrerin werden und ging zur Uni ins Lehrerseminar. Ich machte mein Abitur und ging zu Stenographie- und Schreibmaschinen- wie auch Buchhaltungskursen, die gab es umsonst bei den »Christian Women Association«, CWA so wie »YMCA« für die Männer (eigentlich ja eine amerikanische Organisation). Rolf ging auch ins Gymnasium.

Vater arbeitete vom frühen Morgen bis spät am Nachmittag. Er und sein Kompagnon hatten bald schon über 20 Angestellte im Büro, und das Speditionsgeschäft hatte großen Erfolg. Es waren die ersten frohen Weihnachten wieder für uns alle bei uns zu Hause, 1920. Nur Mutter machte uns immer noch große Sorgen, obwohl sie sich sehr bemühte, nicht zu zeigen, wie es um sie stand. Sie betätigte sich etwas im deutsch-katholischen St. Joseph-Verein. Sie kannte noch aus Petersburg Pater Latter, der die Deutsch-Katholische Gemeinde betreute. Damals war er als ganz junger Priester in Petersburg und wurde später nach Riga versetzt. Er war ein Elsässer und sehr temperamentvoll, schimpfen tat er meistens auf Französisch, wenn ihm was nicht passte, war aber ein herzensguter Mensch, und jeder konnte zu ihm kommen und sein Leid klagen. Mama wurde in ein Damenkomitee gewählt, da sie doch große Erfahrungen und ein sehr großes Organisationstalent hatte. Vor dem I. Weltkrieg war sie mit Vater in Italien gewesen. Mama und Vater waren damals zweimal zur Privataudienz in Rom beim Papst Pius X., und Mama bekam für ihre großen Wohltätigkeitsverdienste in Petersburg zwei Ikonen geschenkt. Das war eine große Ehre für meine Mutter.

Das Leben in Riga und in dem neuen lettischen Staat wurde ständig besser, auch konnte man so manches wieder einkaufen in den neuen Geschäften. Man feierte den 1. Mai mit Militärparaden auf der Esplanade, dieses Mal war es die reguläre lettische Armee und keine kommunistische mehr. Die toten Opfer des roten Regimes, die an der russischen Kathedrale beerdigt waren, wurden beizeiten woanders verscharrt.

Der Mai war sehr warm in diesem Jahr (1921), und alles blühte. Riga war ja eine schöne Stadt mit vielen Anlagen, die sehr gepflegt wurden. Am 9. Mai früh am Vormittag wurde unser Vater nach Hause gebracht, er hatte einen schweren Herzanfall erlitten. Sofort kam auch der Arzt und stellte fest, dass es sehr ernst um Vater steht und wenig Hoffnung besteht, dass er wieder hochkommt.

Mutter war zu dieser Zeit auch krank, erbrach Blut und musste fest zu Bett liegen. Lusja und ich waren gerade zu Hause. Wir verschwiegen Mama, dass Vater sterbenskrank ist, sagten ihr nur, dass er Ruhe haben muss. Das alles war für uns ein großer Schock. Lusja saß bei Mama im Zimmer, Vater saß in unserem Zimmer in einem Lehnstuhl, er wollte nicht ins Bett, und ich saß neben ihm, gab ihm öfters ein Schluck Cognac und starken schwarzen Kaffee zu trinken (so hatte es der Arzt verordnet) und auch eine Medizin, die er verschrieben hat. Ich saß neben ihm, redete ihm gut zu, aber man fühlte und sah, dass da wenig zu helfen war. Am Abend kam der erste Buchhalter aus dem Büro, um nachzusehen, wie es Papa geht (der Arzt hatte das Büro benachrichtigt, wie es um ihn steht). Mit großer Mühe überredete Herr Poles ihn, ins Bett zu gehen, half auch, ihn auszuziehen. Am Ende mussten wir doch Mama vorbereiten, dass es wohl bald mit Vater zu Ende gehen würde. Vater wollte nicht sterben, er war bei vollem Bewusstsein, und seine einzigen Worte waren: »Wie werde ich Euch hinterlassen!« Er wollte auch den Pastor sprechen, und der sollte ihm die Kommunion geben. Das war bei den Lutheranern eigentlich nicht Sitte, so wie bei den Katholiken, die Sterbesakramente zu bekommen. Unsere Aufwärterin lief zur Domkirche und bat den Pastor, er möchte doch zum sterbenden Herrn kommen und das Abendmahl mitbringen. Der Pastor kam mit ihr mit, es war ihm aber fremd, dass ein Lutheraner beim Sterben das Abendmahl verlangte. Er tröstete Vater, sprach zu ihm und gab ihm das Abendmahl. Mutter konnte nicht dabei sein, Lusja redete auf sie ein. Sie musste doch für uns erhalten bleiben, musste liegen, wie es der Arzt streng verordnet hatte, damit die

Magenblutungen aufhörten. »Bete für ihn«, sagte sie, »damit er es leichter hat!«

Und so starb unser Vater in der Nacht zum 10. Mai. Herr Poles war die ganze Zeit bei uns und half auch später, die Leiche zu säubern und auszuziehen. Rolf half auch viel, er war ja noch so ein junger Bursche, aber hielt sich sehr tapfer. Vaters Geschwister, die Tante und der Onkel, wurden benachrichtigt. Als die Tante (die ältere, die in Riga wohnte) zu uns kam, um Mama zu kondolieren, saß sie an Mutters Bett, weinte Krokodilstränen und sagte: »Liesuschka, es ist im Erbbegräbnis nur ein Platz für meinen Bruder!« Als meine Schwester Lusja das hörte, nahm sie die Tante nicht sehr zart an der Hand und sagte: »Mach, dass Du rauskommst!«, und schmiss sie raus! Lusja ging den nächsten Tag auf den Domfriedhof, um eine Grabstätte für unseren Vater zu kaufen, bekam auch eine nicht weit vom Erbbegräbnis. Ich ging den Sarg für Vater kaufen und suchte den besten aus, den ich finden konnte, und ordnete an, dass man ihn aufbahrt, und verabredete auch alles andere, was nötig war. Damals wurde der Tote in der Wohnung aufgebahrt bis zur Beerdigung. Rolf war auch so vernünftig, dass er sich nicht von Mamas Seite rührte, obwohl er sehr mitgenommen war von all dem, was er zum ersten Mal in seinem Leben erlebte. Papa wurde den nächsten Morgen im Salon aufgebahrt.

Den Abend am 10. Mai kam zu uns eine Delegation von Hafenarbeitern, die im Zollamt für ihn gearbeitet hatten, und baten, man möchte ihn doch Sonnabend beerdigen, da sie alle kommen wollten. Mama war darüber so gerührt und wir auch und sagten zu. Es kamen viele Kränze und Blumen von Verwandten, Bekannten, Mitarbeitern und allen, die meinen Vater gekannt hatten. Am Tage erlaubte der Arzt, dass Mama ein wenig aufstand. Sie verlangte natürlich, bei der Beerdigung dabei zu sein. Eine Kalesche wurde für sie bestellt. Es kam der Tag der Beerdigung, es war uns sehr schwer, sich tapfer zur halten. Unser lieber Vater war nur 50 Jahre alt geworden und musste so früh ins Gras beißen. Es kamen die Arbeiter vom Zollamt, sie trugen den Sarg herunter zum Leichenwagen und trugen ihn auch den Weg zum Grabe. Rolf saß bei Mama in der Kalesche, und ich ging hinter dem Sarge von zu Hause bis zum Friedhof. Die nahe Verwandtschaft musste hinter uns gehen, denn Lusja hat es sehr streng verlangt, da half nichts, die sollten uns alleine gehen lassen.

So war wieder ein trauriger Abschnitt in unserem Leben zu Ende gegangen. Als wir von der Beerdigung zurückkamen, hatte unsere Aufwärterin schon alles in Ordnung gebracht und ein Essen für uns vorbereitet. Wir hielten keinen Beerdigungsschmaus (wie es so Sitte im Lande war), es kamen nur zu uns nach Hause Vaters Kompagnon und der erste Buchhalter, Herr Poles. Da merkte ich erst, dass sich eine Romanze zwischen Lusja und Herrn Poles entwickelt hatte. Wir wussten von ihm nur, dass er ein junger Witwer war, seine erste Frau starb 1918 bei einer Grippeepidemie, die damals in Riga herrschte. Er war kaum ein Jahr verheiratet gewesen.

Am nächsten Morgen wurde es Mama so schlecht, dass der Arzt anordnete, sie in eine Klinik zu bringen. Sie kam auch in eine Privatklinik zu Dr. F. und musste am nächsten Morgen operiert werden, es gab keinen anderen Ausweg. Als Lusja und ich im Warteraum vollkommen niedergeschlagen saßen, kam Dr. F. zu uns und sagte: »Arme Mädels, gestern den Vater beerdigt und morgen muss ich die Mutter operieren, ich werde alles tun, um sie für Euch am

Leben zu erhalten, seid tapfer!« Als wir am nächsten Tag kamen, war Mama schon operiert, es war eine schwere Operation, eine Privatschwester saß bei ihr, und Lusja bat den Arzt, ob sie nicht auch bei der Mutter bleiben konnte, bis sie sich so weit erholt hatte, dass man wusste, sie überlebt die schwere Operation. Lusja saß all die Tag bei ihr, bis es so weit war, dass Mama mit Sicherheit alles überlebt hatte. Nach einem Monat konnte sie nach Hause kommen. Ich fuhr mit ihr für zwei Wochen in eine Pension außerhalb von Riga, damit sie sich in der schönen Umgebung (es war dort ein großer Garten) erholen konnte, es war ja schon schön warm, Ende Juni. Die Operation hat ein großes Geld gekostet, aber das zahlte noch die Firma (Vater war ja Mitinhaber), und Mama wurde auch eine kleine Pension bewilligt. Aber als die Firma nach paar Jahren pleiteging, da war sie von da an angewiesen auf ihre Töchter. Sie hatte dann nichts mehr, in Russland war alles verloren, ihren letzten Schmuck hatte sie Papa gegeben, um seine neue Existenz zu gründen, aber sie klagte nie, zeigte auch niemals, wie schwer sie an dem bitteren Los trug.

Das Leben ging aber weiter. Ich trat in die Speditionsfirma als Stenotypistin ein, der Kompagnon musste mich anstellen, war aber nicht sehr entzückt darüber, er meinte wohl, ich sitze als Aufpasser da, und er behandelte mich nicht sehr schön, so dass einige Angestellten, die Vater verehrt hatten, empört darüber waren. Ich war nicht mal ein halbes Jahr im Büro, als ich ein Angebot vom stellvertretenden Direktor der *White Star Line* bekam, dort als Kassiererin zu arbeiten. Herr B. kannte gut meinen verstorbenen Vater und war oft Gast bei uns in Petersburg gewesen. Da ich auch einigermaßen Englisch konnte und gute Zeugnisse hatte, fing ich also an, dort zu arbeiten (davon später mehr).

Lusja heiratete dann den Buchhalter, Herrn Poles, im November 1921. Es war eine ziemlich stille Hochzeit. Unser alter Freund (noch aus Petersburg) Bischof O'Rourke hat sie getraut. Er war Bischof von Danzig und kam speziell, um Lusja zu trauen. Wir nannten ihn »Onkel Bischof«, und schon als kleine Mädels gingen wir in Petersburg zu ihm zur Beichte, damals war er Prälat an der Stanislauskirche, zu der wir gehörten. Als Lusja also heiratete, war sie 21 Jahre alt, Andreas einige Jahre älter. Sie hatten eine kleine Wohnung bekommen, richteten sich auch ganz nett ein. Die Wohnung war nicht weit vom lettischen Parlament in der Altstadt auf der Klosterstraße. Lusja konnte auch weiterstudieren und beendete ihr Studium, bevor sie im Oktober 1922 ihr erstes Kind zur Welt brachte. Es war ein Mädelchen und wurde auf Namen Dagmar Ursula Veronika getauft. Ich war die Taufmutter, und der Taufvater war Andreas' Bruder Reinhold. Da die katholische Magdalenenkirche nur paar Schritte von Lusjas Wohnung war, schleppten wir das arme Kind im Laufschritt (es war sehr kalt) zur Taufe. Abbé Lotter taufte sie, und natürlich haben wir dann auch ganz nett gefeiert mit paar Bekannten.

Das Leben in Riga

Mama erholte sich einigermaßen von ihrer schweren Operation nach Vaters Tod und hatte auch wieder Interesse am Leben. Besonders lag ihr die Arbeit im deutsch-katholischen Joseph-Verein am Herzen. Sie wurde in das Damenkomitee gewählt und war die rechte Hand der damaligen Präsidentin Paffrath.

Mit dieser Familie wurden wir sehr befreundet. Wir wechselten unsere Wohnung und bekamen in demselben Haus wie Paffraths im Parterre eine Wohnung (Mama konnte keine Treppen mehr steigen). Unsere frühere Wohnung übernahm meine Schwester. Ich arbeitete noch für kurze Zeit in der Speditionsfirma, die mein Vater gegründet hatte und die später sein Kompagnon dann ganz übernahm. Mich behandelte dieser nicht sehr schön, so dass ich nach einiger Zeit den Dienst in dieser Firma quittierte. Durch einen alten Bekannten meines verstorbenen Vaters, der früher bei uns in Petersburg viel im Hause verkehrte und mit meinen Eltern sehr befreundet war, bekam ich eine Stelle bei der *White Star Line* als Kassiererin. Englische Schiffslinien wie die *White Star Line* wurden ca. 1921 in Riga eröffnet, als die Quoten für Emigranten nach Amerika aufgestellt wurden. Es waren Vertreter auch von der *Cunard Line*, der *Baltic America Line* und noch andere, die ihre Büros in Riga eröffneten. Da ich gute Zeugnisse hatte und auch einigermaßen Englisch sprach, bekam ich diese Stelle und wurde gut bezahlt. Ich war die jüngste Kassiererin von all diesen Linien, wo diesen Posten nur männliche Wesen bekleideten. Man vertraute mir, und ich konnte gut mit Geld umgehen, auch mit diversen Valuten. Es war keine leichte Arbeit. Ich war für die Passagierabteilung zuständig und hatte viel mit den Emigranten zu tun. Riga war der Ort, wo die Leute aus Russland zusammengefasst wurden, die eine Zeit in Quarantäne verbringen, entlaust etc. wurden und auf das amerikanische oder kanadische Visum warten mussten. Die Schiffskarten wurden meist in Amerika oder Kanada von Verwandten bezahlt. Es wurde auch manchmal den Passagieren Geld überwiesen, damit sie sich was kaufen konnten, aber man durfte es ihnen nicht auf einmal auszahlen. Dadurch entstanden so manche Missverständnisse, und ich bekam deshalb auch so manches Schimpfwort zu hören. Die Emigranten waren hauptsächlich Juden, aber auch Bauern aus Südrussland, oft Mennoniten, die in Russland verfolgt wurden und nach Kanada emigrieren wollten. Es gab auch Privatpassagiere, die geschäftlich oder als Touristen mit den großen Luxusdampfern nach Übersee fahren wollten, aber alle mussten ein amerikanisches oder kanadisches Visum haben. Lettland hatte zu dieser Zeit schon ausländische Gesandtschaften und Konsulate. Ich war froh, dass ich zu Hause die Wohnung und das Licht und Beheizung bezahlen konnte, Mama hatte ja nicht viel, Lusja gab auch etwas Geld für die Wirtschaft dazu.

Wir hatten ein Dienstmädchen. Die war eine Schwarze und hieß Isidum Farratsch. Mama bekam sie durch Pater Lotter vermittelt. Isidum war die Tochter einer weißen Dienstmagd und eines Negerkutschers, den die Baronin Buttberg seinerzeit von einer Afrikareise mitgebracht hatte und den sie auf ihrem Gut an diese weiße Magd verheiratete. Sie hatten vier Kinder. Zwei Mädels waren schwarz mit krausen Haaren und zwei waren so halb-halb. Alle bekamen sie eine gute Erziehung von der Baronin, sprachen die Landessprache, gut Deutsch und Russisch wie auch

Französisch. Isidum war sehr arbeitsam, konnte gut kochen und machte zwischendurch Gedichte. Wenn ich mal am Sonnabend mit ihr auf dem Dünamarkt einkaufen ging, war es ein großer Spaß – wir beide mit krausen Haaren, die eine weiß, die andere schwarz, und die Marktfrauen wunderten sich darüber. Die krausen Haare habe ich von meinem Vater geerbt. Ich hatte als Mädel nie einen Zopf und immer Bubikopf, was mich sehr betrübte, Lusja hatte auch ziemlich krause Haare, aber sie waren länger, konnte später eine Frisur tragen und als Teenager eine große Schleife hinten zusammengebunden. Unsere Haare waren nicht schwarz, sondern dunkelblond. Mein Bruder erbte die dunklen, glatten Haare meiner Mutter. Ich war ja in den zwanziger Jahren allerdings hochmodern, hatte den ersten Bubikopf gut geschnitten – stets von einem Herrenfriseur. Wenn ich mal mit meinen Boyfreunden ausging, drehten sich die Leute oft nach mir um, denn es war ja die neueste Mode (für mich aber eine alte).

Nach Vaters Tode, Anfang 1922, konnten wir die Schwester meiner Mutter, Tante Sophie, auch aus Petersburg herausholen. Sie war dänische Untertanin (durch ihren verstorbenen Mann). Ihr ältester Sohn war in China als Ingenieur, und von dem hörte man jahrelang nichts. Ihre Tochter Sonja war gestorben, zwei Jahre nachdem wir aus Russland fort waren. Sie war kaum 28 Jahre alt und herzleidend. Der zweite Sohn, Franz, fuhr nach Dänemark, und von dem hörte man auch niemals mehr was. Somit war sie ganz alleine und verlassen, denn auch Mutters jüngster Bruder, der aus Sibirien aus der Verbannung zurück nach Petersburg kam (als wir schon fort waren), überlebte es nur ein halbes Jahr. Durch den dänischen Gesandten und mit seiner Hilfe kam die Tante nach Riga. Lusja und ihr Mann nahmen sie bei sich auf.

1924 kam Lusjas 2. Tochter zur Welt, das war im Sommer, am 27. Juni. Im Sommer hatten Lusja und Andreas zur Miete eine kleine Villa in Melluzi am Strande. Auch Veronika Paffrath, die jüngste Schwester der Präsidentin vom Joseph-Verein, mietete mit mir zusammen, halbe-halbe, ein kleines Weekend Haus. Es war möbliert, und wir gingen dort jeden Sommer hin, Sonnabend Nachmittag bis Montag Früh, erholten uns, badeten am Strand und verbrachten auch unseren Urlaub dort. Im Sommer kamen oft am Montag Nachmittag bis zum Freitag Mutter mit der Präsidentin Paffrath auch heraus, wenn wir nicht da waren, somit hatten auch sie was vom Sommer.

Die Taufe von Lusjas jüngster Tochter fand an einem Sonnabend in Melluzi statt. Pater Lotter hat sie auf den Namen Margarete-Ella getauft. Es war eine feuchtfröhliche Taufe. Der Taufvater war mein Bruder Rolf, die Taufmutter die Schwester von Andreas, Ella Poles. Als der Pater den Taufpaten die Taufformel fragte, wo es heißt: »Widersagst du dem Teufel?«, so antwortete mein Bruder, der vorher mit dem Vater des Kindes schon etliche Schnäpse gehoben hatte, »Nein!«, es musste aber natürlich »Ja« sein. Großes Gelächter unsererseits (wir waren auch guter Stimmung), nur der Herr Pfarrer war empört und wiederholte die Formel noch mal, wo schließlich dann ein Ja hervorkam. Es war eine lustige Taufe. (Was später im Leben der Margarete sich abspielte, war mehr traurig wie lustig.)

In diesem Sommer kam öfters Besuch zu uns, und zwar Studenten und Philister der studentischen Corporation »Gotonia«. Sie kamen per Auto mit Getränken, Sakussösen, und es wurde meist ganz lustig. Einer von den Philistern kannte meinen Schwager Poles, als sie noch zur Schule gingen, er war Apotheker und verwaltete damals eine Apotheke. John, wie man ihn nannte, war immer groß heraus, die paar Studenten (seine »Füchse«, wie es bei den Corporationen üblich war) mussten parieren. Man feierte bei uns, dann ging man zu Polesens (mit allerhand was zu trinken), und es war ganz gemütlich. Der John kam öfters alleine am Sonnabend heraus und übernachtete auch bei uns im Wohnzimmer. Er hofierte sehr Veronika Paffrath, und eines schönen Tages platzte die Bombe – sie haben sich verlobt und heirateten noch vor Weihnachten. John hatte eine gute Partie gemacht, denn Veronika war zwar ein älteres Mädchen (so nahe den 30), sah aber gut aus und hatte eine ziemlich hohe Mitgift. Die Familie P. besaß eine Gusseisenfabrik, und es gehörte den Erben, zwei Schwestern und zwei Brüdern, die beide vom Fach waren. Der jüngste Bruder kam zu uns auch öfters an den Strand heraus.

Zu Lusja und Andreas kam jeden Sonnabend (um sich zu erholen) seine Schwester Ella, sie war auch die Taufmutter von Margarete. Eine ganz hübsche Person, ein wenig vollschlank, gut gepflegt, aber sehr von sich eingenommen. Der Bruder von Veronika interessierte sich sehr für Ella, und daraus wurde auch eine Verlobung, Lusja hat da ein wenig mitgeholfen. Beide verlobten Paare hatten eine stille Hochzeit, nur die nächste Verwandtschaft, ohne Klimbim. Da der Bräutigam katholisch war, trat die Schwester von Andreas auch zu diesem Glauben über (ihm zuliebe) und war, wie man sagte, »plus Pape que le Pape« (sehr bigott)! Somit hat dieser Sommer doch was zustande gebracht: Zwei nicht ganz frische Paare hatten sich gefunden. – Später hatten Veronika und John vier Kinder. Die ersten beiden Zwillingsmädels, dann kam wieder ein Mädel und zuletzt ein Junge, der Abgott der Eltern.

Bei Paffraths waren es zwei Mädel und zwei Jungen. Ich verkehrte aber bei denen nicht, hatte kein Interesse für die Leute. Mit Veronika und John war ich befreundet, erlebte, wie die Kinder erwachsen wurden, und auch, wie John und Veronika (nach der Umsiedelung 1939) in ihren 60er Jahren starben.

Ich hatte genug Boyfriends, aber gerade auch zu dieser Zeit war einer hinter mir her, ein Herr Meyer – Schweizer, hatte ein Büro in Riga und war Vertreter von Seidenstoffen. War katholisch und kam immer zu Abbé Lotters deutscher Messe. Zuerst machte er den Hof den drei Töchtern des belgischen Gesandten. Derselbe hatte ihn zuletzt aber herausgeschmissen, da keine von den Töchtern ihn haben wollte. Daraufhin wollte er mich bezirzen und war ziemlich aufdringlich, holte mich manches Mal im Büro der *White Star Line* ab, saß geduldig im Passagierraum, und auf dem Weg nach Hause hielt er mir Moralpredigten, dass ich mit anderen poussiere und auch tanzen gehe usw. Meyer war klein von Wuchs und nicht mein Typ. Aber um ihn manches Mal zu beruhigen, erlaubte ich, dass er mich in die Oper ausführte und hinterdrein zu Otto Schwarz (ins beste Lokal), zum *Supper*. Zu Hause empfing man ihn zum Tee, manches Mal machte ich mich aber durch die Hintertür aus dem Staube und ließ Mutter ihn unterhalten, die sagte dann immer, ich sei beim Zahnarzt. Ich aber hatte eine andere Verabredung.

Im Büro arbeiteten zwei katholische junge Damen aus der deutschen Gemeinde. Die eine war mit mir befreundet und heiratete Napoleon L. Es war eine verpfuschte Angelegenheit mit der Hochzeit: Meyer sollte mich abholen, um mit mir zur Kirche zu fahren. Als ich schon halb angezogen war, kommt ein Telegramm, sein Auto (es war in Mitau) hatte eine Panne, ich soll alleine fahren, er kommt nach. Das Brautpaar kam auch eine halbe Stunde zu spät zur Trauung (bei uns wurde meistens am Abend getraut). Als die schon längst in Gang waren, kommt plötzlich Herr Meyer völlig außer Atem den Mittelgang entlang, setzt sich neben mich hin und sagt ganz laut: »Wird was Schönes zum Essen geben! Ich bin so hungrig!« Das war die Begrüßung ... Meyer machte dann nach ein paar Jahren Pleite und fuhr zurück nach Luzern, von wo er stammte. Ich habe nie mehr von ihm etwas gehört.

Tante Sophie, Mutters Schwester, die bei Lusja auf der Taubenstraße lebte, starb ganz plötzlich. Ich kam zu Lusja zu Besuch, sie und Andreas waren wo eingeladen, und sie bat mich, ob ich nicht bei ihnen bleiben könnte, bis sie wieder nach Hause kommen. Tante Sophie und ich aßen zusammen Abendbrot (die Mädels mussten schon früher zu Bett, sie schliefen mit der Tante in einem Zimmer), tranken ein Schnäpschen, legten Patiencen. Dann ging auch Tante Sophie zu Bett, so gegen 10 Uhr abends. Ich legte mich im Wohnzimmer auf die Couch und las ein Buch. Gegen 11 Uhr kam plötzlich Dagmar, die ältere, zu mir angelaufen und sagte: »Tante atmet so komisch.« Ich lief schnell ins Zimmer und – oh Schreck –, die Tante röchelte, hatte wohl einen Schlaganfall bekommen. Ich weckte die Magd und schickte sie zum Arzt, der vis-à-vis wohnte. Die Mädels schleppte ich schnell in Lusjas Schlafzimmer, beruhigte sie und legte sie in die Betten der Eltern, und die schliefen auch gleich weiter. Als der Arzt kam, war die Tante schon verschieden, er stellte ein Gehirnschlag fest. Ich wartete auf Lusja und Andreas. Die beiden kamen ziemlich fröhlich nach Hause, so gegen 1 Uhr. Es war ein großer Schock für sie, als sie vom Tod der Tante hörten. Andreas fuhr sofort zur Mama, um ihr die traurige Nachricht mitzuteilen, und kam mit ihr auch zurück. Ich blieb bei Lusja. Tante war ihre 75 Jahre alt, aber nie schwer krank gewesen, schluckte höchstens gegen Rheuma Aspirin. Es war eigentlich ein schöner Tod für sie, im Schlaf ohne zu leiden. Wir beerdigten sie auf dem katholischen Friedhof. – Natürlich war Mama sehr betrübt, denn es kam so plötzlich unerwartet.

So vergingen die Jahre. Man war ja jung und hatte viele Bekannte, ging öfters zu Partys und mal tanzen in die Fox-trott-Diele oder ins »Alhambra«. Ich hatte auch nette junge Kollegen, Engländer, in der *White Star Line* und wurde von ihnen oft eingeladen. Ich war mit allen gut befreundet, keine Liebesaffären. Die Jungens mochten mich gerne. Ich war gut angezogen, konnte aber auch gut tanzen und war ein guter Partner. Einmal kam ein englisches Kriegsschiff nach Riga (auf Besuch). Alle weiblichen Wesen von der *White Star Line* wurden eingeladen zu einem Ball im englischen Club. Unsere Mädels, auch ich, ließen uns schöne neue Ballkleider nähen, und alle sahen schick nach der letzten Mode aus. Die englischen Seeoffiziere waren in Galauniform, es war ganz lustig. Ich arbeitete in der *White Star Line*, bis sie mit der *Cunard Line* zusammengelegt wurde und dann *White Star Cunard Line* genannt wurde. Ich blieb dort, bis die Quote für die Emigranten endete und die Büros geschlossen wurden.

Lusja und Andreas waren, als die Speditionsfirma pleiteging, nach Hagensberg übersiedelt, hatten eine Wohnung auf der Taubenstraße. Die Mädels gingen in die katholische Grundschule, wo auch Lusja als Lehrerin tätig war. Es waren schwere Zeiten für meine Schwester und Schwager. Andreas konnte keine gute Stelle bekommen und arbeitete mal hier, mal da. Ich bekam eine Stelle als Korrespondentin bei einem Vertreter von Kurzwaren »*en gros*«. Es war eine nicht sehr interessante Arbeit. Eigentlich wollte ich mal Medizin studieren, aber ich konnte es nicht, denn als mein Vater starb, musste ich ja Geld verdienen. Seinerzeit kostete ein Studium ein gutes Stück Geld, und ich wollte nicht, dass meine Mutter das Studium bezahlte.

In Riga lebte man also bescheiden, aber man hatte paar nette Freunde und Bekannte, kam öfters zusammen und verbrachte manche fröhliche und gemütliche Stunden. Als wir in Mitau wohnten (bevor wir nach Riga umsiedelten), logierten wir die letzte Zeit bei einer Baronin D. Sie hatte drei Töchter und einen Sohn, der damals Offizier bei der Baltischen Landeswehr war. Die älteste Tochter, Hedwig, war mit einem Baron Str. verheiratet, die zweite war bei einer reichen Adeligen Gesellschaftsdame. Die jüngste, Leni, war mit meiner Schwester befreundet, sie siedelte aber nach Berlin um sowie auch die zweite Schwester und der Bruder. Es blieb in Riga nur die Hedwig mit ihrem Mann, der früher in Russland beim Militär als Oberst den I. Weltkrieg mitgemacht hatte. Hedwig war eine amüsante Person, aber liederlich, das kann man kaum beschreiben. Sie gab immer Teepartys, und dort versammelten sich ganz amüsante Leutchen, auch so manche Ausländer. Lusja und ich gingen öfters hin, aber brachten stets gute Kuchen mit, denn was Hedwig zusammenmatschte, wagten wir nicht zu essen. Die Küche sah aus wie eine Räuberhöhle, die anderen Gäste hatten davon keine Ahnung. Die

Konversationen waren gescheit und amüsant, man debattierte über alles. Zum ersten Mal habe ich dort paar »schwule« Männer kennengelernt. Als mal der eine mit mir sich nett unterhielt, war sein Freund auf mich eifersüchtig und machte eine Szene daraus. Es war nicht sehr angenehm, und ich war darüber sehr schockiert. Später in den Jahren übersah man all dies. So war da auch ein alter Baron, der eine Villa in Sizilien besaß. Die italienischen Jünglinge hatten es ihm angetan – er liebte sie. Als er in Riga mal weilte, liebte er es sehr, den jungen lettischen Soldaten zuzusehen auf dem Exerzierplatz. Auch zog ihn mein Bruder Rolf sehr an, der aber liebte Mädchen und war nicht für alte Schwule zu haben.

Rolf war ein ganz hübscher Junge, Mamas Liebling und verwöhnt von allen Tanten und Taufeltern. Er beendete das Gymnasium in Riga, für den Militärdienst war er untauglich, da ihm ein Fuhrmann den großen Zeh an einem Fuß überfahren und plattgequetscht hatte, studieren wollte er nicht und musste daher sich eine Stelle suchen. Er war ziemlich gescheit und ein großer Charmeur, die Damen flogen ihm zu, jung und alt. Als Kind spielte er lieber mit mir als mit Lusja. Als Erwachsene hatten wir so manchen Spaß und haben einiges zusammen ausgefressen. Er war ebenso groß wie ich, hatte hübsche Augen, dunkles Haar, aber sehr kleine Füße, er musste immer meine neuen Schuhe eintragen. Manches Mal, aus Spaß, zog er alles von mir an, und dann ging er promenieren auf dem großen Boulevard. Wir, seine paar Freunde und ich, gingen hinterdrein. Er machte den Eindruck einer gutbezahlten Nutte, die Männer blieben oft stehen und belästigten ihn, er sprach aber nicht (hatte eine tiefe Stimme) und wimmelte sie immer ab, bis es ihm zu bunt wurde und er einen seiner

Freunde unter den Arm nahm und nach Hause verschwand. Einmal gingen wir beide zur Baronin Hedwig, die einen Maskenball arrangierte. Er als schwarze Pierette, unten herum alles von mir angezogen, sogar die alten Lackpumps, eine große weiße Krause um den Hals und paar Krausen an den Händen, weiße Löckchen unter dem schwarzen Hütchen mit einer Hahnenfeder, schwarze Maske, man konnte wirklich nicht sehen, dass dahinter ein Jüngling war. Charmierte (ohne Worte) mit den Herren. Ein älterer Mann interessierte sich besonders für die Pierette, und als es meinem Bruder zu viel wurde, zog er seine Maske herunter und auch das Hütchen, rannte zum Büfett, trank paar Schnäpse und sagte: »Das ist jetzt genug«, verschwand und kam als wilder, junger Mann wieder. Der Herr (es war ein Richter) sagte ganz empört: »Verfluchter Bengel«, und verschwand. Ein großes Gelächter rundherum.

Der Joseph-Verein arrangierte auch jedes Jahr einen Bazar-Ball. Mutter hatte ja große Erfahrung für so was. Mich hat sie immer engagiert, ich musste Programme zeichnen oder mit Veronika Paffrath den Tisch mit den Bowlen arrangieren. Wir hatten stets einen großen Erfolg mit dem Verkauf der Bowle. Als einmal alle Nationen (katholische Letten, Litauer, Polen und Deutsche) einen großen Abend im Gewerbeverein zusammen arrangierten, stellten wir Deutschbalten ein sehr nettes »Lebendes Bild« aus der Wiener Biedermeierzeit dar und sangen dazu (alles Mädels so ca. 10–15 Stück) den Wiener Walzer »Donau so blau …«. Wir liehen uns hübsche Kostüme aus dem lettischen Theater (wo die gerade das »Dreimädelhaus« von Schubert im Programm hatten). Lusja studierte uns ein. Zur Generalprobe klappte es kaum, aber als wir auftraten, lief alles ganz gut.

Unser Bruder Rolf arbeitete in einer Reederei als jüngerer Angestellte, verdiente damals nicht sehr viel, hatte aber große Allüren, man wunderte sich, von wo er das Geld dazu hatte. Er nahm sich leider so einiges aus der Kasse. Großer Skandal, Mama in Tränen. Um es zu vertuschen, opferte sie Vaters Lebensversicherungen (von einer amerikanischen Lebensversicherungsgesellschaft) der Firma, und mein Bruder wurde entlassen. Erst viel später stellte sich heraus, dass der Mann, unter dem er arbeitete, den größeren Teil veruntreut hatte und einfach die ganze Schuld auf meinen Bruder schob. (Derselbe Mann kam auch dafür ins Gefängnis.)

Was nun mit ihm? Es war Rolfs erste Stelle. Ich wollte ihm helfen und bat meinen Boss, ob er ihn nicht als Reisenden für die Kurzwaren anstellen könnte, ich verbürgte mich für ihn. Am Anfang ging alles schön und gut, er war ganz fleißig. Später aber machte er Schulden (Karten, Frauen, alles, was Geld kostete), und das Geld, das er kassierte, verprasste er, wollte es wohl zurückerstatten, aber es gelang ihm nicht. Er wurde wieder entlassen, und somit musste ich beinahe ein Jahr nur für die halbe Gage arbeiten. Lusja und ich stellten ihm eine Bedingung: »Mach, dass Du aus Lettland verschwindest und suche Dir woanders eine Arbeit«, gaben ihm Geld, und er verschwand mit einem Neffen von Lusjas Mann auf Abenteuer. Nach paar Monate kam der Neffe zurück (er hatte ja nichts ausgefressen, nur dass er sich stets an den Eskapaden meines Bruders beteiligte). Was war passiert – sie bewarben sich bei den Französischen Legionen in Korsika. Man wollte sie schon annehmen, aber die Bedingung waren für die beiden zu heftig. Der Neffe kam zurück, mein Bruder ging nach Frankreich (er sprach ganz gut Französisch). Was er dort arbeitete und wo er sich niedergelassen hatte, wussten wir nicht, er schrieb nicht, nicht mal der Mutter. Aber kurz vor dem Krieg bekam Mama einen Brief von ihm, worin er ihr mitteilte, dass er in Paris lebt und arbeitet. Wo und was er war, wurde nicht erwähnt. Es war traurig, dass ein intelligenter junger Mann durch seinen Leichtsinn sich das ganze Leben verdorben hatte. Lusja und ich haben ihn damals abgeschrieben, Mama trauerte um ihn, er war ja ihr großer Liebling.

Nachdem ich Rolfs Schulden bezahlt hatte, verließ ich die Kurzwarenfirma. Eine jüdische Bekannte überredete mich, als Lehrschwester (Babyschwester) ins große Jüdische Krankenhaus zu gehen, der Boss, Dr. H. hatte paar freie Lehrstellen zu vergeben und suchte intelligente Mädels, egal ob es Christinnen seien. Ich meldete mich zu diesem Kurs, wurde als Babyschwester ausgebildet, bestand das Examen sehr gut. Nun hatte ich aber vordem unseren alten »Onkel« Bischof Graf O'Rourke (der Bischof von Danzig war) gebeten, ob ich nicht im St. Marien-Krankenhaus in Danzig einen Schwester-Kursus machen könnte. Es kam auch eine Antwort, dass eine Lehrstelle im Spätherbst frei werden wird. Ich bewarb mich darum und wurde angenommen. Onkel Bischof, wie wir mit Lusja ihn nannten, kannte uns als kleine Mädels aus Petersburg, da war er noch Kaplan, und wir gingen immer zu ihm zur Beichte. Er hatte auch Lusja getraut (schon als Bischof), kam speziell aus Danzig. Am Anfang, als ich Babyschwester lernte und noch zu Hause wohnen konnte, sagte mir meine Mutter, dass eine bekannte Dame zu ihr käme und gebeten habe, ob ich nicht zu ihnen nächsten Sonntag kommen könnte, da sie einen Herrn geschäftlich zu Besuch erwarteten, aus London. Sie und ihr Mann sprechen kein Englisch, Mutter sagte ohne mein Wissen zu. Diese Leute hatten ein Haus außerhalb Rigas. Ich sollte mit einem angegebenen Bus fahren bis zur Endstation, und dort würden sie mich erwarten. Ich wollte diesen Trip nicht sehr gerne unternehmen, aber Mama lag mir in den Ohren, und um sie zu beruhigen (die arme Seele konnte ja immer noch nicht den Kummer, den ihr Sohn ihr angetan hat überwinden), sagte ich zu. Als ich im Bus (auf dem Quersitz) saß, kam ein junger Mann herein in Knickerbocker, und man sah ihm den Engländer an. Er kannte mich ja nicht, und ich konnte ihn deshalb so richtig beäugen. Als wir an die Endstation ankamen, stieg er zuerst aus, ich zögerte ein wenig. Er begrüßte die Leute, die uns erwarteten, und dann kam ich heraus, wurde herzlich begrüßt, man dankte, dass ich gekommen bin, und stellte mich dem Engländer vor und sagte, die Dame spricht Englisch, das hat er wohl nicht erwartet, dass sein vis-à-vis im Bus zu diesem Treffen geladen war. Es war ein ganz amüsanter Tag, mal was anderes, und am Abend fuhren wir gemeinsam mit dem Bus nach Hause. Mr. D. begleitete mich nach Hause, und wir verabredeten, uns den nächsten Tag zu treffen. Mark war ein ganz intelligenter Mensch, und man konnte sich mit ihm gut unterhalten. Ich lud ihn auch nach Hause ein, er verkehrte später auch mit meiner Schwester, und es entstand eine Freundschaft zwischen uns. Warum er sich ausgerechnet für Lettland interessierte, daraus bin ich nicht klug geworden. Erst viele Jahre später habe ich die Zusammenhänge begriffen.

Mark hatte gehört von mir, was mit meinem Bruder alles passiert war, und wollte mir helfen, auch damit ich mein Schwestern-Studium in Danzig fortsetzten konnte. Aber eine Bedingung stellte er mir: Ich sollte zuerst mit ihm für einen Monat nach Wien, Budapest und Prag fahren, ehe ich im Herbst nach Danzig ins Krankenhaus als Lehrschwester gehen würde.

Ich bekam nämlich die Erlaubnis, als Lehrschwester im Marienkrankenhaus in Danzig mich weiter auszubilden, und musste dann nach zwei Jahren dort mein Staatsexamen machen (mir wurde von meinem Studium in Riga das eine Jahr angerechnet). Ich sagte Mark, ich werde mit ihm fahren, denn ich wollte mal aus Riga fort und was anderes sehen. Lusja hatte Verständnis dafür, ich war ja erwachsen genug und musste wissen, was ich tue. Mutter aber war außer sich, es half aber nichts. Ich sagte meinen Freunden und Bekannten (sie wussten von der Existenz von Mark D. nichts), ich fahre zu den Tanten Wuest.

Mark kam mit einem Wagen und Diener (als Chauffeur). Ich sollte, um kein Aufsehen zu erregen, bis zur litauischen Grenze mit der Bahn fahren, und dort würde Mark mich mit dem Wagen erwarten. So war es auch. Paar Freunde begleiteten mich zum Zuge, und ich fuhr ab. Es war für mich eigentlich sehr aufregend – wie wird alles sein? Ich stieg am verabredeten Ort aus, und da erwartete mich schon Mr. D.: Wir wollten zuerst nach Polen – Warschau, Krakau – fahren. Kurz vor der Grenze Polens hatten wir eine Zusammenstoß mit einem Privatwagen, der voll mit besoffenen Studenten war und in unseren Wagen hereinraste. Der Wagen Marks war nur leicht beschädigt, es musste aber ein neues Teil im Motor ersetzt werden, und daher blieben wir im nächsten kleinen Ort, bis die neuen Teile ersetzt wurden (zwei Tage verbrachten wir in diesem kleinen Nest). Es ging weiter nach Warschau auf zwei Tage, dort hielten wir uns in einem kleinen Hotel auf, aber es hat mir dort nicht sehr gefallen. Dann ging es nach Krakau. Diese Stadt hatte doch einen ganz anderen Anstrich, alles war viel westlicher und doch eine alte, interessante historische Stadt. Wien war die nächste Station. In Wien wohnten alte Bekannte von uns (noch aus Petersburger Zeiten), ein Jugendfreund von mir (Mutters Taufsohn) war Musiker, hatte seine eigene Kapelle und bereiste alle bekannten Kurorte in der Schweiz, weit im Süden und woanders. Ich korrespondierte viel mit Roman (so hieß er). Als ich in Wien ankam, besuchte ich seine Mutter (er lebte mit ihr), er aber war leider damals nicht in Wien, schade, hätte ihn nach so viel Jahren gerne getroffen. Ich verschwieg natürlich, mit wem ich in Wien war, habe was vorgeflunkert, die alte Dame bedauerte, dass ich nicht bei ihr länger bleiben konnte – na, es ging eben nicht. Wien hat mir sehr gefallen. Manches Mal verschwand Mark, sagte dann, er muss paar Geschäftsleute sprechen. Ich ging alleine herum, habe vieles gesehen. Wir trafen uns am Abend zum Dinner im Hotel. Dann ging es weiter nach Budapest, eine schöne Stadt, schöne elegante Geschäfte, aber teuer. Ich konnte mir paar hübsche Kleider in Wien kaufen und hatte was Nettes anzuziehen. Mark war sehr anständig zu mir, er genoss meine Gesellschaft, war nicht aufdringlich, aber scheinbar hatte er mich sehr gern. Von Liebe und Heiraten war überhaupt keine Rede. Ich muss aufrichtig sagen, ich hätte ihn auch nicht geheiratet. Als guter Freund war er mir lieber, wir verstanden uns auch sehr gut. In Budapest trennten sich unsere Wege, ich fuhr nach Berlin zu den Tanten (sagte dort, ich war mit paar Bekannten auf einer Tour für ein paar Tage). Wurde sehr nett aufgenommen. Nach dem I. Kriege war Mama einmal bei ihnen gewesen und Lusja sogar öfters. Tante Ida nahm mich auch mal nach Babelsberg mit und zeigte, wo sie filmte. Ich wohnte aber nicht bei den Tanten, sondern in einem Hospiz bei katholischen Nonnen, die mir Bischof O'Rourke empfohlen hatte. Ich wollte frei sein und nur so ab und zu die Tanten sehen. In Berlin hielt ich mich nicht sehr lange auf und fuhr dann zurück nach Riga, denn es war Zeit, sich vorzubereiten, um nach Danzig zu gehen. Also kam ich zurück aus Berlin, beschenkt von den Tanten, wie ich sagte. Na, paar Kleinigkeiten erhielt ich von ihnen ja auch, aber nichts Besonderes.

Lusja musste ich natürlich alles berichten. Wo ich war, was ich gesehen habe, wie die Reise war. Ich brachte ihr und den Mädels auch paar nette Geschenke mit. Andreas eine Flasche Hennessy. Cognac war in Lettland sehr teuer, und für Mutter auch irgendwas, alle waren froh, dass ich heil und ganz wieder nach Hause gekommen bin (auch meine alten boyfriends). Nun hieß es, bald Abschied aus Riga nehmen. Meine Schneiderin nähte mir paar vorschriftsmäßige Schwesternkleider, auch ein Sonntagskleid (dunkelblau, die anderen blau-weiß gestreift). Ich gab meinen nächsten Freunden einen Abschiedsabend, bekam nette praktische Geschenke von ihnen. Alle begleiteten mich zum Bahnhof, wünschten mir das Beste (ich fuhr ja auf zwei Jahre fort), und so begann ein neuer Abschnitt meines Lebens. Mama konnte nach meiner Abreise die Wohnung alleine nicht mehr bezahlen, sie vermietete zuerst einen Teil, aber später gab sie die Wohnung ganz auf, und Lusja nahm sie zu sich.

Leben in Danzig

Ich kam im Spätherbst 1931 nach Danzig, und als ich im St. Marien-Krankenhaus eintraf, wurde ich von der Nonne, welche die Lehrschwestern betreute, mit den Worten empfangen: »Der hochwürdigste Herr, Seine Exzellenz Bischof O'Rourke,[7] hat uns mitgeteilt, dass Sie heute in Danzig bei uns ankommen.« (Das war ein guter Anfang!) Die Nonne machte mich bekannt mit den Schwestern, die zusammen mit mir den Kursus machen sollten (wir waren sieben weltliche Schwestern und drei junge Nonnen). Ich teilte ein Zimmer mit noch einer anderen jungen Schwester, die war eine Danzigerin und ein ganz nettes Mädel. Die Hausregeln für die jungen Lehrschwestern waren ziemlich streng. Ich dachte anfangs schon daran, meine Koffer zu packen und wieder nach Hause zu fahren, aber später sah ich ein, dass es richtig so war. Es waren noch andere Lehrschwestern da, die ein Jahr zuvor eingetreten waren, und wir wurden von denen unter die Fittiche genommen. Auf jeder Station war die Stationsschwester eine Nonne, und es gab auch einige weltliche Schwestern, die vom Krankenhaus angestellt waren. Wir Lehrschwestern bekamen kein Gehalt, mussten das erste Jahr sogar eine gewisse Summe für das Studium bezahlen, erst im zweiten Jahr erhielten wir monatlich einen kleinen Betrag ausbezahlt. Ich wurde zuerst angewiesen, auf der Männerstation der Dritten Klasse zu arbeiten, ich hatte ja schon Erfahrung, allerdings

[7] Eduard Graf O'Rourke, Bischof von Riga, später Danzig, *1876, †1943, Professor für Kirchengeschichte.

nur mit Frauen. Die Patienten waren sehr erstaunt und neugierig, als so eine »Ausländerin« wie ich erschien. Mein Deutsch war ja anders, als es die Danziger sprachen, diesen halb ostpreußisch-kaschubischen Dialekt. Meine erste Arbeit am frühen Morgen war, Temperatur und Puls zu messen. Es war mir zuerst peinlich, mit kritischen Augen bestaunt zu werden, ich ließ es aber nicht merken, war freundlich und höflich zu jedem und schien einen guten Eindruck auf die Leutchen zu machen. Es war keine leichte Arbeit, auf der Station um 8 Uhr morgens anzutreten, zwei Stunden Mittagspause zu haben und um 8 Uhr abends erst Schluss – und dazwischen waren an manchen Tagen auch Vorlesungen. Die Männer haben sich schnell an mich gewöhnt und empfingen mich jeden Morgen mit einem »Guten Morgen Schwester Uschi« (so nannte man mich im Krankenhaus). Ich war sehr strikt, aber höflich, manche von den Jüngeren versuchten, faule Witze zu machen, und manche wurden auch anzüglich, aber bei mir schlug das nicht an. Nur einmal habe ich mich bei dem Stationsarzt über einen Patienten beklagt, der ohnehin schon bald entlassen werden sollte. Es gab einen Krach, und er wurde sofort nach Hause geschickt.

Danzig war ja Hafen, und unter den Patienten gab es auch viele Seeleute, meistens kamen sie ins Hospital nach einer Keilerei, zerschunden mit kaputten Nasen usw., aus einer Kneipe mit der Ambulanz hergebracht. Eines schönen Tages, es war kurz vor Weihnachten, sagte die Stationsschwester zu mir, wir haben einen lettischen Matrosen auf der Station, er heißt »Willis«. Ich kam hin, sah mir denselben an, er lag mit einem verbundenen Kopf (hat wohl im Hafen was abgekriegt in einer Kneipe). Ich sprach ihn auf Lettisch an, er konnte kaum sprechen, nur: »Mila masa, Jus ari seit stradajiet!«[8] Dann erzählte er mir, auf welchem Dampfer er war und was passiert war. Willis hat sich im Krankenhaus anständig benommen und wurde auch nach Weihnachten geheilt nach Hause entlassen. Am Hl. Abend, als alle Patienten einen »Bunten Teller« bekamen, schenkte ich dem Willis extra eine Kleinigkeit zum Andenken, er war zu Tränen gerührt und dankbar für alles.

Ich musste das erste Jahr auf jeder Station ungefähr drei Monate arbeiten, auch einen Monat Nachtdienst machen, nach freier Wahl. Ich wählte die Männer-Chirurgische-Station, da ich mich später, im letzten halben Jahr als OP-Schwester spezialisieren wollte. Ich verzichtete darauf, auf der Erste-Klasse-Station der Männer zu arbeiten, da waren genug Schwestern und Wärter da, die sehr dahinter waren, dort zu sein. Als ich dann einmal Nachtdienst auf der Dritte-Klasse-Station hatte, bat mich die Nonne, die für die Erste Klasse zuständig war: »Pass auch mal auf meine Kranken auf.« (Der lange Korridor am Ende mündete auf die Erste Klasse.) Um mich gut zu stimmen, hatte sie ein Tablett mit paar schönen Butterbroten und eine kleine Flasche Bier für mich bereitgestellt, auf einem kleinen Tisch in ihrem Korridor. Sie wusste genau, dass unsere Kost nicht sehr reichlich war. Also wollte sie sich auf irgendeine Art erkenntlich zeigen. Einmal fragte sie mich: »Lieben Sie Männer?«, meine Antwort war: »Gesunde, aber keine Kranken!« Hat sie gelacht und sagte mir: »Uschi, so eine Antwort habe ich nie erhalten!« Sie war ein wenig wie ein Wachtmeister (klein und rund) und

---

[8] Übers.: »Liebe Schwester, Sie arbeiten auch hier!«

kommandierte ihre Belegschaft, Wärter wie Schwestern – mich allerdings nicht!

Auf der inneren Frauenstation arbeitete ich auch eine Weile: Schwer war es nicht mit den älteren Frauen, aber man musste viel Geduld aufbringen. Die schwerste Station war eigentlich die Kinderabteilung. Kinder können nicht so erklären, wie und was ihnen fehlt, man war nicht nur Schwester auf der Station, man musste auch noch die Kinder irgendwie beschäftigen. Einmal lag so ein kleiner 8-jähriger Bub im Sterben, er wurde abgeschirmt (man hatte keinen speziellen Raum dafür). Ich muss sagen, die Kinder waren so artig, machten keinen Krach, und die paar Jungen, die schon herumgingen, saßen an seinem Bett, sprachen ihm gut zu, hielten seine Hand und trösteten ihn, es war rührend anzusehen. Ich musste auch mit den Kindern am Abend, wenn sie zu Bett gebracht wurden, beten. Ich hatte aber alle Kindergebete vergessen – was sollte ich machen? Also kniete ich in der Mitte des großen Saales, betete zuerst das Vaterunser und Ave Maria, und dann sagte ich zu ihnen, jeden Abend wird einer von euch nach der Ruhe ein Kindergebet sagen, und damit war meine Situation gerettet. Einmal in der Woche hatten wir einen halben Tag frei und außerdem jeden zweiten Sonntag den halben Tag.

Ich sah mir dann Danzig an, eine interessante alte Hansestadt. Viel Geld hatte ich natürlich nicht, aber manches Mal erlaubte ich mir einen Kaffee.

Bischof O'Rourke musste ich jede zweite Woche in Oliva, seinem Bischofssitz, besuchen und ihm berichten, wie es mir geht. Wenn ich am Spätnachmittag kam, blieb ich bei ihm zum Abendbrot. Es gab immer was Schönes, er wusste, dass wir im Krankenhaus nichts Besonderes bekommen. Die Danziger Mädels konnten ja nach Hause gehen und bekamen extra was mit. Ich kaufte mir oft mal Früchte und manches Mal was zum Essen. Damals gab es auch nicht sehr vieles in Deutschland, und teurer war es für mich auch. Wir mussten um 10 Uhr abends zurück im Krankenhaus sein, aber wenn ich der Nonne sagte, ich fahre heute zum Herrn Bischof nach Oliva, bekam ich sogar den Schlüssel und konnte später kommen. Das habe ich auch ausgenutzt. »Onkel Bischof« kam jeden zweiten Monat ins Krankenhaus, wurde dort natürlich von der Oberin empfangen, und alle Nönnchen waren sehr aufgeregt, dass der Hochwürdigste Herr da war. Ich wurde dann zur Schwester Oberin gerufen, es hieß, der Herr Bischof möchte mich sehen (sie meinten, er ist mein echter Onkel). »Onkel Bischof«, wie ich ihn nennen durfte, brachte mir immer was Schönes mit. Entweder eine Bonbonniere oder eine Schachtel Zigaretten, extra für ihn gepackt mit dem bischöflichen Wappen, von einem Tabakfabrikanten, der mit ihm befreundet war. Uns Schwestern war es ja verboten zu rauchen, aber als die Nonne, die unsere Lehrschwestern betreute, auf meinem Nachtisch die Schachtel mit Zigaretten mit dem bischöflichen Wappen sah, sagte sie zu mir: »Na ja, Uschi, wenn der Hochwürdigste Herr es für richtig findet, dass Sie rauchen, dann können wir auch nichts dagegen haben.« Meine Antwort war: »Ich rauche ohnehin nur ab und zu, wenn ich frei bin, auf der Station rauche ich nicht!«

Wir waren sieben Schwestern in diesem Kursus, vertrugen uns gut, saßen im Speisezimmer alle zusammen, später zu den Examina. Ab und zu ging ich in meiner freien Zeit mal mit irgendeinem Mädel aus, in Civil natürlich. Aus Spaß gingen wir auch mal in eine Matrosenkneipe einen Grog trinken. Man war lustig, man war jung. Wir hatten verschiedene junge Assistenzärzte, die poussierten mit den jungen Schwestern, wenn keine Nonne in Sicht war, und manche von den Mädels hatten ihre Auserkorenen und trafen sich in der Stadt in der freien Zeit. Einige Ärzte hielten uns Vorlesungen, auch der Chef des Krankenhauses. Ein junger Arzt aus Freiburg unterrichtete uns in Erster Hilfe. Derselbe hatte ein Auge auf mich geworfen, ich reagierte aber darauf nicht, doch meine Kolleginnen hat das amüsiert (er war Chirurg). Eines Tages, als ich frei hatte und in Danzig einfach herumspazierte und in ein Café ging – wer kam hinterdrein? »Mein« Doktor! Er setzte sich an meinen Tisch, und ich muss sagen, wir haben uns privat doch sehr gut unterhalten. Nach Hause mussten wir aber jeder extra gehen, Spaß durfte wohl sein, aber wir verabredeten uns auf ein anderes Treffen. Auf der Station aber war man nur sehr korrekt und offiziell.

Das Jahr war schnell um. Ich musste beim Chef des Krankenhauses Arbeit im Labor, Untersuchungen von Urin, Blut usw. machen, ich wurde vom Laboranten angelernt, es war ganz interessant. Einmal passierte mir was, als ich einen Urin auf Eiweiß untersuchte: Als ich gerade das Ganze über den Bunsenbrenner hielt, schoss mir der Inhalt heraus und gerade auf das Kruzifix, das vis-à-vis des Tisches an der Wand angebracht war – das war ein Gelächter vom Laboranten und einem jungen Assistenten! Gott sei Dank war die liebe Nonne nicht da, und der Schaden wurde schnell behoben. Eines Tages bat mich ein Arzt, ich solle ihm alles zurechtstellen, was für einen Bluttest nötig war. Die Nonne, die es gewöhnlich tat, war abwesend. Als alles erledigt war und der Arzt mit der Blutprobe zurückkam, machte die Nonne einen Krach, dass ich die

Arbeit ohne ihre Erlaubnis gemacht hatte, beschimpfte mich mit den letzten Worten. Ich antwortete gar nicht, der Arzt nahm mich in Schutz, aber es half nichts. Ich verließ das Labor und kam nicht wieder. Am Nachmittag wurde ich zum Chefarzt befohlen. Er fragte mich über den Vorfall aus und was die Nonne mir für Bemerkungen gemacht hatte. Scheinbar hatten der Laborant und der Arzt sich beim Chef über sie beklagt. Ich sollte noch eine weitere Woche dort arbeiten. Die Nonne erschien nicht mehr im Labor, und es hieß, sie sei auf Urlaub. Der Chef hatte ihr aber ziemlich seine Meinung gesagt und auch, dass er sie nicht mehr im Labor sehen will, und verlangte außerdem, sie soll sich bei mir entschuldigen, was sie auch brieflich tat. Die Sache hat die Oberin erfahren, es war ihnen natürlich peinlich, ich könnte diesen Fall Onkel Bischof erzählen. Ich tat es aber nicht. Onkel Bischof machte oft Witze, wenn ich bei ihm war, über die Nönnchen, er war ja ein sehr gescheiter Herr und kein bigotter Priester, die Jugend verehrte ihn, auch die älteren Leute. Er hatte viele Freunde, sowohl bei der deutschen wie auch in der polnischen Bevölkerung. Als er sein 25-jähriges Priesterjubiläum feierte, war in der Kathedrale in Oliva eine Pontifikalmesse mit allen Zeremonien. Ich bekam diesen Tag ganz frei. Bischof O'Rourke gab am Abend ein großes Dinner, zu dem ich auch eingeladen war, für seine nächsten Freunde und Bekannten. Die Nonnen und andere Congregationen erschienen zum Pontifikalamt. Die Stadt Danzig ehrte ihn am Tag zuvor. Ich sollte gleich nach der Messe zu ihm kommen. Ich zog mein bestes Stück an, ein schönes dunkelrotes Nachmittagskleid, das ich in Wien gekauft hatte auf der Reise mit dem Engländer Mark. Onkel Bischof war müde nach dieser langen Zeremonie, die

Ornate stammten aus alten Zeiten, und auch die Bischofs-
mütze war sehr schwer. Ich war alleine bei ihm und überredete ihn, sich bis zum Dinner hinzulegen, nachdem wir
einen leichten Imbiss genommen haben. Das tat er auch,
und ich ging ein wenig in Oliva spazieren, kam erst zum
Tee zurück. Um 7 Uhr abends kamen die ersten Gäste. Es
war sehr interessant für mich, all die Leute zu beobachten.
Ich wurde auch vorgestellt als quasi Verwandte, die er
schon als Kind aus Petersburg kannte. Ins Krankenhaus
kam ich so gegen 11 Uhr wieder zurück, und ich musste
meinen Kolleginnen natürlich alles berichten, auch der
Lehrnonne. »Was für eine Ehre für Sie!«, sagte sie ganz
beeindruckt.
Die Arbeit im Hospital ging vorschriftsmäßig weiter und
die Vorlesungen und das Lernen auch. Ich wurde in den
OP versetzt (ich hatte darum gebeten, da ich mich ja als
OP-Schwester spezialisieren wollte). Zuerst kam ich in
den kleinen OP, zu den Nasen-, Ohren- und Augenärzten.
Die Nonne, noch eine jüngere nette Person, erklärte mir
alles, und unter ihrer Leitung lernte ich vieles.
Wenn wenig zu tun war, half ich in der Röntgenabteilung,
die auf demselben Flur war, man musste nicht gerade dort
was tun, aber es interessierte mich. Dann kam die Zeit, wo
ich im großen OP-Saal lernen musste und auch wenn Ver-
bandwechsel waren. Bei den Operationen hörte man nur
die Befehle des Operateurs. Später konnte ich auch Narkose geben bei leichteren Operationen. Zuerst hatte ich
Angst, zeigte es allerdings nicht, aber dann kapierte ich es,
und es ging ganz gut.
Man schrieb inzwischen das Jahr 1933. Auch in Danzig
merkte man, dass die Nationalsozialisten ans Ruder kamen. Einige von den jungen Ärzten erschienen eines Ta-

ges in SS-Uniform und begrüßten uns mit »Heil Hitler!«, ich antwortete allerdings immer: »Guten Morgen, Doktor« – ich war ja Ausländerin. Die Nonnen sahen es nicht gerne, dass so ein nationalsozialistischer Wind aufkam, und waren sehr besorgt, was aus dem Krankenhaus werden würde, das sie leiteten. Auch die Polen bangten um ihren Korridor (zur Stadt Danzig). Es war ja nur der Anfang und noch nicht so schlimm.

Wir Schwestern hatten zwei Wochen Urlaub in diesem Sommer. Ich nahm den meinen im September. Es hatte sich für mich nicht gelohnt, nach Hause zur fahren, und außerdem kam eine Einladung von Mark D. aus England, ob ich mit ihm nicht auf eine Tour nach Tirol, Innsbruck, in die Dolomiten und Norditalien per Auto Lust habe. Ich sagte zu. Im Krankenhaus gab ich an, dass ich nach Hause fahre, Onkel Bischof aber erzählte ich, dass ich mit einem alten Boyfriend diese Tour per Auto unternehmen werde. Ich bat ihn, den Nonnen nichts davon zu sagen, und erwähnte, dass ich Lusja meinen Plan wissen ließe und ihr versprochen habe, von jedem Ort zu schreiben, wo ich mich aufhalten würde. Onkel Bischof lächelte und sagte: »Du bist erwachsen genug, um zu wissen, was Du tust!« Fragte dann noch, wer der Boyfriend ist, was er treibt und wo ich ihn kennengelernt habe. Ich erzählte ihm die ganze Geschichte und auch, warum ich das tue. »Hast Du ihn wenigstens gern?«, war seine Frage. Onkel Bischof hatte Verständnis für alles und hielt auch keine Moralpredigt, ich musste ihm aber auch versprechen zu schreiben.

Somit fuhr ich los per Bahn bis Prag, und dort trafen wir uns. Weiter ging es nach Österreich, Tirol und Norditalien bis Genua, von Genua längs der Küste bis Marseille und dann Paris. Es war eine interessante Tour, das Wetter war schön, nicht zu heiß. In Paris blieben wir paar Tage, und ich habe mir alles angesehen, was zu sehen war. Sind auch im *Folies-Bergère* gewesen, im *Moulin Rouge*, damals traten dort Josefine Baker und Maurice Chevalier auf, beide jung und charmant, die ganze Revue war was vollkommen Neues für mich, es war wirklich sehr amüsant. In Paris trennten wir uns. Mark D. fuhr zurück nach England, ich nonstop nach Danzig. Onkel Bischof musste ich alles berichten: Wo ich war und was ich gesehen hatte. Im Krankenhaus erwähnte ich einfach, dass es schön war, die Meinigen gesehen zu haben …

Den Winter darauf mussten wir uns zum Examen vorbereiten, das vor den Osterfeiertagen angesagt war. Wir sieben Schwestern lernten zusammen, wenn wir frei hatten, es war gut organisiert. Lusja schrieb mir öfters, wie es zu Hause geht. Sie zogen damals um, als ich fort war. Andreas und Lusja hatten es nicht leicht. Sie war noch immer Lehrerin in der Josefschule, er hatte nur gelegentliche Arbeiten. Die Mädels gingen später in die Lutherschule, hatten einen weiten Schulweg. Sie mussten tüchtig lernen, denn die Mama verlangte das von ihnen. Wie mir Lusja schrieb, kam sie öfters ein alter Bekannter von mir besuchen und interessierte sich sehr, wie es mir in Danzig geht. Einmal bekam ich auch einen Brief von ihm, leider hat der gute Mann wohl zu derselben Zeit auch an seine letzte Flamme geschrieben und die Briefe verwechselt, ich bekam den Brief von der letzten, und als ich ihn anfing zu lesen, dachte ich: Was fällt dem Mann eigentlich ein, mir so was zu schreiben – bis ich merkte, dass gar nicht ich gemeint war. Der Brief ging von mir an ihn zurück mit einer ironischen Bemerkung.

Ich kannte in Danzig ein nettes Ehepaar. Er war dort der

Direktor der *White Star Line*, ein früherer Kollege also von mir und sie auch. Ich verkehrte dort ab und zu bei ihnen im Hause. Ich fragte ihn, ob er nicht mir dazu verhelfen kann, auf einem *White-Star*-Dampfer als Schwester eine Stelle zu bekommen, wenn ich mein Schwesternexamen bestanden habe. Ich konnte ja mehrere Sprachen und war außerdem doch früher eine Angestellte dieser Linie. Er versprach auch, für mich ein gutes Wort bei der Gesellschaft einzulegen, und es bahnte sich tatsächlich was an. Als ich meine Idee zu Hause erwähnte, kam ein Brief von Mutter, die mich dringend bat, so eine Stelle nicht anzunehmen, dann sie hatte Angst, dass ich sie nicht mehr lebend antreffen würde, wenn ich so lange weg war. Lusja außerdem teilte mir mit, dass Dr. Herzfeld, bei dem ich mein Babyschwesterexamen gemacht hatte, sich sehr interessierte, wie es mir in Danzig geht, und dass er bei dem Chef des Krankenhauses angefragt habe, wie ich vorwärtskomme (davon wusste ich natürlich nichts). Dr. Herzfeld wollte mich nämlich in seiner Privatklinik anstellen.

Nun war es bald so weit, das Staatsexamen rückte immer näher. Zum Examen musste jede von uns auch einen Krankenbericht schreiben, über einen Patienten, der frisch operiert war. Ich bekam eine Frau, die am fortgeschrittenen Brustkrebs operiert wurde. Ich war bei der Operation zugegen und musste dann die Patientin 24 Stunden beobachten und alles notieren. Sie lag auf der Privatstation. Ich saß am Bett der Frau, sie war noch ziemlich jung, notierte alles und bepflegte sie (es war eine Sterbenskandidatin, ein hoffnungsloser Fall), die Nonne, die Stationsschwester war, kam öfters herein, brachte mir Kaffee oder was zu essen und löste mich ab, wenn ich mal wohin musste. Also wachte ich die ganze Nacht und schrieb meinen Bericht.

Es war traurig anzusehen, wie so ein Mensch mit dem Leben kämpfte, die Frau war nur halb bei Bewusstsein. Ich tat mein Bestes und sprach ihr gut zu, aber ich fühlte, dass es da bald zu Ende geht. Am Morgen nach der Visite des Arztes (er kam nach der Operation ein paar Mal) sah er, dass da wenig was zu helfen war. Ich wurde dann von einer Nonne abgelöst, ging in mein Zimmer und legte mich auf paar Stunden hin, denn am Nachmittag musste ich dem Chefarzt meinen Bericht überreichen.

Nun kam das Staatsexamen. Wir Schwestern waren alle im Sonntagsdress, frühstückten, aber vor Aufregung konnte man kaum einen Bissen herunterbringen. Bekamen von unserer Nonne, die uns betreute, sogar ein Beruhigungs- mittel, und sie versprach außerdem, für uns zu beten. Dann ging es in den Saal, wo das Examen stattfinden sollte. Wir sieben weltliche Schwestern und 3 Nönnchen saßen an einem langen Tisch, vor uns der Chef mit den anderen Ärzten und der medizinischen Kommission der Stadt Danzig, die uns examinierten. Man konnte seiner Nachba- rin nichts zuflüstern, man wurde sehr beobachtet. Als ich an die Reihe kam, flüsterte der Chef einem Herrn von der Stadt zu: »Sie ist unsere Ausländerin!« Ich tat mein Bestes, blieb auch keine Antwort schuldig. Endlich erhoben sich die Herren, und es war alles vorbei. Nach paar Stunden wurden wir einzeln zum Chef gerufen und bekamen unse- re Zeugnisse. Als ich an die Reihe kam, schmunzelte er und sagte: »Ihr früherer Chef, Doktor Herzfeld aus Riga, hat bei uns angefragt, wie Sie arbeiten! Nun können Sie ihm Ihr Zeugnis zeigen! Sehr gut, kann Sie empfehlen, ohne Bedenken! Ich gratuliere.« Ich bedankte mich sehr. Uns allen wurde dann beim Mittagstisch gratuliert, die Tafel war hübsch gedeckt, sogar mit einem Blumenstrauß, und es gab sogar auch eine Flasche Wein für uns! Später mussten wir auch zur Schwester Oberin, die uns mit Kaffee und Kuchen bewirtete. Ich telefonierte Onkel Bischof, dass ich das Examen gut bestanden habe und ihn nächsten Tag besuchen werde. Wir bekamen paar Tage frei.

Die anderen Mädels fuhren zu ihren Eltern, und dann wurde entschieden, wer wo arbeiten wollte. Ich sagte, ich fahre nach Hause, sandte ein Telegramm nach Hause: »Examen bestanden, komme Gründonnerstag!« Als ich zu Onkel Bischof kam, war er auch sehr froh darüber, dass ich alles gut bestanden habe. Wir aßen schön zum Abendbrot, und dann erzählte er mir, dass er Danzig verlassen muss. Es wurden so allerhand Intrigen von einigen deutschen geistlichen Herren gegen ihn geschmiedet, die mit den Nationalsozialisten sympathisierten. Er sei gut Freund mit den Juden, Polen, Russen und Deutschen, und das gefiel manchen nicht. Ich sollte nichts davon den Nonnen sagen, er wird sehr bald entscheiden, wann er Danzig verlassen will. Ich war sehr traurig, das zu hören. Bischof O'Rourke wollte aber, ehe er nach Rom ging, seine Verwandten in Litauen besuchen, die dort ein Gut hatten. Er kam noch einmal ins Krankenhaus zu mir mit paar Geschenken für mich. Ich wurde zur Oberin gerufen, wo er mich erwartete. Wir nahmen Abschied, und ich dankte ihm herzlichst für all das Viele, was er für mich getan hatte. So habe ich ihn zum letzten Mal gesehen. Paar Tage darauf fuhr ich auch fort, nach Riga zurück. Ich verabschiedete mich vom ganzen Krankenhaus, und alle wünschten mir viel Glück & Erfolg in meinem Leben.

Somit endete meine Bleibe in Danzig.

Heimkehr nach Riga

Ich kam am Karfreitag des Jahres 1934 zurück nach Riga. Die Meinigen waren sehr erfreut, mich nach über zwei Jahren wiederzusehen. Ich lebte zunächst vorläufig bei Lusja, teilte mit Mama deren Zimmer, bis ich mich anders arrangiert haben würde.

Lusja sagte mir gleich, dass Dr. Herzfeld mich sofort nach Ostern sehen will, und sie war fest davon überzeugt, dass er mich bei sich in der Klinik anstellen wird. Das war wenigstens sehr erfreulich. Ostersonnabend ging ich am späten Abend zur Auferstehungsmesse in die St. Marien-Kirche. Ich ging auf den Chor, denn ich habe ja immer dort mitgesungen. Der Organist und die Choristen empfingen mich mit großem Hallo und freuten sich, mich wiederzusehen. Die Auferstehungsmesse wurde mit großem Enthusiasmus gesungen, und ich versprach, auch sonntags zu kommen. Meinen alten Freundinnen musste ich versprechen, sofort zu jeder schnellstens zu kommen, denn alle wollten ja hören, wie es mir in Danzig ergangen ist. Den Ostersonntag blieb ich bei Lusja, da zu ihr stets Verwandte ihres Mannes erschienen. Nach dem Ostersonntag-Hochamt, gerade als ich aus der Kirche herauskam, erwartete mich Josef Uscinowicz (er wusste von Lusja, dass ich zu Ostern zurückkomme). Die Begrüßung war außerordentlich herzlich, was ich nicht erwartet hatte. Josef sagte mir, er kommt am Abend zu Lusja. Viel sprachen wir nicht, denn seine Mutter und sein Bruder erwarteten ihn. Ich ging auf sie zu, ich kannte sie ja auch, und wünschte ihnen Frohe Ostern und wechselte paar Worte. Ich verabschiedete mich, da ich noch mit anderen Leut-

chen sprechen wollte. Lusja und Andreas lebten sehr bescheiden in ihrer Wohnung, aber es herrschte trotzdem immer eine gemütliche Stimmung. Die beiden Mädels, Dagmar und Margarete, Peggy genannt, waren jetzt schon groß geworden, freuten sich über die kleinen Geschenke, die ich ihnen aus Danzig mitgebracht hatte, für Andreas gab es eine Flasche »Danziger Goldwasser«. Ich wünschte, ich hätte allen meinen Lieben bessere Geschenke mitgebracht, aber ich war ja selbst schwach bei Kasse. Am Ostersonntag-Abend war es gemütlich, bei Sakusken und Dzidrais[9] stieg die Stimmung. Josef erschien mit Ostereiern für jeden, und Andreas bekam natürlich paar Flaschen Apothekerschnaps (Josef arbeitete als Verwalter in einer Apotheke). Er hatte seinen Magister in Pharmazie und Chemie an der lettischen Universität Dorpat gemacht. Im Stillen wunderte ich mich, dass er so sehr befreundet mit Lusja und Andreas war und sich um mich bemühte. Wir kannten uns schon lange, aber zeigten eigentlich immer wenig Interesse füreinander. In der Rigaer Apothekergesellschaft galt er als großer Damenfreund und hatte so manche Affären, er galt auch als schwarzes Schaf in der Familie. Er war aber gescheit und intelligent, auch sehr musikalisch, spielte gut Klavier, Geige und als Neustes Hawaiigitarre. Es war ein netter Abend, der erste, den ich nach über zwei Jahren zu Hause verbrachte.
Nach dem zweiten Osterfeiertag hatte ich eine Verabredung mit Dr. Herzfeld. Ich ging zu ihm in die Klinik und wurde sehr höflich von ihm empfangen. Er wollte, dass ich bei ihm in seiner Privatklinik als Oberschwester und auch als Operationsschwester arbeitete. Er wusste scheinbar

---

[9] Dzidrais: lettischer Kornschnaps.

von meinem Danziger Chef, wie ich meine Examen bestanden und wie ich dort gearbeitet hatte, da er gar nicht nach meinen Zeugnissen fragte. Das Gehalt war gut, und ich sollte auch im Hause der Klinik wohnen, wie die anderen Schwestern. Ihm gehörte das Haus. Es war in einer guten Gegend Rigas, im Parterre wohnte die Hebamme mit ihrer Familie und noch jemand, der das Haus in Ordnung hielt, die Zentralheizung besorgte und auch half, die Kranken zu transportieren. Dann kam die Klinik, zehn Privatbetten (und zwei doppelt), Operations- und Verbandsraum, Babyzimmer (es war eine Frauenklinik) und noch andere Räume, wie Empfangs- und Untersuchungszimmer des Chefs. Seine Privatwohnung war direkt über der Klinik, und wir Schwestern hatten unsere Zimmer auf der anderen Seite, so wie auch das andere Personal. Ich als Oberschwester hatte ein Einzelzimmer, die vier Schwestern schliefen jeweils zu zweit. Die Nachtschwester schlief auswärts.

Ich habe sofort zugesagt, denn es war ein sehr günstiges Angebot. Ich sollte aber den nächsten Tag ins große Jüdische Krankenhaus kommen, wo Dr. Herzfeld Chefarzt war und auch dort operierte, um ihm bei einer Operation zu assistieren, denn er wollte sehen, wie ich arbeitete. In seiner Privatklinik hatte er immer christliche Oberschwestern, die anderen waren Jüdinnen. Das Personal sowie die Dienstboten waren Christen, auch die Köchin. Als ich im Jüdischen Krankenhaus nächsten Morgen ankam, empfing mich dort die Chirurgische Oberschwester. Doktor Herzfeld hatte ihr mitgeteilt, dass ich kommen werde. Diese Schwester (eine hübsche Jüdin) wollte sehr gerne bei Dr. Herzfeld in seiner Privatklinik arbeiten (das hörte ich von einer anderen Seite), als Oberschwester. Ich musste mich sehr zusammennehmen, um nicht zu zeigen, dass ich Angst hatte, in diesem großen OP zu assistieren, da doch, angefangen von seinen Assistenzärzten wie auch den Schwestern, alle mich beobachten würden. Ich betete im Stillen, der Liebe Gott solle mir doch beistehen. Es hat gut geklappt, und nach der Operation lobte mich der Chefarzt vor allen, und somit war meine Stelle bei ihm in der Klinik sicher. Ich sollte den nächsten Tag in die Klinik kommen, damit mir die alte Oberschwester alles zeigen sollte, den ganzen Betrieb und was alles zu meiner Arbeit gehörte. Ich sollte auch die Schwestern und die zwei Hebammen (eine Jüdin, die andere Christin) wie auch das andere Personal kennenlernen. Ich wurde auch Frau Doktor vorgestellt. Ich sollte den nächsten Ersten, der in paar Tagen war, bereits antreten. So übersiedelte ich mit meinen paar Koffern einen Tag davor, um mich in meinem Zimmer einzurichten. Das Zimmer war nicht sehr groß, war aber gemütlich eingerichtet und sauber.

Dann kam mein erster Tag. Ich trug die Uniform, die ich im Danziger Marienkrankenhaus getragen hatte, meine Haube war nur anders wie bei den Schwestern in der Klinik. An diesem Tage war keine Operation, auch keine Geburt angesagt, nur der übliche Privatempfang von Patienten. Dieselben empfing stets Julchen, eine Lettin, nette ältere Person, die im Wartezimmer die Aufsicht hatte und auch den Patienten die Mahlzeiten servierte. Nicht alle Zimmer waren besetzt, und im Kinderzimmer herrschte die Babyschwester. Als der Empfang beendet war, machte der Doktor Privatvisiten bei den Patienten. Ich begleitete ihn, und er stellte mich als die neue Oberschwester vor. Die Patienten waren auch neugierig, mich zu sehen, denn sie hatten ja davon gehört, dass eine neue Oberschwester da ist. Von da an besuchte ich alleine jeden Morgen die Patienten nach dem Frühstück vor der Chefvisite und erkundigte mich nach ihrem Wohlbefinden wie auch nach ihren Wünschen. Das Essen in der Klinik war perfekt. Wir hatten eine gute lettische Wirtin, eine Köchin, die es verstand, nach dem Geschmack der Patienten zu kochen. Wir Schwestern hatten auch ein gutes Essen. An den hohen jüdischen Feiertagen gab es das sogenannte »koschere« Essen, wie Gefüllter Fisch, Hühnerbouillon mit Matzenklößen und gekochtes Huhn, Matzen mit süßem Quark gebacken usw. Es war aber kein spezieller koscherer Topf in der Küche. Frau Doktor kaufte für die Klinik den Proviant ein, und was sonst zur Klinik gehörte, wie Wäsche, Instrumente, Medikamente usw., bestellte ich, auch die Wäsche, die zum Waschen abgeholt wurde, überwachte ich. Die Medikamente bestellte ich in der nächstliegenden Apotheke, die auf der Elisabethstraße war, gegenüber der Straße, an der die Klinik war. Siehe da, der Verwalter der Apotheke war Josef Uscinowicz (das hatte ich gar nicht gewusst)! Es war ein großer Spaß, wenn ich den Herrn Verwalter am Apparat hatte (die Schwestern wussten nicht, dass es mein alter Bekannter ist). Wenn er mal anläutete, so hieß es: »Bitte mir die Oberschwester!« Sehr offiziell! Frei hatten wir jeden zweiten Sonntag und einen halben Tag in der Woche. Das wurde zwischen den Schwestern eingeteilt. An meiner Stelle kam sonntags immer eine OP-Schwester, die mich im Falle eines Falles vertreten sollte. Zuerst waren die Schwestern in der Klinik sehr zurückhaltend zu mir, aber mit der Zeit sahen sie, dass ich ihnen helfe, indem ich ihnen zeigte, wie ich etwas haben wollte, und es wurde ein freundschaftliches Arbeiten. Auch mit den Habammen war ein freundliches Verständnis. Zweimal in der Woche waren Operationstage (Dienstag und Freitag), dazwischen Geburten. Wenn es schwere Geburten waren und der Chef dabei sein musste, musste ich Narkose geben und auch alles vorbereiten, was dazu notwendig war. Wie oft wurde ich in der Nacht herumtergeholt. Jede operierte Frau hatte die ersten 24 Stunden auf Rechnung der Klinik eine Privatschwester, wenn sie sie länger haben wollte kostete es 20 Lats[10] pro 24 Stunden (das war damals gut bezahlt). Wir hatten zwei spezielle Schwestern dafür. Für mich war es eine interessante Arbeit.

Einmal passierte ein wirklich sehr komischer Fall. Eine Patientin aus Litauen musste operiert werden, und wie üblich gab es ein Bad vor der Operation. Als die Schwester die Patientin versorgt hatte, kam sie zu mir und sagte: »Die Frau hat Brüste, die sind flach und hängen wie bei einem Negerweib beinahe bis zu den Knien. Sie rollt sie ein und steckt sie in den Büstenhalter, und es sieht dann aus, als wäre es ein schöner Busen!« Am Morgen vor der Operation, die Privatschwester war schon da, ließ ich sie den Büstenhalter herunternehmen, man kann ja nicht so verschnürt zu einer Operation gehen. Nun wurde die Frau, schon halb beduselt, auf den OP-Tisch gelegt, mit einem Laken bedeckt, der Tisch wurde vertikal gedreht (bei manchen OP ist es erforderlich, dass der Kopf niedriger als die Füße ist). Wir hatten einen jungen Arzt, der stets die Narkose machte. Wir hatten alle nichts von den Brüsten der Dame gesagt. Als der Arzt mit der Narkose begann, rollten auf einmal die beiden brettflachen Brüste

---

[10] Lats: Währung der ersten lett. Republik zwischen den beiden Weltkriegen. Wiedereingeführt 1993.

längst des Halses der Patientin an jeder Seite nach unten. Der Anästhesist wusste nicht, was das war, und kämpfte verzweifelt unter dem Laken herum, stieß sie immer wieder zurück und sah uns Schwestern mit vollkommen entsetzten Augen an. Ich konnte aber nicht sprechen, musste mich auf den Operateur konzentrieren, da gehorchte ich nur den Befehlen des Chefs, auch die Assistenten taten das, so wie wir Schwestern. Allerdings konnten wir uns, da wir merkten, was geschehen war, trotz allem das Lachen kaum verbeißen. Als die Operation zu Ende war und die Patientin wieder eine normale Lage eingenommen hatte, wurde sie in ihr Zimmer gebracht. Der Chef und die Assistenten verzogen sich ins Zimmer-Kabinett des Chefs, wo es immer eine Erfrischung nach der Operation gab. Da kam der Narkotiseur, hatte seinen Kittel noch gar nicht abgelegt, zu mir und sagte völlig entgeistert: »Was war denn das, was hatte die denn?« »Ihr Busen«, war meine Antwort, »haben Sie das nicht bemerkt?« Er wieder: »Gibt es denn so was, warum haben Sie mich nicht darauf vorbereitet?« Ich erklärte ihm: »Ich konnte ja vordem nicht mit Ihnen sprechen!« Ehe der Chef dann bei der Patientin zur Visite kam, ging ich in ihr Zimmer, um zu sehen, wie es ihr geht. Kaum hatte sie die Augen wieder aufgemacht, ließ sie die Privatschwester wieder ihren Busen aufrollen, in den Büstenhalter stecken, zog dann ein Hemd darüber. Als ich am Zimmer vom Chef vorbeiging, hörte ich ein großes Gelächter, weil sich die komische Geschichte schon herumgesprochen hatte. Es war eine Patientin der Ersten Klasse, und sie zahlte viel dafür …

Wenn ein jüdischer Junge in der Klinik geboren wurde, war am achten Tage die übliche »Beschneidung« nach den jüdischen religiösen Riten. Das wurde vom Rabbiner vorgenommen. Es bestand aber ein großer Kampf zwischen den jüdischen Ärzten und dem jüdischen Rabbiner, denn die Ärzte wollten die Beschneidung lieber selber machen, doch die Geistlichkeit mit den strengen Riten war dagegen. Also musste ein Rabbi in die Klinik kommen. Meistens war es ein älterer Mann. Unser Chef verschwand immer bei dieser Zeremonie, verlangte aber von mir, darauf zu sehen, dass der Rabbi seine Hände ordentlich schrubbt und desinfiziert. Er musste mir auch das Messer geben, damit ich es ein Weilchen in Spiritus legte, musste einen weißen Ärztekittel anziehen, was dem Rabbi meist alles nicht gefiel, aber es half nicht, wenn er widersprach. Denn: »Der Doktor hat es befohlen!«, und er musste sich das gefallen lassen, dass ich als Oberschwester dabeistand und aufpasste. Bei dieser Zeremonie mussten zehn jüdische Männer dabei sein und besondere Gebete sprechen. Den Frauen war es nicht gestattet, dabei zu sein, sie saßen im Zimmer der Wöchnerin und wurden dort bewirtet. Es war ein extra Zimmer, wo diese Zeremonie vorgenommen wurde, auch war in diesem Zimmer eine Tafel gedeckt mit allerhand koscheren Gerichten, die die Frauen mitbrachten, und der koschere scharfe Schnaps wurde getrunken, das war die Sitte bei einer Beschneidung. Eine Schwester brachte das Kind herein, besonders auf einem Kissen angeschnallt, und übergab es dem sogenannten Taufvater, dann musste sie verschwinden. Einmal wollte ich diese Zeremonie mit ansehen und bestand darauf (trotz Protest des Rabbis). Ich muss sagen, dass es nicht ein sehr angenehmer Anblick war.

Wir Schwestern bekamen in unserem Aufenthaltsraum meistens Torten und Gebäck wie auch Wein bei so einer Zeremonie. Das war manches Mal sogar alles viel zu viel.

Wenn ich wusste, dass so eine Zeremonie sein würde, habe ich öfter Dagmar und Peggy gesagt, sie sollen nach der Schule zu mir in die Klinik kommen. Sie gingen damals in die Lutherschule, die nicht sehr weit entfernt von der Klinik war. Die beiden aßen dann mit Vergnügen die Sahnetorten und tranken Tee, dann gingen sie wieder gesättigt nach Hause. Auch unser Chef erschien, wenn schon alles wieder vorüber war, nach der Abendvisite in unserem Zimmer und ließ sich auch noch ein schönes Stück Torte reichen, er liebte das sehr.

Dr. Herzfeld war ein erstklassiger, bekannter Chirurg und Gynäkologe. Er hatte eine »leichte Hand«, wie man sagt. Ich habe in all den Jahren, wo ich in seiner Klinik gearbeitet habe, nur einmal einen Todesfall erlebt.

Ich arbeitete gerne in der Klinik, und mit den Schwestern und Hebammen verstanden wir uns gut.

In meiner freien Zeit besuchte ich oft die Meinigen und kam viel mit meinen Freunden zusammen, man war ja schließlich jung und wollte mal auch ausspannen und sich ein wenig amüsieren. Josef U., der Verwalter der Neumannschen Apotheke, die die Klinik belieferte, interessierte sich plötzlich sehr für mich, kam auch öfters, mich auf meiner Bude besuchen (wir hatten einen extra Eingang in der Klinik von der Hofseite). Wir gingen mal ins Kino oder in die Oper, trafen uns bei Lusja oder bei anderen gemeinsamen Bekannten. Ich hatte ihn eigentlich ganz gern, er war ein intelligenter Mensch, und man konnte sich gut mit ihm unterhalten. Mich wunderte es aber manches Mal, dass er meine Gesellschaft suchte, er, der frühere Mädchenjäger! Eines schönen Tages sagte er zu mir: »Was meinst Du! Ich habe mir meine Hörner abgestoßen, Du wohl auch – wie wäre es, wenn wir beide heiraten? Ich

117

habe eine gutbezahlte Stelle und kann eine Frau ernähren. Bedenke das!!« Ein schöner Heiratsantrag – ich musste lachen! »Lach nicht!«, sagte er, »ich rede ganz im Ernst, denn ich habe Dich sehr gern!« (Von »Ich liebe Dich« kein Wort!) Ich sagte, ich würde nachdenken. Das nächste Mal schon sagte ich zu Josef: »Versuchen wir es! Ich werde aber noch in der Klinik arbeiten, bis ich ein Kind von Dir kriege!«

Wir beide mussten nachdenken, wo wir eine Wohnung bekommen könnten, wie wir sie einrichten würden. Wir konnten und wollten nicht unsere Mütter um was bitten und mussten von unserem ersparten Geld was hernehmen. Vor allem hieß es nun, die Mamas davon in Kenntnis zu setzen. Den freien Sonnabend darauf ging ich zu Lusja, Josef kam später nach. Ich sprach mit Lusja alleine zuerst, sie sagte, es wunderte sie nicht, denn stets kam er zu ihnen, auch als ich noch in Danzig war, und zeigte großes Interesse, wie es mir geht usw. usw. Beim Abendbrot tranken wir alle einen schönen Schnaps mit Sakusken, waren alle guter Laune, und da sagte Josef zu meiner Mutter: »Frau Boencke, ich hoffe, Sie haben nichts dagegen, dass ich Ihre Tochter heirate, und wir haben beschlossen, im Januar (es war September) zu heiraten!« Mama war so erstaunt, sie wusste zuerst nicht, was sie sagen sollte, und dann erst sagte sie: »Ihr beide seid erwachsen genug und müsst wissen, was ihr tut!«

Mit Josefs Mutter war alles etwas schwieriger, denn sie dachte im Stillen, er wird sich eine reiche Braut kapern. Aber Josef galt ja immer als das schwarze Schaf in der Familie, und so musste sie Ja und Amen sagen. Ein Plus hatte ich: Ich war katholisch und sehr selbständig. Ihre erste Schwiegertochter, die den älteren Bruder von Josef geheiratet hatte (er war Arzt), war nämlich lutherisch.

Nach paar Tagen kam sie auch mit Josef am Abend zu mir, als ich frei hatte nach der Arbeit, mit einem Blumenstrauß und begrüßte mich als zukünftige Schwiegertochter. Ich wusste, dass sie kommen wird, ich besorgte Kuchen und machte schöne Brötchen und Tee, Josef brachte eine Flasche Wein. Sie war sehr freundlich zu mir, und wir besprachen, wann wir heiraten werden. Sie bestand darauf, dass das Hochzeitsessen nach der Trauung bei ihr in der Wohnung stattfinden sollte, denn Lusja lebte ja etwas außerhalb, in Sassulanka. Wir wollten nicht viele Gäste haben, nur die Verwandten und die Kommilitonen von Josef (sechs Männer), die sozusagen unsere Brautjungfern sein sollten. Wir bekamen eine kleine Wohnung in demselben Haus, wo auch meine Schwiegermutter wohnte, und das war nicht weit von der Klinik. Ich sagte meinem Chef, dass ich heiraten werde und so lange in der Klinik arbeiten wollte, bis ich ein Kind bekomme. Er war damit einverstanden, machte nur zur Bedingung, dass ich ganz nahe bei der Klinik wohne und zu jeder Zeit per Telefon erreichbar bin. Ich arbeitete ja die üblichen Stunden, nur ging ich eben abends nach Hause. Ich bat auch Herrn und Frau Dr. Herzfeld, zu meiner Hochzeit zu kommen, die am 25. Januar 1936 stattfinden sollte. Josef und ich fingen an, uns allmählich einzurichten. Wir hatten zwei Zimmer, ziemlich große Küche und Bad sowie auch ein Mädchenzimmer mit Zentralheizung. Ein Zimmer war unser Speisezimmer. Ein runder ausziehbarer Tisch, hübsche Kredenz und eine Glasvitrine dazu, passende Stühle (gepolstert) und alles aus einem hübsch gemasertem Nussholz. Dazu kam noch der Steinway-Flügel (Josef spielte ja sehr gut Klavier), den schenkte uns Schwiegermutter zur Hochzeit. Der stand bis dorthin im Wohnzimmer in Goldingen, in ihrem Salon. Er passte ja kaum herein. Das zweite Zimmer war Wohnzimmer und zur gleichen Zeit auch unser Schlafzimmer. Die Möbel waren auf Bestellung gemacht. Zwei Diwans, zwischen ihnen ein niedriger Mahagonitisch (es wurde so gemacht, dass man den Tisch in ein Eck stellte und die Diwans von jeder Seite an den Wänden), dazu kam eine schöne Stehlampe. Außerdem noch ein kleiner Tisch und zwei Sessel vor den Diwan, alles aus Mahagoni und hübsch gepolstert. Eine Etagere für Bücher und ein Mahagonischreibtisch mit Sessel, dazu ein passender Teppich. Die Diwans konnte man aufklappen und das Bettzeug dort verwahren. – Im Mädchenzimmer hatten wir eine Couch (für Gäste), eine Kommode und einen Kleiderschrank, der passte gerade herein. Wir hatten kein Dienstmädchen, aber eine Aufwärterin (die auch bei Lusja arbeitete) kam zweimal die Woche, eine Russin aus der Moskauer Vorstadt, eine gute ehrliche Person. Die ganze Einrichtung hatte ziemlich viel Geld gekostet, wir zahlten es ab in zwei Jahren. Bettzeug gab uns Schwiegermutter, sie hatte ja viel davon in Goldingen, es wohnte ja keiner mehr ständig in dem alten Familienhaus, nur die alte Wirtschafterin. Im Sommer ging Schwiegermama dorthin, blieb paar Monate, sonst war sie in ihrer Wohnung in Riga, zusammen mit Romuald, dem jüngsten Bruder von Josef. Das Haus in Goldingen gehörte Mama mit den Söhnen zusammen, sie hatte aber persönlich ein Haus mit vier Wohnungen, die sie vermietete, und der Sportplatz in Goldingen gehörte auch ihr. Sie war also nicht abhängig von ihren Söhnen, sie hatte genug, und es fehlte ihr an gar nichts.

Meine Mutter war sehr betrübt, dass sie mir keine Aussteuer geben konnte, sie hatte ja nichts, sie hatte alles verloren während der Revolution in Russland, und das bisschen Geld, das sie nach dem Tode meines Vaters von der Speditionsfirma, bis sie pleiteging, bekam, ging für ihre Krankheit drauf. Somit war sie auf uns, Lusja und mich, angewiesen. Sie murrte aber nie über ihr schweres Los – die Frau, die einmal aus dem Vollen schöpfen konnte und so vielen Menschen im Leben geholfen hatte.

Somit kam der Tag unserer Hochzeit, es war ein Sonnabend und es war bitterkalt. Zur Trauung wurden einige Leutchen eingeladen, zu Hause aber nur die nächsten Verwandten (ich hatte ja wenige davon). In der Wohnung von Schwiegermutter war alles vorbereitet. Wir engagierten eine spezielle Köchin, und die alte Mimmi, die Wirtschafterin aus Goldingen, half mit, zusammen mit ihrer Großtochter, die am Tisch bediente. Das alles wurde aber von Josef und mir bezahlt. Ich bekam viele Geschenke von der Klink wie auch von alten Freunden. Eine sogenannte »Hochzeitsreise« konnten wir nicht unternehmen. Wir mussten beide am folgenden Montag wieder zur Arbeit, und außerdem hatten wir nicht das Geld dazu. Meine Mutter (wie sie das fertigbrachte, weiß ich nicht) schenkte mir den Stoff zum Hochzeitskleid und den Schleier. Das war ein schöner, schwerer Seidenstoff! Meine Schneiderin nähte es und kam auch zu Lusja (denn von ihrem Hause fuhr ich zur Kirche), um mich anzuziehen zu diesem großen Unternehmen! Dagmar und Peggy bekamen neue nette rosa Kleider, Mama in Schwarz wie immer, fuhr mit den Kindern in die Kirche voraus. Lusja sollte mit Mann nachkommen. Wir mit Josef tranken eine guten Cognac (denn es war bitterkalt) und fuhren dann zum Fotografen. Die Hochzeit war auf 7 Uhr abends angesetzt. Meistens war es üblich bei uns in Riga, abends zu heiraten. Lusja kam verspätet in die Kirche, da sie beim Umziehen ihre Hände verbrüht hatte aus Versehen. Beide Hände waren mit Mull verbunden, und sie musste große Schmerzen ausstehen. Sonst klappte aber alles. Prälat Stukels hat uns getraut, es war der gute Bekannte der Familie Uscinowicz und auch Lehrer und Berater der drei Jungens. Leider konnte Bischof O'Rourke nicht zu meiner Hochzeit kommen (wie versprochen), da er in Rom zu dieser Zeit sich aufhielt. Na ja, somit ging auch diese ganze Zeremonie zu Ende und die darauffolgende Party auch. Dagmar und Peggy waren so müde, dass ich sie in unsere Wohnung (sie war ja in demselben Hause) brachte und sie auf unsere Betten schlafen legte, bis die Eltern und Oma gedachten, nach Hause zu fahren. Kaum hatten wir uns am Sonntag ein wenig ausgeruht, musste Josef zum Nachtdienst in die Apotheke und ich ganz früh am Morgen zu einer schweren Geburt. Eine komische »Hochzeitsnacht«!

Der alte Trott ging ganz normal weiter. In meiner Mittagspause lief ich schnell nach Hause und besorgte was für Josef zum Essen. Er konnte zwar sehr gut sich selbst ein Steak oder eine Karbonade aufbraten, er liebte gut zu essen, war aber mit allem zufrieden und nicht anspruchsvoll. Am darauffolgenden Sonnabend nach unserer Hochzeit gaben wir mit Josef eine Party für unsere Freunde, die nicht zum Hochzeitsmahl da waren, aber dafür dann ohne die älteren Leutchen. Es war eine lustige Gesellschaft, bei Sakusken, Schnaps und anderen Getränken wurde gescherzt und viel gelacht. Und viele fragten: »Wer ist der Nächste, der unter die Haube kommt?« Und das war meine Freundin Josefine (Jusja), die im Februar heiratete. Der junge Mann passte gar nicht zu ihr, und warum sie ihn geheiratet hat, konnten wir, ihre Freundinnen, nicht verstehen. Mein Mann konnte ihn nicht leiden und sagte mir gleich: »Der kommt mir nicht ins Haus! Josefine ja!« Für mich war es ein großes Problem, denn ich mochte sie so gerne. Zur Hochzeit fuhren wir aber doch beide hin. Mit meiner Freundin Ursi Kade (geb. Krah) und ihrem Mann kamen wir öfters zusammen. Otto Kade war Rechtsanwalt und war beim Waisengericht angestellt, Ursi arbeitete bei der Zollbehörde (sie hatten keine Kinder). Im Sommer beschlossen wir, uns ein Weekend-Häuschen zu mieten, um gemeinsam den Sonnabend (ab Nachmittag) und den Sonntag dort zu verbringen. Es war in Bullezeem am Rigaer Strande, in einem Fischerdorf. Ursis Eltern wohnten jeden Sommer dort und verschafften uns das Häuschen (manche Fischer vermieteten). Zwei Schlafzimmer, in der Mitte ein Wohnzimmer, Veranda und Küche mit allem Drum und Dran. Schön sauber, primitiv, aber nett. Wir brauchtes wenig was mitzubringen, ein wenig Geschirr und Bettwäsche, sonst war alles da. Bullezeem lag auch an der Aa, einem Fluss, der ins Meer mündete. Somit hatten wir den schönen malerischen Fluss und die See und die Dünen mit den Fichtenwäldern. Es war ein ruhiger Strand, ziemlich entfernt von den vielbesuchten Badeorten in der Nähe, mit den vielen Menschen und den Tanzdielen, Casinos und Kabaretts.

Ehejahre

Jeden Sommer mieteten wir uns nun bei ein und demselben Fischer ein Häuschen, das mitten in einem Fichtenwald gelegen war. Man hatte nur paar Minuten über die Sanddünen zu gehen, und da war man schon am Strand der Ostsee. Das kleine Haus war auch nicht weit vom Fluss Aa entfernt, der ebenfalls in die See mündete. Das ganze kleine Fischerdorf lag zwischen See und Fluss. Man konnte mit der Strandbahn hinausfahren, dann mit dem Bus bis zum Wald fahren, die letzte Station war bei einer großen Villa eines Zeitungsbesitzers aus Riga. Aber genauso konnte man ein Stück zu Fuß laufen, durch den schönen Fichtenwald, was ca. eine Dreiviertelstunde dauerte, und man war auch an Ort und Stelle.

Die Fischer waren hauptsächlich auf Lachsfang eingestellt, der der Kontrolle des Staates unterlag. Die Fischer bekamen jedes Jahr gewisse markierte Stellen in der See, wo sie ihre großen Netze, wenn die Lachssaison begann, auslegten. Jeder Fischer hatte ein großes Motorboot. Sie fuhren jeden zweiten Tag hinaus, um die Netze zu kontrollieren – manches Mal fuhr ich mit am späten Nachmittag. Die großen Lachse, zwischen 20–25 Kilo, wurden mit einem flachen Eisenstab betäubt und ins Boot befördert, die kleinen Lachse mussten sie in die See zurückwerfen. Wenn noch andere Sorten von Fischen im Netz waren, konnte der Fischer sie für sich behalten und verkaufen. Die Lachse musste er abliefern. Es standen schon Lastwagen mit Eiskübeln am Strand und warteten auf die Fischer, bis sie zurückkamen. Die Lachse wurden gewogen, ihr Gewicht angeschrieben, zwischen Eis gepackt, und los ging es zu den nächsten Kühlhäusern nach Riga. Manches Mal fuhren auch die Fischer sehr weit hinaus ins Meer, um Strömlinge und Flundern zu fangen. Die Fischerfrauen saßen schon am Strande und warteten auf die Rückkehr der Boote. Sie hatten alles vorbereitet, um die Strömlinge in Süßwasser zu waschen, dann auf Bastschnüren paarweise aufzuziehen, aber ein Teil des Fangs wurde anschließend geräuchert. Die Räucherkammern waren am Strand (in einem abgelegenen Teil, wo sich nicht Badegäste aufhielten), es wurde mit Wacholderholz und Sträuchern geräuchert. Wir saßen oft schon auf den Dünen und warteten, bis alles fertig war, kauften Strömlinge und Butten, und es war dann ein Festessen für uns.

Unser Vermieter und seine Kumpane warteten immer, wenn sie wussten, dass Josef manches Mal am Freitag etwas früher kam, auf ihn, denn er brachte den Fischern oft eine große Buddel Apothekerschnaps mit, die wurde hinten am Boot an einer Schnur angebunden und im Wasser zur Abkühlung mitgeschleppt. Dann präparierten sie einen kleinen Lachs, schnitten ihn hauchdünn auf, besprengten ihn mit Salz und Pfeffer und ließen ihn eine Weile zwischen zwei Tellern ziehen. Er schmeckte herrlich mit Weißbrot und kaltem Schnaps, frisch gebeizt. Ich bekam davon auch manches Mal was ab, dann flog mir ein kleiner Lachs von ein paar Pfund auf die Veranda, eine Stimme sagte dazu: »Fürs Abendbrot!« Man hatte so seine Freunde, die waren treu wie Gold, und das haben sie vor allem bewiesen während der Okkupation der Bolschewiken und dann noch einmal während des Zweiten Weltkrieges, als die Nordfront existierte und wir von den Deutschen besetzt wurden.

Schön waren die Weekends da draußen am Strand. Der

war übrigens auch sehr sauber, sah aus wie gelber Zucker. Wenn es einem zu heiß wurde, in der Sonne zu schmoren, ging man eben in die Dünen und erholte sich. Manches Mal gingen wir auch längs dem Strande ein bis zwei Stunden entlang, tranken im nächsten Ort Kaffee und aßen Eis, und zurück ging es dann mit dem Bus.

Ich hörte auf zu arbeiten, als ich ein Kind erwartete. Mein Sohn wurde am 27. Mai 1939 in der Lundberg'schen Klinik geboren. Es war eine schwere Geburt (hohe Zangen), ich hatte es nicht leicht. Als man mir meinen Sohn präsentierte, schaute ich als Erstes auf sein Köpfchen und sah kleine helle krause Korkenzieher – aha, wusste ich sofort, die krausen Boencke'schen Haare hatte er von mir geerbt! (Mein Mann hatte glattes dunkles Haar.) Als mein Mann in die Klinik kam, war er höchst erfreut und fragte, was für einen Namen der Sohn haben sollte. Er wollte ihn Jeremy (Jeremias) nennen (ein Held aus einem Sienkiewicz'schen Roman[11]), aber der Taufvater, sein ältester Bruder, und meine Schwester Lusja, die Taufmutter sein sollten, protestierten aufs heftigste. Mischa sagte: »Ich werde nicht Taufvater sein, wenn ihr dem Kind so einen blöden Namen gebt!« Lusja sang mir per Telefon vor: »Jeremias Ziegenpeter usw.« Josef war ganz geknickt und fragte immer: »Wie nennen wir ihn denn, ich muss ihn ja morgen registrieren!« Er schlug Stefan vor. »Nein«, sagte ich (oh Gott, meine Schwiegermutter hieß ja Stefanie!). »Josef« soll er heißen, war mein Vorschlag, und den zweiten und dritten Namen nach den beiden Großvätern, also »Josef Adam Karl«.

[11] Henryk Sienkiewicz, 1846–1916, polnischer Schriftsteller, Nobelpreis 1905, berühmtestes Werk »Quo vadis«.

So wurde das Kind getauft. Mein Mann sagte nur: »Na schön, alle berühmten Männer heißen Josef! Josef Pilsudski (Marschall in Polen), Josef Stalin, Josef Goebbels und nun zwei Josefs bei den Uscinowicz!« Und dabei blieb es nun. Den Sommer 1939 verbrachten wir wieder in unserem Fischerdorf, es war wie immer sehr schön – als es aber Herbst wurde, hörte man per Rundfunk schon allerhand Unangenehmes, und eines Tages kam Josef früher am Freitag heraus und sagte uns: »Der Krieg ist zwischen Deutschland und Polen ausgebrochen, die Deutschen haben Danzig und den polnischen Korridor besetzt!« Wir packten sofort unsere Sachen und fuhren schnellstens nach Hause. Wir wohnten damals in einer Wohnung vis-à-vis dem Konventquartier der »Gotonia«, einer Deutschen Studentenverbindung, wo Josef Mitglied und seit längerer Zeit schon Philister[12] war. Die allgemeine Stimmung war sehr unter null. Die Deutschbalten hatten mit dem Deutschen Staat ein Abkommen (es waren schon so manche Leutchen unter ihnen, die sehr für das Regime der Nazis, d.h. für die Hitlerbewegung waren). Es hieß, wer nach Deutschland repatriieren wollte, sollte sich zeitig melden. Es wurde versprochen, dass alles, was die Leute hinterließen, ihnen im Deutschen Reich ersetzt würde, das nannte sich Lastenausgleich.

Es war ein großes Problem für uns alle. Man munkelte, dass die Russen die Baltenländer besetzen werden, und jeder hatte Angst vor den Bolschewiken. Menschen, die jahrhundertelang mit dem Baltenland verwachsen waren, konnten sich schweren Herzens zu diesem Schritt entscheiden. Derweilen hatten die Deutschen schon halb

[12] Hier: ein nicht mehr Studierender, sogenannter »Alter Herr«.

Polen besetzt, auch das Memelgebiet. Nun mussten die Deutschbalten sich entscheiden. Die lettische Regierung (damals war Ulmanis Präsident) reagierte darauf in einer sehr hässlichen Art, aber konnte die Deutschbalten nicht zwingen, dazubleiben. Wer wollte, der sollte auch das Land verlassen. Ich erinnere mich noch an die Rede Ulmanis' zu dieser Affäre, wo er sagte: *»Lai brauc pie margarina kalniem!«*[13] Viele Deutschbalten waren auch mit Letten verheiratet, und es gab viele, die sich entschieden, auszuwandern. In den baltischen Provinzen gab es ja sehr viele Mischehen, und keiner hat sich daran gestoßen, man lebte friedlich beieinander. Auch in meiner Familie war es so: Mein Mann war polnischer Abstammung, seine Großeltern waren es, der Vater und die Mutter auch. Die drei Söhne meiner Schwiegermutter (der Schwiegervater war Beamter in der Stadt Goldingen, er starb mit 49 Jahren), die mit 36 Jahren Witwe wurde, ließ sie eine deutsche Schule in Goldingen besuchen, später das Gymnasium in Riga. Alle drei traten in die deutsche Corporation »Gotonia« ein und erhielten von dem Philisterverband ein Stipendium zum Studium an der lettischen Universität in Riga und Dorpat. Der älteste Bruder meines Mannes, Michael, studierte Arzt, beendete die Uni und kam als Praktikant in eine kleine Provinzstadt. Es war Usus in Lettland, dass die jungen Ärzte zuerst aufs Land gingen auf paar Jahre. Er heiratete daraufhin eine Deutschbaltin, Gertraud Schiller, aus einer angesehenen baltischen, bürgerlichen Familie, die ein nettes Haus in Hagensberg hatte. Ich verkehrte auch dort im Hause und war mit ihnen sehr befreundet. Mischa zählte sich ganz zu den Baltendeutschen.

[13] Übers.: »Sie sollen doch zu den Margarinebergen fahren!«

Sie hatten zwei Töchter, die älteste war fünf Jahre alt, als ich heiratete, und die jüngere wurde geboren drei Monate nach meiner Hochzeit. Das arme Kind hatte eine angeborene »Hüftluxation«, wurde behandelt in Riga, Wien und sogar von Professor Sauerbruch. Die Großeltern gaben das Geld dafür. Aber es half wenig, das Mädel blieb ein halber Krüppel, aber machte alles mit und war ein vernünftiges und fröhliches Kind. Daher beschlossen mein Schwager und Schwägerin auch zu repatriieren. Mein Mann wollte das zuerst auch, aber ließ sich von seinem jüngsten Bruder überreden, doch nicht nach Deutschland zu gehen. Denn plötzlich fühlte sich der Bruder Romuald als nationaler Pole und lehnte alles Deutsche ab. Sogar die »Gotonia«, die deutsche Studentenverbindung, zu der er jahrelang gehörte und wo er Philister war, lehnte er vollkommen ab und verließ die Corporation.

Als mein Schwager Dr. Michael Uscinowicz mit seiner Frau zu uns nach Hause kam, um sich zu verabschieden, meine Mutter war gerade auch zugegen, kam Romuald spritzbesoffen an, beschimpfte seinen Bruder, dass er nach Deutschland geht, und verfluchte ihn und die ganze Familie. Es war eine scheußliche Situation, jedem verschlug es die Sprache. Ich fasste mich, stand auf und sagte zu meinem jüngsten Schwager: »Mach, dass Du fortkommst, verlasse mein Haus und ich will Dich hier nicht mehr sehen!«, und er ging. Am nächsten Abend (Josef hatte gerade Nachtdienst) klingelte es, es war Romuald. Auf den Knien hat er mich um Verzeihung gebeten, dass er sich den Abend vorher so benommen hat. Ich sagte ihm: »Geh zu Deinem Bruder und bitt auch ihn, Dir zu verzeihen«, leider tat er es nicht.

Mischa hat, nach Jahren, als er schon Arzt in Husum war,

ihm verziehen und die hässliche Szene vergessen, meine Schwägerin aber konnte diesen Auftritt nie vergessen. Allmählich verließen alle älteren Freunde Riga, es war mir sehr traurig zumute, ich konnte aber meinen kleinen Sohn und meinen Mann nicht verlassen. Als meine Mutter und meine Schwester mit Mann und Töchtern auf die *Steuben* gingen, die am Dünaufer ankerte und die sie nach Gotenhafen bringen sollte, ich am Kai heulend Abschied nahm (es war November), überreichte ich meiner Schwester eine kleine Silbertanne (anstatt einem Blumenstrauß). Ich bat sie, die Tanne zum Andenken an die Heimat am Hl. Abend mit Lichtlein zu schmücken und anzuzünden, ich würde dann auch an all meine Lieben an diesem Abend denken. Es war eine traurige Zeit für mich. Kaum waren die Deutschbalten (darunter auch einige Letten aus gemischten Ehen, die sich als Baltendeutsche bekannten) fort, war eine sehr komische Stimmung im Lande. Die Regierung Ulmanis liebäugelte mit den Russen, und nicht lange danach hatten dieselben tatsächlich ihre Stützpunkte von Marineeinheiten im Hafen von Libau und Windau. Selten bekam ich Post von den Meinigen. Nicht weit von Riga war ein Lager, wo ein Teil der Polnischen Grenzarmee, die bei der Besetzung von Polen durch die Deutschen nach Lettland geflüchtet war, untergeschlupft war. Romuald wurde bekannt mit einigen Offizieren, die bei meiner Schwiegermutter verkehrten. Sie nahm sie sehr schön auf, man spielte zusammen, Bridge und anderes, ging in die Oper und in Konzerte. Schwiegermama amüsierte sich, sie war ja noch in den besten Jahren (nicht mal 60), sah gut aus und blühte auf, da die höheren Offiziere sie sehr hofierten. Mein Mann ging ab und zu auch hin, ich blieb zu Hause, hatte ja das kleine Kind. Mich fragte keiner: Willst Du auch mal ausgehen in die Oper oder Theater? Na ja, ich verzichtete auf alles.

Dann kam auch wieder der Sommer, 1940, und wir mit Josef und dem Kind fuhren zu unseren Fischersleuten, wo wir immer noch das Weekend-Haus bewohnten, wie vor dem Kriege. Es war ein schöner Sommer, ab und zu brachte mal Josef am Sonnabend einen polnischen Offizier mit, meistens kam ein Oberleutnant, ein Graf M., ganz intelligent und mit guten Manieren. Schwiegermutter war auch am Strande und passte auf die Villen ihrer Schwester auf, die in Warschau lebte und früher jeden Sommer an den Rigaer Strand mit Familie kam. Romuald mit einigen Offizieren fuhr auch jeden Sonnabend dorthin. Einmal kam Romuald ganz echauffiert zu uns und empört, dass die Herren Offiziere seine Mutter ausnützten und ihr zur Last fallen würden. Ich sagte ihm: »Soll sie sich doch amüsieren, sie ist ja noch nicht alt und hat genug für Euch Jungens nach dem Tode Eures Vaters gesorgt und auf alles verzichtet. Sie war ja noch jung, als er starb.« Schließlich hat er sich beruhigt und zog los, er, der hinter jeder verheirateten Frau her war.

Eines Abends kam Josef ganz unerwartet an den Strand und sagte: »Die Russen haben Lettland besetzt und sind in Riga. Wir müssen aus unserer Wohnung heraus, denn die Sowjets beschlagnahmten das frühere Konventquartier der ›Gotonia‹ und auch unsere Wohnung.« Die lag ja genau gegenüber. Meine Schwiegermutter kam den nächsten Morgen an den Strand und sah nach dem Kleinen, und ich fuhr in die Stadt, eine Wohnung zu suchen, denn man gab uns nur drei Tage Zeit, unsere Wohnung zu räumen. Es war ein großer Schock für mich. Wo sollte ich eine Wohnung bekommen? In der Stadt ganz ausgeschlossen, denn was frei war, wurde von den Russen besetzt. Also fuhr ich zuerst mal nach Hagensberg. Nach langem Hin- und-Her-Laufen war nichts – keiner vermietet was. Die Häuser und Wohnungen von den Baltendeutschen waren schon längst von anderen Leuten besetzt. Es wurde ziemlich spät, als ich müde und abgehetzt zur Sassulanka-Station kam, um zurück an den Strand zu fahren. Plötzlich sah ich nicht weit, vis-à-vis der Station, eine zweistöckige Villa, im netten Garten und an dem oberen Stock klebten an den Fenstern weiße Zettel (das war ein Zeichen, dass die obere Etage vermietet wurde). Ich ging herein, und eine ältere Frau öffnete mir die Tür. Sie war die Besitzerin dieses Hauses, konnte das ganze Haus nicht mehr bewohnen und wollte zuerst die obere Wohnung vermieten, da die Leute, die früher dort wohnten, nach Deutschland verzogen waren. Ich ließ mir die Zimmer zeigen, erklärte ihr unsere Lage. Die Wohnung gefiel mir, war aber zu groß für uns. Drei Schlafzimmer, Salon und Speisezimmer, große Küche, Bad und Mädchenzimmer, Ofenheizung und in gutem Zustande. Ich bat mir aus, bis morgen Früh die Antwort zu geben, und die Frau versprach mir, sie keinem mehr zu zeigen. Ich fuhr sofort zurück. Josef kam auch gerade an den Strand, und wir beschlossen einfach, die Wohnung zu nehmen und mit Schwiegermutter und Romuald zusammenzuziehen. Später erlaubten die Russen nur, dass jede Person nur einige Quadratmeter in einer Wohnung bewohnen darf.

Nächsten Morgen fuhr ich nach Sassulanka und mietete die Wohnung. Fuhr dann in die Stadt, verabredete mich mit den »Express-Männern«. Das war in Riga so eine Organisation, die Bestellungen, ob groß oder klein, annahmen, wie Möbeltransport, den ganzen Hausstand verpacken und am anderen Ort schön aufstellen, auspacken, Gardinen aufhängen usw. Sie konnten allerdings auch Blumensträuße mit Liebesbriefen liefern! Es gab rote und gelbe Express-Männer. In zwei Tagen war meine alte Wohnung geräumt und die neue eingerichtet. Ich konnte meine alte Aufwärterin benachrichtigen, und sie kam sofort mir helfen. Josef bestellte bei einem Bekannten Brennholz und Kohle. Somit waren wir diese Sorge los. In der Wohnung, die sehr geräumig war, bekam Schwiegermutter ein großes Zimmer, dazwischen waren der Salon und ein geräumiges Speisezimmer. Dann kam unser Schlafzimmer, und ein kleiner Korridor trennte unser Zimmer von dem, wo Romuald ein gutes Wohnzimmer bekam, und das Bad war nebenbei. Eine geräumige Küche hatten wir auch, wo wir morgens frühstückten. Den Garten konnten wir benutzen (aber das taten wir selten, es war Kriegszeit!), längs dem Zaun zur Straße wuchsen große schöne Fliederbüsche (dunkelblauer und weißer gefüllter), so dass man von der Straße aus wenig von dem Haus sah. Wir waren diesen Sommer nicht sehr lange am Strand, denn man musste dafür sorgen, dass man sich mit allerhand Proviant versorgte. Wir hatten auch einen sehr guten geräumigen Keller für Holz und Gemüse. So zogen wir in die Tapetenstraße 3 ein. Und wie es im Leben oft so komisch ist, war die letzte Wohnung, wo die Meinigen (Mutter, Schwester mit Familie) gelebt hatten und sie 1939 verließen, nur ein paar Häuser weiter von uns.

Nun waren die Kommunisten die Herren im Lande. Es kamen die alten zurück, die seinerzeit von der Baltischen Landeswehr und dem lettischen Oberst Kalpaks vertrieben wurden, unterstützt von dem russischen Militär und Zivilbeamten. Als in unserem Hause die untere Wohnung leer wurde, bezog sie ein russischer Beamter mit Frau und Kind. Man war freundlich, aber vorsichtig und kam wenig in Beziehung miteinander.

Die lettische Armee existierte noch eine kurze Zeit. Die Offiziere waren aber am schlimmsten dran. Manche wurden abgesetzt, manche wanderten ins Gefängnis. Auch das Parlament wurde aufgelöst und der Präsident Ulmanis abgesetzt. Wir waren sehr befreundet mit einem Oberst vom »Armeestab«. Er war Richter und hatte früher so manchen Kommunisten verdonnert. Alle seine Freunde haben ihm stets geraten, er solle aus Riga verschwinden, er aber blieb, er war verheiratet, hatte auch einen Sohn. Die ganze Familie wurde später verschleppt nach Sibirien, und man hörte nichts mehr von ihnen.

Es war ein trauriges Weihnachtsfest und Neujahr. Im Februar haben die Kommunisten Wahlen veranstaltet. Jeder musste, ob er wollte oder nicht, hin. Meistens hat die lettische Bevölkerung die Zettel ausgestrichen, ins Kuvert gesteckt und dann so in die Urne. So auch ein Bekannter von uns, Napoleon Liberys, der seinerzeit in der Landeswehr war und später Abgeordneter der polnischen Fraktion im Parlament. Man hat ihn beobachtet und beim Verlassen des Wahllokals arretiert und ins Gefängnis gebracht. Nach einiger Zeit hörten wir auch, dass seine Frau arretiert wurde und auch ins Gefängnis kam. Es waren schlimme Zeiten, und man musste sehr vorsichtig sein. Josef war immer noch Verwalter der Apotheke Pauls, und sein Bruder Romuald arbeitete in der Fockschen Apotheke. In der Stadt verschwand vieles aus den Fensterauslagen, ebenso auf dem Markt, auch musste man anstehen nach Brot und Fleisch, und es gab nur pro Person 1 Kilo. Als die »Armias Weikals« (Armee-Kaufhaus) am Anfang noch existierte, haben wir uns einigermaßen einen Vorrat von stark geräucherten Salamiwürsten und Fleisch- und Fischkonserven angelegt. Wir hatten im Hause einen schönen trockenen Keller, wo man Kartoffeln, Mohrrüben und anderes Wintergemüse aufbewahren konnte.

Im Herbst ging Josef Pilze sammeln (das war eines von seinen Hobbys), und wir haben sie alle eingesalzen, wie auch Sauerkohl fein geraspelt in einer Eichentonne mit allen Zutaten eingestampft. Der Gärungsprozess vollzog sich in der Küche (es roch nicht sehr schön), und als es so weit war, wurde die Tonne auf die Veranda transportiert, da es sehr kalt im Winter dort war, und man konnte sie so quasi als Eiskeller benutzen. Später war der Sauerkohl zu Eis gefroren, man musste ihn mit einem Beil abhacken, aber geschmeckt hat er prima, sowohl roh wie geschmort. Wieder einmal nahte Weihnachten. Man konnte überhaupt keine Spielsachen bekommen. Josef fing jeden Abend (als der Kleine schon im Bett lag) für ihn eine Eisenbahn aus Holz und so allerhand Zutaten zu basteln an (eine Lokomotive baute er, ins Innere ein Gehäuse von einem alten Pataphon[14] ein), man konnte sie aufziehen und sie lief, dazu kam ein Waggon mit 1. und 2. Klasse sowie auch ein offener Gepäckwagen. Später kamen die Schienen dazu, die man zusammensetzen konnte. Die liefen durch den ganzen Salon, das Speisezimmer und endeten in meinem Schlafzimmer. Die Räder der Lokomotive und Wagen waren aus Messing. Von wo Josef das alles herhatte, weiß der liebe Himmel. Er war ja auch Chemie-Ingenieur und ein sehr gewandter Bastler. Kurz vor dem Hl. Abend klingelte es bei uns, ich machte auf, da war eine

[14] Pataphon: ein Blasmusikinstrument.

lettische ältere Frau und wollte mich persönlich unter vier Augen sprechen. Ich bat sie ins Speisezimmer, schloss die Türen. Was war: Ihr Sohn war Matrose auf einem Frachter, der zwischen Riga und Danzig fuhr (damals war noch kein Krieg mit Deutschland). Sie brachte mir einen Brief und ein Päckchen von den Meinigen aus Gotenhafen (sie hatten sich nach der Repatriierung dort niedergelassen). Wie und wer ihrem Sohn dies Päckchen übergeben hat, sagte sie nicht. Ich bedankte mich sehr, und sie verschwand. Der Brief war von meinen Lieben. Mutter und Schwester schrieben sehr ausführlich, wie es ihnen ergangen ist, im Päckchen war ein kleiner Zwerg, den man aufziehen konnte und der tanzte, und paar Tafeln Schokolade für den Kleinen wie auch ein Deutsches Bilderbuch. Ich habe mich sehr gefreut darüber, da ich sehr, sehr lange keine Nachrichten von den Meinigen hatte. Der Kleine war ganz überrascht, am Hl. Abend so schöne Geschenke vom (sozusagen) Weihnachtsmann erhalten zu haben; ein Bäumchen hatten wir auch und auch das übliche Weihnachtsgebäck. Die Kommunisten feiern ja keine Weihnachten, nur Neujahr. Trotzdem aber waren alle Läden am 1. und 2. Weihnachtstag geschlossen, das ließen die Letten sich nicht nehmen. Zur Christmette konnten wir nicht gehen, es war keine Verbindung von Sassulanka möglich, aber am ersten Feiertag ging ein Bus, und wir alle gingen in die Marienkirche zum Hochamt, auch der Kleine. Es war sehr feierlich, Prälat Stukels hielt die Messe. Hinterher gingen wir noch privat zum Prälat Stukels. Er war ja Freund unseres Hauses, kannte die Familie noch aus Goldingen'schen Zeiten, hatte uns getraut und unseren Sohn getauft. Er freute sich, uns zu sehen, bewirtete uns mit Wein und Speckpiroggen, und der kleine Josef bekam eine Gummi-

Micky-Maus. Wir hielten uns nicht lange auf, denn wir mussten ja noch zeitig den Bus erreichen. Es war ein stilles Weihnachtsfest. Jeder dachte wohl an die guten fröhlichen alten Zeiten. Neujahr verlief auch sehr ruhig bei uns zu Hause, denn man wusste ja nicht, was die Zukunft uns bringen wird, nichts Schönes wohl – und so war es auch. Eines Tages sagte uns Romuald, dass die polnischen Offiziere, die in Lettland interniert waren, von den Russen nach Sibirien gebracht werden, auch die, die im Gefängnis saßen. Er hörte auch, dass Napoleon Lyberis, der mit einem polnischen Major zusammen in einer Zelle saß, auch dorthin verbannt wurde. Romuald kam zu uns mit einer jungen Frau, die kurz vor dem Kriege einen Offizier geheiratet hatte. Sie war kaum 24 Jahre alt, eine nette Person, stammte aus Posen, wo ihr Vater mal Bankdirektor war. Romuald hatte wohl eine Schwäche für verheiratete junge Frauen. Wir nahmen sie zu uns, und sie half mir in der Wirtschaft, passte auf meinen Jungen auf, wenn ich verschwand, um was zum Essen zu besorgen, und ging mit ihm spazieren. Am Abend, wenn Romuald zu Hause war, verschwand sie in sein Zimmer; mir war es ja einerlei, wie sie sich dort amüsierten, aber mit der Zeit gefiel es meiner Schwiegermutter gar nicht. Es kam der Frühling, und so manche Leute verschwanden aus Riga: Die Holländer, wie auch Dänen und andere Staatsangehörige verließen allmählich Lettland. Eines Tages im Juni fuhr ich zum Markt, und als ich an einem großen Platz (dem früheren Fußballplatz) vorbeifuhr, sah ich eine ganze Menge sowjetischer LKWs stehen, besetzt mit Soldaten. Wozu diese Ansammlung wohl wäre, dachte ich mir. Nächsten frühen Morgen, so gegen halb fünf, erwachten wir und hörten jemand unseren Namen rufen. Wir sahen Prälat Stukels und seinen

Schwager Professor Berzins. Mein Mann lief herunter, um sie hereinzulassen, und was war: »Versteckt uns!«, baten uns die beiden Männer. Die Bolschewiken fingen in allen Stadtteilen an, Leute zu deportieren (das war schon 1939 so, aber nicht in solcher Masse). Der Prälat konnte durchs Fenster seiner Wohnung, das auf den Hof mündete, verschwinden, zum Dünaufer hin, während Angehörige des NKWD[15] schon an der Vordertür der Pfarrei klopften. Stukels Schwager war gerade bei ihm, um Zuflucht zu suchen, er glaubte, das wäre ein sicherer Platz. So liefen die beiden zum Hagensberger Dampfer (in Zivil als Arbeiter verkleidet), denn sie dachten als Erstes, zu uns nach Sassulanka zu kommen. Einen ganzen Tag saßen sie bei uns. Der Herr Berzins ging zuerst fort, er wollte zum Bruder vom Prälat, der zehn Kilometer entfernt ein kleines Gut hatte. Der Prälat blieb noch paar Tage, aber da fing es auch auf unserer Straße an. Man sah die LKWs mit Soldaten an einigen Villen halten. Wir baten den Prälat, fortzugehen, zum Wald hin zu spazieren, und ich würde ihn treffen, wenn die Luft rein ist. Als er wieder zurückkam von dieser Sache, wollte er nicht länger bei uns bleiben und beschloss, auch zu seinem Bruder zu gehen. Er hatte aber nichts mit sich, nur das, was er auf dem Leibe hatte. Ich fuhr also in die Stadt zur Pfarrei. Ich kannte den Küster gut und den Organisten und einen anderen jungen Pfarrer. Ich kam in die Kirche zur Abendandacht, ging in die Sakristei und wartete, bis der Pater die Andacht beendet hatte. Ich hatte eine große Einkaufstasche mit, war im Mantel und mit einem Tuch um den Kopf in die Kirche

<hr>

[15] NKWD: nach der Russischen Revolution 1917 »Volkskommissariat für innere Angelegenheiten« – quasi eine Geheimpolizei.

hereingekommen. Der Pater und der Küster wollten helfen, ein wenig Wäsche, Socken und noch ein paar Schuhe aus der Wohnung vom Prälat herauszubekommen (die Wohnung lag Parterre). Vorne die Tür war versiegelt, also mussten wir irgendwie durchs Fenster. Der Küster, noch ein jüngerer Mann, bekam es auf, er kroch hinein (wir mit dem Pater standen Schmiere) und kam mit den gewünschten Sachen heraus. Ich packte sie in meine Einkaufstasche, zog meinen Mantel aus, Kopftuch herunter, den Mantel über die Tasche am Arm und ging wieder durch die Kirche heraus. Ich ging zuerst zum Hagensberger Dampfer und von dort dann zu Fuß nach Sassulanka. Es war ein ziemlich langer Weg, aber im Bus wäre ich vielleicht aufgefallen. Der Prälat wusste gar nicht, wie er mir danken sollte. Spät am Abend verließ er uns. Josef begleitete ihn noch ein Stück und zeigte ihm den richtigen Weg. Wir aber, immer wenn die Wohnungsglocke läutete, gingen mit schwerem Herzen an die Tür, um sie aufzumachen. Jeder von uns hatte den Gedanken und das Gefühl: »Jetzt holen sie uns!«, aber Gott sei gelobt, es kam nicht dazu. Viele Bekannte mußten daran glauben, auch ein Neffe von meiner Schwester, Eugen Hinze, zuerst wurde er verschleppt, dann die Frau mit den zwei Kindern. Auch unser Freund Oberst Jacobson mit Frau und Sohn. Wera Liberys musste auch daran glauben (ihr Mann wurde ja schon früher deportiert). In den Jahren zwischen Juni 1940 – Juni 1941 verschwanden 34 000 Menschen. Prälat Stukels und noch viele andere Letten versteckten sich in den Wäldern, die nicht weit von dem kleinen Gut des Bruders waren. Die 12-jährige Tochter von Nachbarn des Gutes, Janka, wusste ganz genau, wo sich diese Menschen aufhielten, sie fand sie durch Zufall beim Pilzesammeln und hat geschworen, dass sie keinem sagen wird, nicht mal den Eltern, wo genau sie sich aufhielten. Sie war diejenige, die jeden zweiten Tag in den Wald ging und ihnen Essen brachte. Ihre Mutter packte den Korb, darauf kamen Pilze, allerhand Kräuter, Beeren, und so ging das Mädel, ohne Angst zu haben, in den Wald und hatte wirklich ein tolles Stück geleistet, bis die Deutschen dann nach einem Monat Lettland befreit hatten.

Krieg

Die diplomatischen Beziehungen zwischen Deutschland und Russland brachen ab, und der Krieg war da vor unserer Tür, nachdem Deutschland am 22. Juni 1941 Russland angegriffen hatte. Die Russen, welche sich in Lettland wohl fühlten, gerieten in eine große Panik, bei Nacht wurde gepackt, und das Militär und Zivilverwaltung verschwanden sehr schnell. Auch die Russen (ein Ehepaar und Kind), die in der Wohnung unter uns einquartiert waren, mussten fort; sie waren sehr aufgeregt, denn endlich mal hatten sie eine Wohnung mit allem Komfort, wovon sie in Russland nie geträumt hatten.

Ich musste ins Bett, hatte hohes Fieber (kein Arzt war da), es war eine starke Grippe. Von meinem Schlafzimmerfenster konnte ich sehen, wie die Stukas mit großem Geheul im Tiefflug über die Häuser heranbrausten, das verursachte auch eine große Panik innerhalb des Militärs, denn sie hatten das nicht erwartet und keine Abwehr, Soldaten fingen an, mit Flinten die Stukas, die sehr niedrig flogen, zu beschießen. Nach paar Tagen sah man schon die deutschen Truppen, die sich Richtung Riga bewegten. Wir waren die Ersten in Sassulanka, wo die deutschen Soldaten Haussuchungen machten. Die Landser waren freundlich, entschuldigten sich für die Störung, fragten, wo mein Mann ist. Ich sagte ihnen, dass mein Mann und Schwager in der Stadt als Apotheker arbeiten und mein Mann Verwalter einer Apotheke ist. Und dass wir sehr besorgt um sie seien. Als sie Klein-Josef sahen, fragten sie ihn, wie er heißt, er antwortete auf Deutsch: »Josef Adam Karl«, das gefiel den Soldaten sehr, und er erntete paar Tafeln Schokolade, die er lange nicht gesehen hat. Riga wurde ja sehr schnell von den Deutschen eingenommen. Spät abends den nächsten Tag kam Josef nach Hause mit seinem Bruder Romuald, es wurde ihnen erlaubt, durch die Sperre durchzukommen. Hagensberger Dampfer gingen noch nicht, auch keine Busse, also mussten sie zu Fuß über die Eiserne Brücke, die stark bewacht wurde. Die Pontonbrücke war beschädigt. Josef erzählte, dass Riga sehr gebombt wurde, der Petrikirchen-Turm war eingestürzt, und ein sehr großer Teil der Altstadt brannte. Ich lag immer noch mit hohem Fieber und hatte keinen Arzt. Die paar Tabletten, die Josef aus der Apotheke mitbrachte, halfen wenig. Wir hatten ja längst keine Beziehungen zum Ausland mehr, um von dort Medikamente zu bekommen. Im Sommer gingen die Apotheker und die Angestellten manche Tage in die Wälder und Wiesen und sammelten allerhand Kräuter, denn die alte Pharmazie wurde ja nur auf Kräuterbasis hergestellt (nicht so wie heutzutage synthetisch).

Wir hatten Gott sei Dank noch Vorräte zum Essen, und für die erste Zeit langte es. Mary, so hieß die Polin, die wir aufgenommen hatten, war mit uns die ganze Zeit, als ich krank war. Sie half der Schwiegermutter, betreute den Kleinen und mich auch, und sie wurde von den Deutschen nicht ausgefragt, es hieß, sie ist unsere Hilfe im Hause, man verschwieg, dass sie Polin war, sie galt als Lettin, die kein Deutsch sprach.

In Riga wurden die deutschen Soldaten von den nicht kommunistischen Letten als Befreier empfangen. Später aber, als die Zivilverwaltung (die Braunen-Fasane, wie wir sie nannten) und die SS-Einheiten erschienen, wurde es anders. Die Wohnung unter uns wurde von einem deutschen Beamten belegt, später erschien seine Frau mit zwei

Buben (6 und 8 Jahre). Man war höflich, auch von unserer Seite, aber vorsichtig (die Leute waren aus der Kölner Gegend). Sie übernahmen den ganzen Garten für sich. Russische Kriegsgefangene arbeiteten für sie im Garten. Herr L. war Ingenieur und hatte eine große Werkstatt unter sich, wo auch viele russische Kriegsgefangene arbeiteten. Mein kleiner Josef spielte manches Mal mit den Buben im Garten. Ich aber erlaubte ihm nicht, sie nach oben zu uns in die Wohnung zu bringen. Mit der Zeit wurde mir ein wenig besser, und ich konnte zu einem Arzt. Josef kannte ihn, er hat mit meinem Schwager Mischa zusammen an der Uni Medizin studiert. Er arbeitete jetzt im 1. Stadtkrankenhaus, war Chirurg und Lungenspezialist und wurde von den Deutschen für die speziellen Operationen (Lungenschüsse) angestellt. Er untersuchte mich (privat) und meinte, meine linke Lunge ist nicht in Ordnung, man müsste eine Röntgenaufnahme machen. Er organisierte das. Es stellte sich erst später heraus, dass ich einen Lungenabszess hatte, und daher ständig erhöhte Temperatur.

Es wurde wieder Weihnachten, und man wollte doch was Anständiges zum Essen organisieren. Vis-à-vis vom Bahnhof Sassulanka war eine große Textilfabrik. Der Mann meiner Freundin Josefine hatte eine Anstellung dort im Büro. Sie hatten eine Tochter (ein halbes Jahr älter als mein Sohn), Losja, nettes Mädelchen, sie kam immer mit meinem Jusi spielen und liebte ihn sehr, er aber war sehr besorgt um seine Spielsachen, da die Losja, was sie in die Finger bekam, alles kaputt machte

Zu Josefine kamen öfters Bauernfrauen mit Speck und Fleisch, und es wurde schwarz gehandelt und schnell verkauft. Paar Tage vor Weihnachten benachrichtigte mich Josefine, ich sollte schnell kommen. Eine Frau hatte paar

Hühner und Gänse zum Verkauf gebracht. Geld wollte sie nicht dafür haben, sondern paar Sachen. Ich lief schnell hin, wollte eine Gans und brachte der Frau zwei schöne große seidene Kopftücher, die ich mal in Italien gekauft hatte, und ein halbes Dutzend Schnapsgläser (wir hatten genug davon). Ich kam nach Hause und verwahrte die Gans auf der kalten Veranda, keiner hat was gemerkt. Tag darauf kam Josef nach Hause, rief mich in die Küche und sagte: »Ich habe eine Überraschung für uns zu Weihnachten! Für Sprit bekam ich von einem Bauer eine Pute, verwahre sie auf der Veranda.« Ich sagte nichts, musste aber im Stillen lachen und verwahrte auch die Pute, dass keiner davon wusste. Zwei Tage vor Hl. Abend kommt Musja, eine gute Bekannte von uns, die auch bei uns im Mädchenzimmer wohnte und bei Josef in der Apotheke arbeitete. Ihre Mutter starb kurz vor dem Kriege, der Schwiegervater, bei dem sie wohnte, starb auch, und ihr Mann verschwand schon vor der deutschen Repatriierung nach Deutschland – sie hatte niemals was von ihm gehört. Da wir Platz hatten und sie ganz alleine war, kam sie zu uns. Somit war unsere Wohnung voll besetzt, und die Russen konnten vor dem Kriege bei uns keinen mehr einquartieren. Musja also sagte mir: »Kannst Du schweigen? Ich habe eine Überraschung für Euch zum Weihnachtsfest, ein großes Huhn!« Ich musste so lachen und erzählte ihr, was ich schon auf der Veranda »als Überraschungen« zu Weihnachten liegen hatte. Gott sei Dank, wir waren versorgt für eine lange Zeit. Weihnachten und Neujahr vergingen, ein paar Freunde kamen Neujahr Abend, und da wir Polizeistunde hatten von 8 Uhr abends bis 5 Uhr morgens, mussten sie die Nacht dableiben und konnten mit dem ersten Bus erst nach Hause. Vor dem Abendbrot spielte man Bridge oder Rommé, nach dem Abendbrot, zu dem man gut getrunken hatte, Schnaps und diverse selbstgebrannte Liköre. Es waren genügend da, somit war auch die Stimmung besser.

Als die Wehrmacht Lettland und auch die anderen Staaten wie Litauen und Estland von den Russen befreit hatte, wurde von vielen lettischen jungen Männern (auch früheres Militär) die Lettische Legion gegründet, die mit den deutschen Truppen zusammen an der Nordfront kämpfte unter deutschem Oberkommando. Wir hatten auch einige Bekannte, die in die Lettische Legion eintraten. Auch erschien im Frühling »Francos Blaue Division«[16], Spanier mit eigenem Kommando, mit Krankenschwestern und Ärzten (sie belegten das frühere Deutsche Krankenhaus). Es waren ganz wilde Burschen, und ihnen gefielen wohl die blonden lettischen Mädels sehr. Darüber entstand so mancher Streit mit den deutschen Soldaten. Die Letten aber hielten mit den Deutschen (»Fritzen!«, wie sie sie nannten) zusammen. Ich kam eines Tages aus der Stadt mit der Straßenbahn, die sehr besetzt war, und stand auf der hinteren Plattform mit paar deutschen Soldaten, dazu kamen Spanier und hingen wie die Trauben auf dem Trittbrett. Die Soldaten mussten den halben Preis für die Fahrt zahlen. Der Schaffner konnte an sie nicht herankommen, und so steckte ich die Hand aus und sagte auf Deutsch: »Gebt das Geld für die Fahrt – money!« Einer zog einen 10-Mark-Schein heraus und gab mir das Geld. Ich gab es dem Schaffner, der gab mir den Rest, ich überreichte die

---

[16] Angebliche Freiwilligenverbände aus Spanien, die sich am »Kampf gegen den Kommunismus« beteiligten. Die Soldaten trugen blaue Falangehemden, daher der Name.

Fahrkarten und das Geld dem Spanier. Er nahm nur die Fahrkarten, wollte das Geld nicht haben und sagte zu mir: »Signora! Cararamelli für Bambino!« Ich sagte, er soll es zurücknehmen, aber er bestand darauf! Großes Gelächter von den Landsern. Ich stand da mit der Faust voll Kleingeld und wusste nicht wohin. Zu Hause, Josef war gerade auch da, erzählte ich den Vorfall und sagte: »Ich habe von den Spaniern Geld verdient!« Die Spanier waren nicht lange in Lettland und an der Nordfront, es war ein sehr, sehr kalter Winter dieses Jahr und die Leute konnten ihn nicht vertragen und waren auch nicht darauf vorbereitet. Man hat allmählich die »Blaue Division« woanders eingesetzt. Auch die deutschen Soldaten froren sehr an der Nordfront, nur unsere lettischen Jungen konnten das aushalten (denn sie waren ja daran gewöhnt) mit Hilfe von Schnaps, den bekamen sie täglich umsonst, einen Viertelliter jeder. Die Verwandten und Frauen wie auch »Girlfriends« strickten fleißig wollene Sachen und sandten sie den Letten an die Front. Einmal kam ein Bekannter auf Urlaub zu uns und brachte mir zwei Paar »Zimdi«-Fausthandschuhe mit lettischem Muster. Er sagte, am meisten bekommen sie Fäustlinge. Auch brachte er mir einen schönen Blumenstrauß. Von wo er ihn ergattert hatte, das wissen die Götter. Mein Sohn stand dabei, dann lief er zur Großmutter (er war mehr überrascht als ich) und sagte ihr: »Herr Harald hat Mama die Hand geküsst und ihr Blumen geschenkt!« Er sah es zum ersten Mal, dass man seine Mutter so honorierte und nicht die Oma. Zu Josefs und Klein-Jusinkas Namenstag am 19. März kamen paar Freunde. Ich hatte so einiges vom Essen gespart, und es wurde ein Tisch mit schönen Sakusken, auch der übliche Rote-Beete-Salat fehlte nicht – Getränke waren auch genügend da. Klein-Josef hatte paar Kinder am Nachmittag bei sich, die wurden auch dementsprechend mit Limonade und selbstgebackenem Kuchen bewirtet. Als ich den Tisch für mein Abendbrot deckte, half mir mein Kleiner dabei, er konnte sehr gut die Messer und Gabeln neben die Teller legen, dann schob er einen Stuhl in die Mitte des Tisches, nahm eine Vase mit Blumen und stellte sie in die Mitte. Dann sagte er: »Verwahre mir etwas von den schönen Sachen, auch den Rossol (Rote-Beete-Salat), sie werden ja alles aufessen!« Den Abend kamen auch die Gäste (vor der Polizeistunde), es war ganz gemütlich, man vergaß auf eine Weile die schweren Zeiten. Ich konnte aber an diesem Abend weder essen noch Wodka trinken, musste immer an die Meinigen in Gotenhafen denken. Warum hat keiner geschrieben? Mama vergaß nie die beiden Josefs und gratulierte oder schickte immer was zum Namenstage.

Den nächsten Tag ging ich früher zu Bett, fühlte mich nicht wohl. Ich hörte am Abend unser Telefon im Vorzimmer klingeln. Romuald war zu Hause und nahm den Hörer ab und sprach zu jemandem. Nach einer Weile kam meine Schwiegermutter zu mir ins Zimmer und sagte: »Ich muss Dir was Trauriges mitteilen, Deine Schwester hat angeläutet und sagte, dass Eure Mutter in der Nacht vom 19. auf den 20. März gestorben ist. Sie war sehr krank die letzte Zeit. Als sie im Sterben lag, sprach sie nur von euch, ihre letzten Gedanken waren nur: Was wird aus ihnen werden?« Ich hatte es gefühlt den Abend.

Zur Beerdigung konnte ich nicht hinfahren, leider. Meine Mutter wurde auf dem katholischen Friedhof zwischen Zoppot und Danzig beerdigt. Lusja, meine Schwester, hat einen Platz dort gekauft. Mama starb an ihrem alten Leiden, den Magengeschwüren. Prälat Stukels hielt eine Totenmesse für Mama, er kannte sie ja auch noch sehr gut.

Somit wurde es wieder Sommer, und mir wurde es einfach nicht besser. Lusja schickte mir eines Tages eine Flugkarte, ich solle nach Gotenhafen auf eine Woche kommen. Wie sie das organisiert hat, weiß ich nicht. Ich musste nur vom Oberbürgermeister der Stadt Riga eine Aus- und Einreiseerlaubnis bekommen, denn den lettischen Angehörigen war es verboten, während des Krieges ins Ausland zu vereisen. Der Grund meiner Ausreise war, dass ich wegen meinem Lungenabszess meinen alten Chefarzt in Danzig aufsuchen musste. Ich hatte auch ein Schreiben von ihm, in dem mein Arzt in Riga das befürwortete. Ich nahm meine Röntgenbilder wie auch ein Schreiben von unserem Bekannten, einem lettischen Oberst, der im deutschen Stabe der SS von der Lettischen Legion eingesetzt war, mit. Im Bürgermeisteramt waren sie sehr überrascht, dass ich solche Empfehlungen hatte, und mussten, ob sie wollten oder nicht, mir den Schein ausstellen. Zuletzt aber kriegte ich zu hören: »Na so was, eine Flugkarte hat sie auch!« Ich war aber auch nicht auf den Mund geschlagen und sagte: »Ich kann ja mit der Bahn fahren, wollen Sie mir die Differenz ersetzen?«

Nach einigen Tagen packte ich meine paar Sachen, nahm auch die Röntgenaufnahmen und ein Schreiben von meinem Arzt mit und musste zum Flugplatz. Der Flug war von Riga nach Danzig-Langfuhr. Der Bus zum Flughafen (Spilna, früherer lettischer Flughafen) ging von Hotel *de Rom* ab, und Josef brachte mich dorthin. Es waren nur ca. 20 Passagiere, meistens Beamte von der Besatzung und

paar Militärs, noch eine andere Dame und ich. Es war eine alte Junkers-Maschine, die man wohl als Kriegsflugzeug nicht gebrauchen konnte. Wir flogen ab und sollten in paar Stunden in Langfuhr landen. Es waren nur zwei Reihen Sitzplätze, auf jeder Seite zehn, und vorne waren der Pilot und Copilot. Ich saß ziemlich in der Mitte und auf der anderen Seite ein Major der Wehrmacht, der auf Urlaub war und aus der Gegend von Danzig stammte. Es war der erste Flug in meinem Leben. Ich saß, ich schaute aus dem kleinen Fenster und sah unter mir zuerst den Rigaer Meerbusen, dann paar Wälder und Felder. Wir flogen so dahin. Der Major schaute auch durchs Fenster und murmelte dann plötzlich: »O Gott, das Öl!« Nach einigen Minuten sah ich, dass das Flugzeug heruntergeht, und dachte – landen wir denn schon? Und dann! Auf einmal gab es einen fürchterlichen Krach und ein Aufschlagen, ich konnte mich nur an meinem Sitz festkrallen und sah Sterne. Der Pilot stürzte aus der Kabine und schrie: »Heraus, heraus, schnell, schnell!« Alles drängte zum Ausgang hin. Wir saßen auf einem Felde und mussten schnell vom Flugzeug weglaufen. Als wir alle ein gutes Stück vom Flugzeug weg waren, durften wir stehenbleiben. Das Flugzeug (wie man uns später erklärte) hatte eine Bauchlandung gemacht, nur die Kabine war heil geblieben. Wäre es auf die Nase aufgeschlagen, würde es in Flammen aufgegangen sein und explodiert. »Bin ich nicht gut gelandet, alle sind Gott sei Dank heil!«, schoss es mir durch den Kopf.
Nun saßen wir also auf dem Felde und erholten uns von unserem Schreck. Wir waren in Litauen, nicht weit von der deutschen Grenze. Die litauischen Bauern, die auf dem Felde arbeiteten, sahen das Flugzeug herunterkommen, kamen mit dem Pfarrer angelaufen und dachten, wir

sind alle tot oder schwerverletzt. Als sie uns aber lebendig dasitzen sahen, waren sie sehr erstaunt. Der Pfarrer konnte ein wenig Deutsch. Paar von den Bauern liefen fort und sagten, sie kommen gleich zurück. Da kamen sie auch mit Brot, Butter, Milch, Käse – was sie hatten – und bewirteten uns. Es war ein herrlicher Sommertag und dazu das Picknick auf dem Felde! Viele von uns hatten lange nicht mehr so schönes Bauernbrot wie auch Butter usw. gesehen. Die Dame aus dem Flugzeug (eine Finnin) und ich schnitten Brote und beschmierten sie mit dick Butter und Käse. Dazu gab es Milch, und alle Passagiere kauten mit vollen Backen. Es war eine sehr komische Situation. Später gingen einige von den Herren die am nächsten gelegene deutsche Militäreinheit suchen, der Pfarrer sagte ihnen, wo sie sich befindet. Bald darauf kam auch ein LKW mit paar Militärs angefahren, sie wollten uns alle nach Königsberg bringen. Von dort konnten wir ein Flugzeug bekommen. Das Gepäck war heil und wurde verladen und wir alle auch. So kamen wir am späten Nachmittag in Königsberg auf dem Hauptbahnhof an. Wie sollte ich meine Schwester benachrichtigen, denn ein Flugzeug gab es nicht, man konnte nur mit der Bahn weiterfahren (wir brauchten nicht die Fahrkarten zu bezahlen). Ich bat den Major, der neben mir im Flugzeug saß, ob er nicht für mich meine Schwester in Gotenhafen anläuten könnte (ich hatte die Nummer, wagte aber nicht anzuläuten). Er war so liebenswürdig und tat es auch. Als er die Verbindung hatte und mir den Hörer übergab, war Lusja am Telefon. Sie hatte in Langfuhr auf dem Flugplatz gewartet, und man sagte ihr dort, die Maschine sei abgestürzt, und man wüsste nicht, was mit den Passagieren ist. Sie war ganz aufgeregt, als sie meine Stimme hörte. Ich sagte, dass ich heil und ganz bin, komme aber erst mit dem nächsten Zug den anderen Morgen nach Gotenhafen.

So kam ich auch an, und die Freude war groß. Es war vieles zu erzählen. Den nächsten Tag gingen wir auf den Friedhof zu Mamas Grab. Wo waren alle unsere lieben Toten: in Petersburg, in Riga und jetzt Mutter hier in der Fremde. Mein nächster Gang war nach Danzig ins St. Marien-Krankenhaus, wo ich vor einigen Jahren gearbeitet und auch mein Staatsexamen bestanden hatte. Dr. Kramer war immer noch Chefarzt und empfing mich sofort, es waren noch einige Nonnen da, die ich von früher kannte. Alle Tests und Röntgenaufnahmen wurden gemacht (es hat mich nicht einen Pfennig gekostet!), und Dr. K. untersuchte mich sehr gründlich und riet mir, mich operieren zu lassen, von dem Arzt, der mich behandelte. Es gab keine andere Möglichkeit, sonst würde auch die gesunde Lunge angegriffen. Es war ein Lungenabszess, aber keine Tuberkulose im Moment. Ich versprach auch, dass ich seinem Rat folgen werde, er gab mir noch ein Schreiben für meinen Arzt mit und wünschte mir das Allerbeste. Ich bedankte mich sehr, und ich muss sagen, ich hatte Tränen in den Augen, denn so eine liebe Behandlung hatte ich nicht erwartet. Ich wollte bezahlen (Lusja gab mir Geld), aber man nahm es nicht. Zuletzt hatten die Nonnen mich noch schön bewirtet, und am späten Vormittag fuhr ich zurück nach Gotenhafen zu meiner Schwester und ihrer Familie. Ich blieb noch einige Tage da, und dann musste ich wieder nach Hause, per Bahn.

Der Abschied von Lusja, Mann und Dagmar und Peggy war traurig – wer weiß, was uns noch blüht, wer weiß, wann wir uns wieder sehen, fragten wir uns alle. So fuhr ich los nach Hause. Ich fuhr nach Marienburg, wo ich lange auf den Anschluss nach Tilsit warten musste, und dann weiter über Kaunas nach Riga. Es gab nur Muckefuck-Kaffee, paar Stullen hatte ich mit. Viel Militär war auf dem Bahnhof, meistens Urlauber, die an die Nordfront zurückmussten.

Endlich kam ich nach Hause. Ich konnte die Meinigen ja nicht benachrichtigen, wann ich komme. Als ich am Abend meinem Mann und Schwiegermutter erzählte, wie meine Reise war, speziell der Flug von Riga nach Danzig, wurden sie ganz still, später sagte meine Schweigermutter: »Gott sei gelobt, der Kleine hat für Dich jeden Abend gebetet.« Ich war auch froh, dass alle wohlauf waren, und mein kleiner Jusi freute sich sehr, dass die *Maminka* wieder zu Hause ist. In den nächsten Tagen suchte ich meinen Arzt auf, zeigte ihm das Schreiben vom Chefarzt aus Danzig St. Marien-Krankenhaus, in welchem er empfohlen hat, eine Thorakoplastik (eine Lungenoperation) bei mir zu machen, wenn es möglich wäre. Somit beschlossen wir also, es zu machen. Der Arzt aber sagte mir, es ging nicht vor Februar oder März des nächsten Jahres und nur im 1. Stadtkrankenhaus, wo er operierte. Das Krankenhaus war meistens belegt von den verwundeten Soldaten, die von der Nordfront kamen. Privatpatienten mussten lange auf ein Bett warten. Ich sagte meinem Mann, was wir mit dem Arzt beschlossen hatten, denn es gab für mich keinen anderen Ausweg. Weihnachten und Neujahr vergingen, an den Fronten wurde gekämpft. Die Engländer und Amerikaner kamen immer näher im Westen, und eines Tages war die Invasion da. Wir hörten ja öfters London (polnisch übertragen), sehr vorsichtig, sehr leise, denn es war ja sehr gefährlich, da unter uns ein deutscher Besatzungsmann lebte. Gerade als die Engländer schon auf dem Kontinent waren, wurde der Mann meiner Freundin arretiert. Er war so dumm und zeigte im Büro (wo er arbeitete) auf der Karte, wo die Engländer gelandet sind. Nach paar Stunden wurde er abgeführt von der SD. Später kam er auch in ein KZ-Lager, da starb er wohl am Ende des Krieges. Meine Freundin bekam früher ab und zu Nachricht von ihm, als er noch im Gefängnis saß, später, erst nach dem Kriege erfuhr sie, dass er tot ist.

Ende Februar erhielt ich eine Nachricht von meinem Arzt, dass ein Platz im Krankenhaus für mich Anfang März frei wird und ich solle mich entschließen zur Operation, er wird mich selbst operieren. Am genannten Termin kam ich ins Krankenhaus, es war ein schwerer Entschluss.
Der Abschied von zu Hause war schwer, besonders von meinem kleinen Sohn. Ich sagte ihm, ich muss ins Krankenhaus und komme bald wieder, er soll schön brav sein und für mich beten, dass ich gesund zurückkomme. Im Krankenhaus bekam ich ein Bett im vorigen Sterbezimmer auf der Männerabteilung zur Dritten Klasse. Nun ja, man musste damit zufrieden sein, es war Krieg, und die Nordfront war nicht sehr weit entfernt. Es kam ein Wärter, keine Schwester, und forderte mich auf, ein Bad zu nehmen, es sei alles vorbereitet. Ich wunderte mich sehr und fragte den Sanitäter, wo denn all die Schwestern seien, die Antwort war: »Madame, Sie sind auf der Männerstation bei der Wehrmacht, wir haben nur eine Oberschwester, die anderen arbeiten im Lazarett bei den Verwundeten, die von der Front kommen.«
Am Abend kam noch mein Arzt und sprach mir gut zu, dann bekam ich vom Wärter eine Spritze, damit ich gut bis zum frühen Morgen schlafen konnte. So kam der Mor-

gen und der Tag der Operation. Von den Sanitätern wurde ich auf den »Schieber« gesetzt (durfte nicht aufstehen), es war mir zuerst sehr peinlich, bekam eine Morphiumspritze, wurde auf die Rollbahre gelegt, fertig für die OP, musste aber im langen Korridor in der Reihe stehen, denn vor mir waren einige verwundete Soldaten. Dann war ich an der Reihe. Die Oberschwester stand bei mir, als man mich auf den OP-Tisch legte. Ich bekam eine Lumbalanästhesie, denn bei Lungenoperationen konnte man damals keine Narkose geben. Ich wurde an den Tisch angeschnallt und musste auf der rechten Seite liegen (es war die linke Lunge, die den Abszess hatte). Ich wusste, was man mit mir machen wird, war aber so halb wach, trotz der Spritzen. Ich fühlte nicht den Schnitt, den der Chirurg machte. Aber als man mein Fleisch von den Rippen entfernte, war es schauderhaft, und als man die Rippen (wie die Knochen bei einem Huhn) mit einer Knochenschere abnahm, verlor ich das Bewusstsein, hielt aber immer krampfhaft fest die Hand der Oberschwester.

Ich erwachte im Bett, bandagiert mit einer Gummidrainage in der linken Seite. Vor mir im Sessel saß eine ältere Pflegerin (scheinbar hat mein Mann darauf bestanden, dass es privat bezahlt wird). Es war die ersten zwei Wochen schlimm, aber später hat man sich auch an all die Schmerzen gewöhnt. Mein Zimmer hatte ein Fensterchen zum Korridor, und ich sah, dass öfters jemand hereinschaut. Es waren, wie sich herausstellte, Patienten von der Männerstation, die herumgehen konnten und mich beobachteten, ob ich noch am Leben bin. Auch an die Wärter hat man sich gewöhnt. Ich war ca. drei Monate im Hospital, es war schwer, das alles zu überleben.

Die Meinigen kamen selten mich besuchen, ab und zu

mein Mann. Es war ja weit von Sassulanka zum Krankenhaus, und die Verbindung war sehr schlecht. Als es mir
schon besser ging, bat ich meinen Mann, dass er einmal
doch mit dem Kleinen kommen möchte. An seinem
nächsten freien Nachmittag kam Josef mit dem Kleinen
und Schwiegermutter. Die erste Frage, die mein Sohn mir
stellte: »Wann kommst Du nach Hause?« »Bald!«, war
meine Antwort, dann rümpfte er die Nase und sagte: »Es
stinkt so sehr hier im Krankenhaus und bei Dir im Zimmer auch.« Na ja, es war ja richtig, die Luft und die Gerü-
che waren nicht so wie zu Hause, und lange wollte er nicht
bleiben, es war wohl alles so fremd für ihn. Beim Abschied
versprach ich ihm, dass ich öfters am Abend, bevor er schlafen geht, anläuten würde. Das tat ich von nun an auch, und
jedesmal fragte er: »Wirst Du bald kommen?« Allmählich
konnte ich aufstehen, musste aber Übungen mit der linken
Hand machen, denn ich konnte sie nicht gut heben. Man
hatte mir sieben Rippen vom Rücken ausgeschnitten und
den großen Lungenlappen entfernt, daher war der Schnitt
sehr groß, und es waren wohl paar Nerven angegriffen. Ich
musste üben, jeden Tag an Ringen den Arm hochzuziehen
und wieder herunter. Die Ringe waren im großen Männer-
saal. Ich kam mit einem Wärter, er stand hinter mir, und
ich fing an zu üben. All die Männer (Patienten), die da
lagen, feuerten mich an, indem sie laut wie auf Kommando schrien: »Viens divi, viens divi.« (Eins zwei, eins zwei.)
Nach solchen Übungen war ich total erledigt, aber mit der
Zeit half es doch, und ich konnte meinen Arm heben. Als
ich entlassen wurde, kam ich auf einen Tag nach Hause, und
dann brachte mich mein Mann nach Oger in ein Sanatorium zur Erholung. Leider konnte ich meinen Sohn nicht
sehen, da Schwiegermutter mit ihm am Strande in Assern

bei einer Bekannten zu Besuch auf paar Tage war. Vielleicht war es auch gut so. In Oger war es sehr angenehm. Kaum war ich paar Tage dort, telefonierte mir Musja, die auch bei uns wohnte, durch, dass mein Schwager und mein Mann die Nacht von Sonntag auf Montag abgeholt wurden. Die beiden waren gerade nach Hause von einer Taufe gekommen. Eine alte Freundin von Romuald hatte einen Sohn bekommen.

Ich machte, dass ich so schnell wie möglich nach Hause kam. Wie ich das fertiggebracht habe, weiß ich nicht, denn ich war noch sehr mitgenommen nach der schweren Operation. Auch Schwiegermutter wurde benachrichtigt und kam sofort zurück. Mir wurde gesagt, ich muss sofort zu der Behörde, die Romuald und Josef fortgeführt haben, kommen, denn sie haben Josef gefragt, wo ich bin. Er sagte, dass ich frisch operiert wurde und mich in Oger im Sanatorium befinde, aber darauf reagierten sie nicht. Also, ich musste den nächsten Morgen in die Höhle des Löwen, auf das Polizeipräsidium. Es wurde mir ein Name genannt, an wen ich mich wenden soll. Also machte ich mich auf den Weg. Als man mich zum genannten Herrn hereinließ, saß vor dessen Schreibtisch ein schnöseliger SS-Sturmbannführer. Sofort schnauzte der mich an, wo ich gewesen wäre, als man meinen Mann arretierte – er hat mir nicht mal einen Stuhl angeboten, und ich stand vor ihm, und mir zitterten die Knie. Aber ich bin ja auch nicht auf den Mund gefallen und sagte sehr scharf: »Mein Mann hat es Ihnen wohl gesagt, wo ich war und warum. Ich möchte aber wissen, warum man meinen Mann und Schwager abgeführt hat und wohin. Ich bin Deutsche, das wissen Sie wohl, und habe das Recht, mich danach zu erkundigen.« Ich weiß nicht, woher ich die Kraft und den Mut hatte, dem Kerl ziemlich grob zu antworten. Er dachte wohl, ich werde vor ihm auf die Knie gehen. Dann sagte er sehr patzig, ich soll meine Zunge im Zaume halten, gab mir aber einen Schein fürs Zentralgefängnis. Ich dürfe den beiden Männern (jedem extra) was bringen an Wäsche und was man sonst so braucht. Ich sagte danke und verschwand (aber ohne Heil Hitler!).

Nächsten Morgen packte ich zwei kleine Koffer mit Wäsche, Seife und was so nötig war, um sich sauber zu halten, außerdem auch Zigaretten, jedem ein Stück Wurst, Butter und Brot und versuchte, die Straßenbahn zu bekommen, die nicht weit entfernt vom Zentralgefängnis hinfuhr. Für mich war es aber schwer, die zwei Koffer zu tragen. Denn es war noch ein gutes Stück zu laufen, aber es gab weder einen Fuhrmann, geschweige denn ein Taxi. Jede fünf Minuten musste ich mich verpusten. Endlich erreichte ich das Gefängnis. Im Gefängnis waren noch zum größeren Teil die alten lettischen Wärter. Sie sahen den Schein und meinen Ausweis und baten mich, mich hinzusetzen, denn sie sahen, in was für einem Zustand ich war. Ein Beamter sagte mir, dass die beiden in Einzelhaft sitzen. Sie nahmen die Koffer (ich sagte wem welcher), und ich bekam dafür die Wertsachen meines Mannes wie Ring, Zigarettenetui und Halter, Brieftasche, Federmesser zurück, aber auch die Sachen von Romuald. Ich musste alles unterschreiben. Sie sagten, ich darf jede 14 Tage kommen und was mitbringen, so wie an diesem Tag (sie untersuchten ja die Koffer). Ich hatte aber in meiner Tasche eine Flasche Schnaps (schön verpackt), und als ich aufstand und mich bedankte, war nur ein Beamter da. Ich nahm die Flasche und sagte: »Trinken Sie auf mein Wohl, dass ich wiederkomme und dass mein Mann und Schwager bald herauskommen sollen.« Ich durfte die beiden weder sehen noch sprechen.

Ich hörte von jemandem, dass im Stabe der Deutschen Wehrmacht ein Hauptmann ist (der Name ist mir entfallen), an den man sich wenden konnte (in solchen Fällen wie dem unserigen), und er würde oft einen guten Rat erteilen und den Letten viel helfen. Ich wurde zu ihm vorgelassen und erzählte, was passiert war. Er wollte sich erkundigen und mir Bescheid sagen, wir er mir helfen kann, ich sollte in einer Woche wieder zu ihm kommen. Bei uns zu Hause bekamen wir andauernd Anrufe von Bekannten, besonders von Romualds befreundeten Damen, die Päckchen brachten mit allerhand Esssächelchen. Die lettische Pharmazeutische Gesellschaft versicherte mir, dass sie mir helfen will und ein gutes Wort für Josef einlegen wird. Josef war mit einigen gut befreundet, manche kannten ihn von den Zeiten, als noch verschiedene Studentenverbindungen (Corporationen, sowohl lettische wie deutsche) existierten. Und endlich, nach 14 Tagen kam Josef nach Hause. Man konnte ihm nichts nachweisen. Er aber sagte zu mir: »Frag mich nicht, ich habe versprochen, darüber mit keinem zu reden.« Romuald blieb im Gefängnis. Ich brachte ihm jede 14 Tage was hin. Später kam einer von den Wärtern vom Zentralgefängnis und holte die Sachen bei Josef aus der Apotheke ab. Natürlich war das eine Abmachung (denn für Schnaps verkauft man seine Seele, und der war rar zur Kriegszeit!). Somit hatte Romuald es gar nicht schlecht im Knast (sogar Patiencekarten wurden ihm hereingeschmuggelt). Ab und zu ging ich auch hin zu ihm. Es war ein sehr kalter Winter, 1943/44, und an der Nordfront sah es so aus, dass die deutschen Truppen dieselbe kaum würden halten können.

Winter 1944/45

Die Wasserleitungen froren ein, und der Schnee taute kaum ab. Bei uns zu Hause war der Abfluss im Klo zugefroren, trotz viel Salz und kochendem Wasser ging nichts herunter. Das Badezimmer konnte man auch nicht benutzen; alleine in der Küche war der Ausguss nicht gefroren, und wir ließen Tag und Nacht einen Strahl Wasser aus dem Hahn laufen, damit es nicht einfror. Es war schlimm, wenn man seine großen Geschäfte verrichten musste – man benutzte Zeitungspapier, und dann kam eben ein Paket in den Ofen! Wir hatten große Kachelöfen, die mit Holz und Kohle geheizt wurden (Vorrat hatten wir genügend für den Winter). Es war nicht so übermäßig kalt in der Wohnung, denn das Haus war sehr solide gebaut, und wir hatten auch doppelte Fenster.

Mein kleiner Sohn fand das alles eher lustig und fragte mich stets: »In welchem Ofen, Maminka, wirst Du mein Kakazken verbrennen?« Mein Mann hatte es noch recht gut, in der Apotheke war alles intakt, nichts eingefroren.

Auch dieser kalte Winter verging. Im Sommer 1944 sah man schon und hörte, dass die deutschen Truppen sich zunehmend von der Nordfront fortbewegen, auch unsere deutschen Mitbewohner in der unteren Wohnung verschwanden, jedenfalls die Frau mit den beiden Kindern, nur der Ehegatte war noch da. Eine gute Freundin meiner Schwester, die Lehrerin an der Polnischen Schule war, starb an Urämie – ein paar nachgebliebene Freunde haben sie auf dem katholischen Friedhof begraben. Gegen eine Flasche Schnaps als Bestechung hatte der Friedhofsaufseher das Grab ausgegraben. Ihre paar Bekannte, darunter auch mein Mann, haben sie aus der Kapelle zu Grabe getragen, nach einer kurzen Ansprache des Pfarrers auch das Grab zugeschaufelt (man konnte keine Totengräber bekommen). Blumenkränze gab es nicht, nur paar Tannenzweige, ich konnte aber von einem Gärtner, der nicht weit in Sassulanka war, paar Blumen bekommen, weil Josef ihm ab und zu Medizin verschaffte, die er dringend benötigte.

Anfang August kam zu Josef in die Apotheke ein lettischer Gefängniswärter (den er kannte) und sagte, dass alle politischen Gefangenen, darunter auch sein Bruder Romuald, nach Deutschland überführt werden in ein KZ, er wusste aber nicht genau, wohin. Er sagte nur, wir sollen einen Koffer packen mit Wäsche und einen Anzug und auch einen Mantel, er wird den nächsten Tag kommen und ihn abholen. Schwiegermutter packte den Koffer und konnte noch im Anzugsfutter paar Dollar und einige Mark einnähen. Romuald bekam alles, auch den letzten Brief von seiner Mutter. Wie Josef das alles mit dem Gefängniswärter verrechnet hat, sagte er nicht. Bald darauf verließen auch der Bischof und Prälat Stukels Riga. Es hieß, sie mussten Riga verlassen und sich nach Augsburg in ein Kloster begeben.

Die russische Armee bewegte sich immer weiter in Richtung Estland und Lettland. Eines Tages, am Nachmittag, hörten wir mit Schwiegermutter, dass unten in der Wohnung geschossen wird. Wir hatten große Angst, was konnte das sein? Plötzlich klingelte es an unserer Wohnungstüre, ich gehe sie öffnen, und wer steht da: Der deutsche Fasan Herr L. mit einer Pistole in der Hand, spritzbesoffen, und schreit und schimpft: »Dies Schwein, der Hitler, hat uns verraten, was hat er aus uns gemacht!« Es war eine sehr heikle und gefährliche Situation. Schwiegermutter und ich sagten ihm, er soll hereinkommen und sich beruhigen, alles wir schon gut werden, und zur Beruhigung gaben wir ihm von unserem schönen Obstlikör zu trinken, gossen immer von neuem ein (ich trank ein wenig mit) und hofften, dass mein Mann bald nach Hause käme. Josef kam auch bald, etwas früher dieses Mal als sonst. Schwiegermutter fing ihn ab und erklärte ihm alles, was inzwischen passiert war. Josef tat sehr freundlich zum Herrn L. und fing mit ihm noch mehr an zu trinken. Ich machte paar Stullen mit irgendwas, die beiden aßen und tranken, bis Herr L. so weit war, dass Josef ihn nach unten brachte, aufs Bett legte, die Pistole entsicherte und die Tür von außen abschloss und den Schlüssel im Briefkastenschlitz zurück hineinwarf. Am nächsten Morgen war Herr L. verschwunden, und wir hörten und sahen ihn nicht mehr.

Es gab öfters Fliegeralarm, die Russen kamen immer näher. Die Stimmung war bedrückend, man wusste nicht, wie nah die Rote Armee wirklich ist. Man sah viel Militär auf den Straßen Rigas, und wir bekamen unten in der Wohnung Einquartierung von der Wehrmacht, die scheinbar den Bahnhof Sassulanka bewachen sollten, denn das war der Bahnhof, von wo aus die Züge aus Kurland mit Munition und Brennstoff ankamen. Wenn es Alarm gab, konnte man öfters aus unserem Fenster sehen, wie vor unserem Hause unter den großen Fliederbüschen auf dem Fußweg LKW's standen, vollgeladen mit Munition. Die hohen Fliederbüsche waren eine gute Tarnung, aber Gott schütz uns, wenn eine Bombe mal abgeworfen würde. Ich wusste nicht, was man machen sollte, hatte große Angst – was wird sein, wenn die Russen kommen? Fragte man Josef, bekam man eine mürrische Antwort. Unser Verhältnis während des Krieges hatte sich sehr verschlechtert, besonders noch nach meiner Reise nach Deutschland und nach meiner Operation, man sprach nur das Notwendigste, hatten kein Verständnis mehr füreinander, nichts war mehr so wie vor dem Kriege. Ich wurde aus Josef nicht klug – hatte er jemanden, der ihm mehr zugeneigt war? Fragte man Musja, die bei ihm in der Apotheke arbeitete, ob sie was weiß, bekam man eine dumme Antwort, und ich hatte das Gefühl, sie musste was wissen und will es nur nicht sagen. Es war traurig, auch Schwiegermutter schwieg und redete nur über belanglose Dinge. Ich fragte sie auch nie. Als ihre beiden Lieblingssöhne weit fort waren, hat sie sich an Josef angeklammert, aber früher war er das schwarze Schaf in der Familie, und mich konnte sie ja auch nicht sehr leiden, hatte kein Verständnis für mich. Na ja, das alles musste man hinnehmen. Nur der Kleine liebte seine Maminka, aber auch den Vater und die Großmutter. Sein kleines Herz teilte sich in drei Teile.

Es ging schon dem Ende September zu. Da saßen wir eines schönen Tages in der Küche der Schwiegermutter, der Kleine und ich aßen was zum zweiten Frühstück (die Hauptmahlzeit war am Abend), da kommt Josef nach Hause, kreidebleich und hinter ihm meine Schwester Lusja! Sie war in der Uniform einer Rot-Kreuz-Schwester und sagte, wir müssen packen, in paar Stunden müssen wir fort sein! Lusja kam mit der *Steuben* aus Danzig/Gotenhafen, um die letzten Verwundeten abzuholen und auch lettische Flüchtlinge. Lusja erhielt Landurlaub, kam mit einer Barkasse nach Riga von Dünamünde, wo die *Steuben* auf Anker lag, angefahren und hatte außerdem die Erlaubnis bekommen, uns mitzunehmen auf dem Rückweg. Sie ging als Erstes zu Josef in die Apotheke, denn sie wusste ja nicht, ob wir überhaupt noch da sind. In der Apotheke hatte sie wohl eine ernste Aussprache mit meinem Mann. Zu mir sagte sie nur: »Willst Du und der Junge mitkommen?« Ich antwortete ihr: »Soll mein Mann und Schwiegermutter entscheiden, denn als ich 1939 gebeten habe, nach Deutschland zu gehen, und mein Schwager Mischa mit seiner Familie Riga verließ, da wollten sie nicht! Da fühlten sie sich verpflichtet, als edle Polen dazubleiben. Ich hätte bei der zweiten Umsiedlung meines Lebens mein Kind nehmen und fortgehen können, aber ich blieb, weil mein Mann und ich mal glücklich waren, hier und auch, dass wir unseren Sohn hatten. Sollen doch jetzt mein Mann und Schwiegermutter wieder entscheiden!« Das war das erste Mal in meiner Ehe mit Josef, dass ich so scharf gesprochen habe, die ganzen Jahre musste ich immer wieder bittere Pillen schlucken. Aber auch Schwiegermutter und Josef entschlossen sich, diesmal zu fahren und mit Lusja auf das Schiff zu gehen, das uns wegbringen sollte.

Josef musste nochmals schnell in die Apotheke, Lusja ging mit ihm, sie hatte auch was zu erledigen, sie wollten in 1–2 Stunden zurück sein, und wir sollten derweilen das Nötigste packen (für jeden ein Koffer). Was kann man in zwei Stunden packen, und vor allem – was nimmt man mit? Als die beiden zurückkamen, hatte ich schon ungefähr das Nötigste eingepackt, was man an Wäsche und paar Kleider und einem Anzug (neuen) für Josef nötig hatte, auch packte ich einen kleinen Koffer für mein Söhnchen, wo seine paar Sachen Platz hatten und den er selbst tragen konnte. Auch einen kleinen Rucksack packte ich für ihn, mit paar Teddybären (die kleinsten und den Zwerg, den meine Mutter kurz vor ihrem Tode ihm sandte). Machte noch

schnell Mittag (wir hatten noch was Gutes), Schwiegermutter war plötzlich ganz wie gelähmt, packte aber auch
ihren Koffer. Als Josef kam, ging er schnell in den Keller,
wir hatten dort unsere Wertsachen und Silber vergraben.
Packte, was ging, in eine große lederne Handtasche (so
wie eine Hebammentasche), und die sollte nur Schwiegermutter tragen und darauf gut aufpassen, ihren Koffer wollte er dafür tragen. Musja aus der Apotheke kam mit Josef
zurück und bat, ob sie nicht auch mitkann. Ich wollte sie
nicht mitnehmen, aber sie heulte, beschwor Josef, sie nicht
alleine zurückzulassen, und auch Schwiegermutter bat
Lusja sehr, ob sie nicht mit uns kommen könne. Lusja
sagte zu. Nachdem wir gegessen hatten, kam ein kleiner
LKW (das hat Lusja arrangiert) nach uns, brachte uns zum
Dünaufer vor dem Schloss, wo der Hagensberger Dampfer uns zur *Steuben* bringen sollte. Dort hatten sich schon
einige andere lettische Flüchtlinge versammelt, denen es
erlaubt wurde mitzufahren. Der erste Dampfer konnte
nicht alle aufnehmen. Zuerst fuhren Schwiegermutter,
Lusja und der Kleine. Wir blieben am Kai und warteten.
Josef hatte die beiden Koffer am Riemen, einen auf dem
Rücken, den anderen vorne um den Hals und sein Akkor-
deon auch, den Mantel an und darüber die dicke Pelzjoppe
– er war beladen wie ein Esel. Ich hatte meinen Pelz an,
über den meinen dicken festen Herbstmantel, dann den
Koffer und eine Hängetasche mit allen Dokumenten – und
zu alledem einen kleinen Koffer mit paar Flaschen von
dem besten »*Naliwka*«, unserem schönen russischen Obst-
branntwein. Sonst haben wir alles zurückgelassen, es war
kaum noch Zeit gewesen, das Geschirr fortzuräumen.
Durch Zufall kam noch meine Freundin vorbei, die auf
der anderen Seite der Sassulanka-Station wohnte. Sie

weinte, als sie hörte, dass wir fortfahren (sie war die Mutter der kleinen Zasja). Ich sagte ihr, wenn wir fort sind, nimm, was du magst und kannst, und gab ihr den Schlüssel. Den Soldaten unten in der Wohnung sagte Josef auch, sie sollen aus dem Keller alles nehmen, was sie finden.

So standen wir am Dünaufer und warteten auf unseren Dampfer, da war plötzlich Fliegeralarm! Ja, wohin jetzt? Man stand da als regelrechte Zielscheibe. Von den Letzten, die wir da standen, zogen die Männer paar Flaschen aus den Taschen, und die machten dann die Runde, jeder nahm einen großen Schluck aus voller Verzweiflung. Endlich kam der kleine Dampfer, der uns alle aufnehmen sollte. Als wir an dem alten Schloss vorbeifuhren, fingen alle an, die lettische Staatshymne zu singen, »Dievs sveti Latviju, musu dargo Teviju«[17], es war sehr ergreifend, und beinahe alle hatten Tränen in den Augen. Als wir in Dünamünde ankamen und versuchten, an die *Steuben* heranzukommen, war ein ziemlich hoher Wellengang. Der Kapitän wollte uns zuerst nicht aufnehmen, aber später tat er es dann doch. Mein Sohn mit seiner Tante Lusja stand an der Reling, sah den kleinen Dampfer ankommen, entdeckte plötzlich Josef und mich und schrie: »Mein Tata (so nannte er Josef) und dort meine Maminka! Tante Lusja! Der Kapitän muss sie doch mitnehmen!« Der Kapitän hörte davon und ließ sich erweichen und nahm uns alle auf die *Steuben*, und nach einer Weile setzte sich der Dampfer in Bewegung. Es waren noch einige andere Schiffe in Dünamünde, die noch Flüchtlinge und Verwundete aufnahmen. Man erzählte sich, die Russen sollten nur noch 10 Kilometer vor Riga sein. Alle Schiffe setzten sich in

[17] Übers.: »Gott segne Lettland, unser geliebtes Vaterland.«

Bewegung und fuhren quasi im »Konvoi«. Die *Steuben* war überfüllt. Meine Schwester Lusja hatte für uns so gut gesorgt, dass wir eine Kabine für uns hatten. Sie hatte Dienst auf dem Dampfer, kam aber öfters herein, um nach uns zu sehen. Josef kramte im kleinen Koffer und holte eine Flasche selbstgebrannten Schnaps heraus, und wir tranken alle ein Gläschen. Lusja, die niemals Alkohol trank (außer mal ein Glas Wein), bat um noch mehr, was uns alle wunderte. Als sie das nächste Mal wieder erschien, sagte sie, dass das halbe Schiff halb besoffen ist, sogar die Matrosen wurden von den Letten, die sich auf allen freien Plätzen niedergelassen hatten, mit Schnaps bewirtet. Später sammelten die Letten Geld für das Rote Kreuz und übergaben es dem Kapitän. Er sagte zu Lusja, dass er so viel Geld noch nie fürs Rote Kreuz zusammenbekommen hatte. Die Letten waren alle so froh, dass sie fortkommen konnten, und bezeugten damit ihren Dank.

In Danzig wurden wir ausgeladen. Die meisten Flüchtlinge kamen in ein Lager, uns aber wurde erlaubt, bei meiner Schwester Lusja in Gotenhafen zu wohnen. Da nur Dagmar, die älteste Tochter meiner Schwester, zu Hause war, war Platz genug für uns. Die jüngere Tochter Margarete war in Polen im Arbeitsdienst-Einsatz. Sie hatte gut die Schule in Litzmannstadt (Lodz) beendet und wurde, bevor sie studieren konnte, was sie wollte, als Lehrerin in das von Deutschen besetzte Polengebiet geschickt. Es war, fand ich, ziemlich gefährlich für so ein junges Mädel. Sie war damals ja erst zwanzig Jahre alt. Denn es gab zu der Zeit in diesen Gebieten viele Partisanen. Später erzählte sie mir, sie schlief immer mit einem Revolver unter dem Kopfkissen. Aber als die Bauern auf dem Land, wo sie war, sahen, dass ihre deutsche Lehrerin am Sonntag zur katholischen Messe in die Kirche geht, da dachten sie wohl, sie sei keine echte Nazi, kamen zu ihr und sagten, sie soll keine Angst haben, und waren recht freundlich zu ihr. Die ältere, Dagmar, arbeitete in Gotenhafen bei der Torpedo-Versuchs-Anstalt. Das arme Mädel musste immer früh raus und kam spät am Nachmittag todmüde nach Hause. Mein kleiner Sohn hatte eine besondere Liebe für seine Cousine. Er konnte ganz artig bei ihr sitzen, wenn sie sich mal auf der Couch ausstreckte. Am meisten liebte er, mit Dagmar spazieren zu gehen, wenn sie frei hatte, sie nahm ihn auch gerne mit. Er war auch eifersüchtig. Dagmar hatte einen Freund (Marineoffizier), und wenn der kam, sagte Klein-Josef zu ihr: »Ich sperre Dich im Klo ein.« Das war die reine Eifersucht. Er ging auch gerne mit Lusjas Dienstmädchen, denn sie traf an jeder Ecke einen »Blauen« (das war die Marine), und mein Sohn schwärmte für die Marine. Er sagte stets zu meiner Schwester: »Ich werde sein Kommandant, Tante Lusja.« Einmal kam er nach Hause vom Spaziergang bzw. vom Einkaufen mit Lieschen und erzählte, dass er auf der *Cap Arcona* gewesen war. Ein »Blauer« hat ihm den Dampfer gezeigt. Ich ging einmal mit ihm was einkaufen, er blieb vor dem Laden stehen und wollte auf mich warten. Es war eine ziemlich lange Reihe im Laden, als ich herauskam, war mein Junge verschwunden. Ich war ganz aufgeregt, lief hin und her, konnte ihn nicht finden. Mit entsetzlicher Angst im Herzen ging ich nach Hause, bevor ich zur Polizei gehen wollte. Als ich klingelte, machte mir mein Sohn die Tür auf, war aber doch furchtbar verlegen. Ich fragte ihn: »Bevor ich Dich bestrafe, sage mir, wie bist Du nach Hause gekommen?« Es war doch eine fremde Stadt für ihn. Er antwortete, bekam aber dabei einen roten Kopf: »Maminka, es war so langweilig, auf Dich so lange zu warten, ich bat einen ›Blauen‹ ob er mich nach Hause bringen kann, und wusste ja Tante Lusja Adresse. Er brachte mich bis zur Tür, ich sagte danke schön, und als Babtja (Oma) mich fragte, wo ist Mama, antwortete ich ›noch immer im Laden‹.«

Mein Sohn musste mir fest versprechen, so etwas niemals mehr zu tun.

Josef bekam eine Stelle in einer Apotheke außerhalb Gotenhafens, und Musja, die sich nicht sehr schön uns gegenüber benommen hat, brachte Lusja auch in einer Apotheke unter, am anderen Ende der Stadt, wo sie auch in der Nähe ein Zimmer bekam und für sich selber sorgen musste, was ihr gar nicht passte. Bei uns in Riga hatte sie alles frei und setzte sich an einen gedeckten Tisch. Lusja wollte sie nicht haben, sie hat sich uns gegenüber hässlich benommen. Lusja war Lehrerin in Gotenhafen, und Andreas, ihr Mann, hatte auch eine Beschäftigung. Er wurde vom Militärdienst gesundheitshalber befreit. Somit sahen wir uns alle nur beim Essen am Abend. Wenn es aber Alarm gab, mussten wir in den Bunker. Dagmar hatte eine panische Angst, Andreas auch, und sie zitterten beide wie Espenlaub. Klein-Josef aber nahm immer Dagmar bei der Hand und sagte: »Komm mit mir, hab keine Angst, es wird schon alles vergehen, ich kenne das, in Riga war es auch so!«

Peggy versorgte ihre Familie ab und zu mit Fresspaketen (die Bauern hatten sie liebgewonnen). Als Weihnachten heranrückte, sagte ich zu unserem Sohn, es gibt dieses Jahr keinen Weihnachtsbaum für ihn, da wir nicht mehr in Riga sind. Darauf kam seine Antwort: »Weißt Du was, Tante Lusja hat mir gesagt, sie wird einen haben für uns alle!« Josef organisierte tatsächlich eine winzige Tanne, die wir auf dem Balkon versteckten. Ich klebte aus Stanniolpapier still am Abend fürs Bäumchen Dekorationen und bekam sogar von irgendwoher auch paar Kerzen. Geschenke gab es natürlich nicht, allerdings trieb ich eine Tafel Schokolade zufällig auf für Klein-Josef. Als es Hl. Abend wurde, beschäftigte sich Dagmar mit dem Kleinen im Wohnzimmer. Josef schmückte das Bäumchen im Zimmer, das Schwiegermutter und der Kleine bewohnten (ich schlief im Mädchenzimmer, da ich andauernd hustete). Wir riefen ihn herein, die Kerzen brannten, und als er in der Türe erschien, strahlten seine Augen, und er sagte: »Der Weihnachtsmann hat mich doch gefunden«, und über die Schokolade hat er sich so gefreut.

Ich war sehr herunter mit meiner Gesundheit und bekam Spritzen im Krankenhaus. Meine Schwester Lusja, die ja neben ihrem Lehrerin-Beruf noch für das Rote Kreuz arbeitete und sehr gute Verbindungen besaß, organisierte, dass ich in ein Sanatorium im Riesengebirge kommen sollte. Ich fuhr auch ab über Posen, wo ich mich zwei Tage bei meinen alten Freunden Veronika und John aufhielt. John hatte eine Apotheke in Posen vom Nazistaate bekommen und musste »Fasanen-Uniform« tragen. Die drei Töchter waren schon erwachsene Teenager, alle drei arbeiteten bereits, und der Sohn – das Goldstück ging noch zur Schule – befasste sich mit Schwarzhandel. Therese, eine von Zwillingen, saß beim Vater in der Apotheke an der Kasse, nach Mode hoch frisiert und auch angezogen, machte den Eindruck einer kleinen Nutte. Sie besorgte mir den ersten Abend, als ich dort schlief (sie kam in der Nacht spät nach Hause, beschwipst), ein paar Schuhe und Stiefel für meinen kleinen Josef. Sagte mir einfach, sie hätte mit einem alten Schuhfabrikanten gespeist. ... Na ja, die Stiefel und Schuhe konnte ich gut brauchen und bedankte mich dafür.

Am nächsten Tag fuhr ich über Hirschberg ins Sanatorium. Es war Winter, das war wunderschön in dieser herrlichen Landschaft. Wenn ich spazieren ging, sah ich viele jüngere Frauen oder Mädels, die schwanger herumspazierten, sie waren wohl aus den Heimen, in denen »Führers Nachwuchs« auf die Welt kommen sollte, das hieß »Lebensborn«. Die Patienten im Sanatorium nannten sie »gefüllte Täubchen«! Schöner Name für so eine Sache.

Nach einer Woche kam die Nachricht, die Russen seien gar nicht mehr weit entfernt. Wer konnte, verließ überstürzt das Sanatorium. Ich auch, ließ meinen großen Koffer zurück, nahm nur den ganz kleinen, den ich tragen konnte, und versuchte, nach Hirschberg zu kommen. Auf dem Bahnhof standen Menschen dicht beieinander, und jeder wartete auf den Zug Richtung Berlin. Es war bitterkalt, schreckliche Szenen spielten sich da ab, unbeschreibbar zum Teil. Mit großer Mühe gelang es mir doch, in den entsprechenden Zug zu kommen. Nach langen Stunden kamen wir in Berlin an. Es gab Alarm, man musste rasch in den nächsten Bunker. Mein einziger Gedanke war nur: Wie komme ich auf schnellstem Weg nach Gotenhafen, zu meiner Familie?

Ich fragte mich zum Bahnhof durch, aber man sagte mir, es gehen einfach gar keine Züge mehr, weder nach Gotenhafen noch Danzig, nur Militärzüge führen noch. Ich lief hin und her, endlich kam mir ein höherer Offizier in die Quere. Ich sprach ihn an und bat ihn ganz dringend, mich mitzunehmen, wenn sie nach Gotenhafen-Danzig fahren. Ich erzählte ihm, dass ich ein Flüchtling aus Lettland bin und meine Familie in Gotenhafen ist, ich darf sie nicht verlieren in diesen Wirrnissen. Er sah mich an (damals war man auch noch jung und sah auch ganz anständig aus!)

und sagte, ich solle warten, er will sich erkundigen. Ich stand verzweifelt da und betete im Stillen. Endlich kam der Offizier wieder zurück und sagte: »Kommen Sie mit! In einer halben Stunde geht ein Transport an die Front Richtung Gotenhafen-Danzig.« Mir fiel ein Stein vom Herzen, und obwohl ich verfroren und hungrig war, spürte ich nichts, nur mitkommen wollte ich. Der Offizier (es war kein SS) brachte mich in das Abteil, wo schon paar deutsche Offiziere saßen und auch zwei Wlassow'sche Offiziere. (Das waren Russen, die sich zu den Deutschen durchschlugen [im Süden] und der General Wlassow hoffte, mit einer russischen Befreiungsarmee Stalin stürzen zu können. Erst nach dem Kriege wurden sie von den Amerikanern den Russen ausgeliefert, so wie die lettischen Legionäre, die von der Kurland-Front nach Schweden geflüchtet waren, auch von der schwedischen Regierung den Russen ausgeliefert wurden.)

Es war kalt im Zuge. Die Herren Offiziere organisierten Kaffee, und wir bekamen jeder einen Becher, auch Zigaretten wurden herumgereicht. Die beiden russischen Offiziere waren sehr scheu und schweigsam. Ich fing an, mich mit ihnen russisch zu unterhalten, die anderen Herren wunderten sich, dass ich russisch sprechen konnte. Ich sagte ihnen, dass ich ein Flüchtling aus Lettland bin und mal in St. Petersburg geboren wurde. Ich musste übersetzen, was ich mit den beiden Russen sprach, und die Deutschen stellten ihnen so allerhand Fragen, waren aber recht freundlich und kameradschaftlich (es war kein SS-Mann unter ihnen). Die Fahrt dauerte ziemlich lange, die ganze Nacht hindurch. So ca. zwischen 2 und 4 Uhr kamen wir in Gotenhafen an. Es war kalt und schneite. Ich stieg aus, bedankte mich noch sehr und wünschte den Offizieren,

heil nach Hause zu kommen. Alle wünschten mir auch dasselbe. Als ich aus dem Bahnhof herauskam, war es stickdunkel und kein Mensch auf der Straße, nur ab und zu Marinesoldaten auf Patrouille. Einer hielt mich an und fragte, von wo ich komme und wohin ich will. Ich erklärte alles, und da sagten sie mir, alles verlässt die Stadt, die Russen sind nicht weit von Danzig, ob Sie die Ihrigen noch finden, wer weiß? Ich ging so schnell ich konnte, lief die Treppe herauf zur Lusjas Wohnung mit klopfendem Herzen. Klingelte, nach einer Weile öffnete sich die Tür, und Lusja stand da vor mir – sie war noch nicht zu Bett gegangen und sagte, sie packt, denn wir müssen die Stadt verlassen, morgen holt Tochter Dagmar die Passierscheine für den Dampfer *Wilhelm Gustloff*, der die Stadt verlässt und viele Flüchtlinge mitnimmt. Sie alle waren in großer Sorge gewesen, wo ich bin und was mit mir geschehen sei, aber nun war ich da, und wir waren alle zusammen. Gott sei Dank. Mein kleiner Josef hörte meine Stimme, er war so froh, mich wiederzusehen. Ich lief ins Zimmer, küsste und umarmte meinen Kleinen, der aufgewacht war, und auch Schwiegermutter umarmte mich und sagte, Gott sei Dank, dass Du da bist. Wir sollten schon den nächsten Nachmittag zum Kai gehen, wo die *Gustloff* lag.
Margarete war auch noch rechtzeitig aus Posen heimgekommen, für sie hatte Dagmar auch einen Passierschein.
Wieder musste man das Allernotwendigste packen. Ich hatte ja ohnehin nichts mehr, nur einen kleinen Koffer – alles war verloren, ich war todmüde, hungrig, durstig, an Schlafen war in dieser Nacht nicht zu denken.
Schwiegermutter machte Tee und kam mit paar Stullen, das war der erste Bissen für mich seit mehr als 30 Stunden. Ich war froh, dass ich alle noch angetroffen habe. Der

nächste Tag fing schon mit Schneegestöber an, und es näherte sich die Stunde, wo man aufbrechen musste. Ich weiß nicht, von wo wir drei Rodelschlitten hatten, aber wir haben sie alle zusammengebunden und unser Gepäck draufgelegt.

Dagmar sollte eigentlich mit ihrer Behörde nach Eckernförde evakuiert werden und hatte schon früher einen großen Koffer, den ihre Mutter Lusja vollgepackt hatte, aufgegeben. Sie aber bat ihren Vorgesetzten sehr, ob sie nicht auch mit den Eltern und dem Rest der Familie mit der *Gustloff* fahren könne. Man hat es ihr erlaubt, und somit machten wir uns alle auf den Weg zum Dampfer. Es war sehr deprimierend, man sprach kaum miteinander, jeder hing seinen Gedanken nach. So kamen wir zur Stelle wo die *Wilhelm Gustloff* vor Anker lag. Was sich dort abspielte, war schauderhaft. Jeder wollte auf diesen Dampfer, Hunderte von Flüchtlingen drängten sich, um am Fallreep hinaufzukommen. Es wurde geschrien, gestoßen, Menschen wurden zertrampelt, die hinfielen. Zuerst ließ man nur mit den Passagierscheinen auf den Dampfer und das mit großer Müh und Not, Militär wurde eingesetzt, um einigermaßen Ordnung zu halten. Es gelang uns, im Musiksalon unterzukommen. Wir lagen auf der Diele auf paar hingeworfenen Matratzen und Decken, bekamen auch irgendwas zu essen. Der Dampfer setzte sich am 30. Januar mittags, total überfüllt, allmählich in Bewegung. Er war spärlich beleuchtet. Klein-Josef bat die Oma, ob sie nicht ihm ihre Patiencekarten geben kann. Er wusste genau, wie man Patiencen legt, denn immer beobachtete er seinen Vater, Onkel, auch die Großmutter, wenn sie Patiencen legten, das war die schwache Seite unserer Familie. Man erlaubte es ihm, und auf seinem kleinen Koffer fing er an, eine Patience zu legen (ganz richtig!). Menschen, die das sahen, wunderten sich, dass ein kleiner Bub so was konnte, und hatten ihren Spaß dabei, er ließ sich aber nicht stören, nur ab und zu gab der Vater ihm einen Rat.

Ich weiß nicht wie, aber Schwiegermutter zauberte eine Flasche Kirschlikör hervor, und wir tranken alle davon. Es wurde Abend, Schwimmwesten wurden verteilt, ich ging in den Waschraum, um wenigstens die Hände zu waschen, kam zurück, zog meine Schuhe aus, denn ich war ja auch vordem lange auf den Beinen gewesen. Alle saßen wir da, sehr schweigsam und niedergeschlagen. Der Kleine schlief in den Armen des Vaters. Ich saß neben Schwiegermutter, plötzlich sagte sie zu mir, ganz leise: »Wirst Du mir verzeihen, dass ich öfters schlecht zu Dir war?« »Mama, ich habe das längst vergessen, lass es gut sein«, antwortete ich, und sie gab mir einen Kuss. Der Dampfer fuhr, wie man merkte, eher »halbe Fahrt«.

Anmerkung der Herausgeberin:
Von dem Untergang berichtet nun Ursula Boenckes Nichte, Peggy Poles.
Beide Frauen haben das Unglück überlebt, waren mit der Familie zusammen. Ihr Erleben der Katastrophe war also zeitgleich, und darum soll hier der erzählte Bericht von Peggy Poles eingeschoben werden, was die Unmittelbarkeit der Tragödie noch deutlicher macht.

Peggy Poles:
Das Schicksal meinte es ganz gut mit mir, trotz aller Wirren. So schien es mir jedenfalls am 18. Januar 1945.
Es war mir in allerletzter Minute gelungen, meinen un-

geliebten Arbeitsdienst-Einsatz in der Nähe von Posen zu verlassen. Ich hatte gerade noch einen Zug erwischt, der mich auf etlichen Umwegen nach Hause, Richtung Gotenhafen, brachte. Ich hatte mich durch das in Chaos und Kriegsgreuel versinkende Land geschlagen und mein Elternhaus erreichen können. Dort war es mittlerweile ein wenig eng geworden, denn meine Tante Ursula, »Ucka«, war mit Mann, Kind und Schwiegermutter schon im November 1944 aus Riga geflohen und bei uns erst mal in relativer Sicherheit untergeschlupft.

Als ich nun endlich zu Hause ankam, war für meine Familie auch längst klar geworden, dass wir alle so schnell wie möglich wegmussten aus Gotenhafen, weiter nach Westen. Die Kriegslage war so aussichtslos, die Russen nicht mehr weit entfernt.

Ich habe mich nie richtig zu Hause gefühlt in Gotenhafen, ich kam ja erst als 16-Jährige dorthin. Meine Eltern hatten im September 1939 das »Angebot« der Rückführung Deutscher aus Lettland angenommen und waren von Riga zurück ins Deutsche Reich gegangen. Es war nicht alles zum Glück meiner Eltern, mein Vater fand nie mehr den rechten Anschluss an ein vernünftiges Arbeitsleben nach einem einmaligen, großen Fehler, der ihn aus der Bahn geworfen hatte. So gingen wir aus Riga kommend zunächst nach Kolberg und später, 1940, nach Gotenhafen. Ich war sechzehn, als wir dort ankamen, besuchte das Gymnasium, das in einem ehemaligen Nonnenkloster untergebracht war, und war – natürlich – auch beim nationalsozialistischen *BDM*. Ich dachte damals, ich könnte dort meine Minderwertigkeitsgefühle loswerden. Ich hielt meine zwei

Jahre ältere Schwester Dagmar nämlich für viel gescheiter und auch viel schöner als mich, was mich aber nicht davon abhielt, mich ständig mit ihr zu streiten. Oder eben deswegen ... Sie hatte vor allem nicht das entsetzliche Boencksche Kraushaar, das in jeder Generation bei einem von uns besonders hervorstechend auftritt. Kurzum, ich war nicht glücklich in Gotenhafen. Und faul in der Schule obendrein, ich lernte gar nicht. Ich drohte dann sogar sitzenzubleiben, was meine Mutter dazu veranlasste, mich zu einer Freundin nach Lodz, das damals Litzmannstadt hieß, zu schicken, damit ich wenigstens noch das Abitur schaffte.

Gotenhafen ist für mich kein Ort der guten Erinnerung. Das war viel mehr Riga – dort wurde ich geboren, dort hatte meine Familie neue Wurzeln geschlagen, als sie schon einmal fliehen musste, aus St. Petersburg, nach der Russischen Revolution. Riga war mein Zuhause. Vor allem waren dort so viele andere Familienmitglieder, die sich trafen und miteinander feierten, sich unheimlich übereinander aufregten, aber am Ende, wenn es darauf ankam, immer an einem Strang zogen.

Und es kam in diesen Zeiten ständig irgendwie »darauf an«. Dass meine Mutter und mein Vater 1939 mit uns Töchtern nach Westen gingen und sogar Mutters Mutter mitkam, hat die Familie auch nicht richtig trennen können. Das tiefe Gefühl der Verbundenheit und des Miteinander ging nicht verloren durch die Entfernung. Zur räumlichen Trennung kam in dieser Zeit allerdings auch eine politische dazu. Meine Mutter war eher den Nazis zugeneigt als Tante Ucka. Aber das hat man nicht großartig besprochen. Es war einfach so.

Über Politik wurde sowieso nie geredet zu Hause. Man sah und bemerkte das eine oder andere, stellte aber keine Fragen. Das war halt einfach so.

Ich hatte einen Traum: Zahnmedizin zu studieren. Das zu realisieren, war nicht ganz einfach. Erst musste ich nach dem Abitur, 1944, zum Arbeitsdienst und dann noch Kriegshilfsdienst machen. Ich versuchte, mich in Königsberg oder in Danzig an der Universität einzuschreiben, aber es gelang mir aus den verschiedensten Gründen einfach nicht. Zum Ausgleich habe ich eine Rot-Kreuz-Ausbildung gemacht, wurde aber dann noch zum sogenannten »Schanzdienst« abgestellt. Da sollten junge Menschen – auch BDM-Mädchen wie ich – die Russenfront im Herbst 1944 damit aufhalten, dass wir Gräben gruben. Ein Unternehmen, das mich vollkommen ratlos machte. Wir taten halt, was man von uns wollte, verstanden aber nichts.

Ein Erlebnis aus dieser Zeit hat sich aber tief in meine Seele eingegraben, wenn ich auch erst nach Kriegsende die Tragweite ganz verstanden habe.
Wir mussten in der Nähe von Elbing »schanzen« – die Russen hatten längst Ostpreußen besetzt und waren immer weiter auf dem Vormarsch nach Westen. Ich weiß heute, dass in Elbing ein »Außenlager« des KZ Stutthof war, in dem ca. 5000 Jüdinnen eingesperrt waren. Damals habe ich erst ganz langsam erkannt, was sich alles vor meinen Augen abspielte, richtig begriffen habe ich es nicht. Diese armen Frauen mussten hart mitarbeiten und »schanzen«, dabei hatten sie kaum etwas anzuziehen und ihre Schuhe waren er-

bärmlich aus Stroh zusammengeflickt. Dazu wachte über allen ein schrecklicher Mensch, SS-Kommandant und brutal-grober Aufseher. Ich war mit einer Freundin, die etwas älter war, zusammen bei diesem »Einsatz«. Sie hatte bereits ihr Physikum hinter sich und war überhaupt gescheiter als ich, mit ihr besprach ich oft, was wir erlebten und sahen. Aber wir haben nicht ernsthaft darüber nachgedacht, welches Elend sich da direkt vor unseren Augen abspielte.

Bei diesem »Schanz«-Einsatz lernte ich auch einen netten jungen Mann kennen, der verwundet worden

Während ihrer Zeit beim BDM arbeitete Peggy an einem Panzergraben wie diesem hier mit.

178

war und darum zwischendurch beim »Schanzen« mithelfen musste.

Nachdem ich vom »Schanzen« entlassen worden war, kam ich noch einmal zu einer Art Kriegshilfsdienst, wo ich als Quasi-Lehrerin in der Nähe von Posen eingesetzt wurde, obwohl ich gar keine passende Ausbildung hatte.

Als ich dann endlich Mitte Januar 1945 in letzter Minute in Gotenhafen ankam, war ich überglücklich, auch und weil die Familie dort schon alles vorbereitet hatte für die Flucht nach Westen.

Eine Alternative gab es gar nicht mehr. Es war klar, dass wir alle flüchten mussten. Die militärische Situation war vollkommen aussichtslos, und die Parolen, die man aus dem Radio zu hören bekam, waren derart lächerlich, dass niemand auch nur einen Pfifferling dafür gab. Ströme von Verwundeten wurden über die Ostsee ständig nach Gotenhafen gebracht. Tausende und Abertausende waren in und um Danzig herum als Flüchtlinge aus den östlichen Gebieten angekommen. Kein vernünftiger Mensch glaubte noch an Wunderwaffen oder andere gewaltige Erfindungen, mit denen es den Deutschen gelingen würde, doch noch siegreich zu sein, wie man uns weismachen wollte …

Wir mussten alle weg. Irgendwie musste man nach Westen kommen. Auf dem Landweg schien es nahezu unmöglich, es war kalter, eisiger Winter. Wir hätten auch gar nicht gewusst, wie wir das anstellen sollten.

Meine Mutter hatte ihr Leben lang immer gute Ideen und fand selbst in den verfahrensten Augenblicken immer eine Lösung. Obwohl sie von uns allen am längsten geglaubt und gehofft hatte, der Krieg könnte ein gutes Ende nehmen, war sie es dann aber, die im Herbst 1944 entschlossen dafür sorgte, dass Tante Ucka mit der ganzen Familie nach Gotenhafen kommen konnte. Zu dem Zeitpunkt war auch meiner Mutter klar, dass der Krieg ein schreckliches Ende nehmen würde, und wir mit Sicherheit auch, wenn wir in Danzig blieben.

Eigentlich war meine Mutter Lehrerin, aber in diesen schrecklichen Zeiten arbeitete sie auch für das Rote Kreuz. Sie hatte viel Charme, Durchsetzungskraft und gute Verbindungen. So gelang es ihr immer wieder, für ihre große Familie etwas zu erreichen, wenn es um das Überleben und die Rettung all ihrer Lieben ging.

Wir glaubten damals alle, das große Los gezogen zu haben: Nicht nur dank des Einsatzes meiner Mutter, sondern auch durch die guten Beziehungen meiner Schwester Dagmar bekamen wir die Passierscheine für die *Wilhelm Gustloff*. Dagmar arbeitete in einem Ableger der Torpedoversuchsanstalt, die im Januar 1945 nach Eckernförde ausgelagert werden sollte, und durch sie hatten wir für die ganze Familie – wir waren immerhin acht Personen – die Passierscheine für die *Wilhelm Gustloff* ergattern können.

Das phantastische Riesenschiff *Wilhelm Gustloff!* Von dem hatte man noch aus Vorkriegszeiten wahre Wunderdinge gehört, es war eines der größten und auch luxuriösesten Kreuzfahrtschiffe der Nazis gewesen.

Bald nach Kriegsausbruch 1939 wurde die *Gustloff* aber erst zum Lazarettschiff und dann zu einer Art Wohnschiff in Gotenhafen, wo es Marinesoldaten als U-Boot-Lehrschiff diente. Das muss, trotz Krieg, den man lange nicht spürte in Gotenhafen, für manche

Menschen sogar eine recht lustige Zeit gewesen sein. Man hörte davon, dass reges gesellschaftliches Leben auf dem Schiff gepflegt wurde, Einladungen zu Dinners waren hoch begehrt. Man gab sich gegenseitig die Ehre und feierte unter fast »friedlichen« Umständen gerne Feste. Jedenfalls dachte damals niemand mehr an einen Fahreinsatz des Ozeanriesen.

Nun aber sollte aus dem einstigen Luxusdampfer ein Rettungsschiff werden. Bei einem der immer heftiger werdenden Angriffe auf Gotenhafen hatte auch das Schiff einen Treffer abbekommen. Es wurde nun in aller Eile wieder so weit repariert, dass Flüchtlinge und eine unendliche Zahl von Verwundeten von der Ostfront zum Weitertransport in den Westen aufgenommen werden konnten.

Ein wüster Kampf um Plätze auf dem Schiff hatte begonnen, als publik wurde, dass der in Oxhöft, dem Hafen von Gotenhafen, liegende Koloss für Flüchtlinge eingesetzt werden sollte. Nur Familien mit kleinen Kindern oder Menschen, die über gute Beziehungen verfügten, hatten eine Chance, einen der begehrten Passierscheine zu bekommen. Die ganze Gegend um Gotenhafen und Danzig war in der eisigen Winterkälte übervoll mit Flüchtlingen, von denen viele den Weg über das zugefrorene Haff versuchten. Alle litten entsetzlichen Hunger und waren in den kalten Januartagen vom Erfrieren bedroht – in dem riesigen Schiff, das sicherlich ein paar tausend Flüchtlinge aufnehmen konnte, sahen die Menschen ihre allerletzte Rettung. Es gab auch ein paar kleinere Schiffe, deren Kapazität allerdings bei weitem nicht so groß war wie die der *Wil-*

helm Gustloff. Keines davon war auch nur annähernd so berühmt und so gut ausgestattet wie das einstige Pracht- und Vorzeigeschiff der Nazis. Dass der Name des Schiffes von einem Manne herrührte, der bei den Nazis, weil von einem Juden getötet, als »Märtyrer« und »Opfer« galt, interessierte schon lange niemanden mehr. Wozu auch. Kein Mensch wollte noch irgendwas von Nazi-Opfern hören. Wir waren alle Opfer – allerdings in einem etwas anderen Sinn, als es die damaligen Größen der Partei wohl verstanden hätten.

Außer der *Gustloff* gab es noch die *Steuben*, die *Goya* und die *Arcona* – alle diese Schiffe waren gleichzeitig als Lazarettschiffe und als Flüchtlingstransporter im Einsatz, von Ost nach West und wieder zurück durch die verminte Ostsee. Aber am Ende, in den letzten Wochen dieses furchtbaren Krieges, versanken sie alle, mitsamt ihrer »Fracht«, den Rettung suchenden Vieltausenden Menschen, in der Ostsee. Getroffen von russischen Torpedos, auf dem Weg in die vermeintliche Sicherheit.

Wie meine Mutter und meine Schwester Dagmar es fertiggebracht hatten, für uns alle Passierscheine zu bekommen, ist mir bis heute rätselhaft, denn es waren brutale Kämpfe ausgebrochen, um in den Besitz so eines Scheines zu kommen. Dagmar sollte eigentlich sogar von ihrem Amt aus mit einem anderen Schiff fahren, bat aber ausdrücklich darum, mit der Familie zusammenbleiben zu dürfen.

Ich war also am 18. Januar in ein Nachhause gekommen, das gerade im Begriff war, sich völlig aufzulösen. Die allgemeine Lage war schrecklich und beängstigend, aber ich war nur froh und dankbar, wenigstens wieder mit meiner Familie zusammen zu sein. Natürlich bedeutete das allein noch nicht Schutz und Rettung vor dem drohenden Unheil, aber das familiäre Zusammensein ließ mich dieses entsetzlich trostlos-hilflose Gefühl besser aushalten. Ich fühlte mich einfach aufgehobener bei Eltern und Verwandten als mutterseelenallein an meinem Kriegseinsatz-Posten.

Ich war ja noch eine junge Frau – besser: ein junges Mädchen von zwanzig Jahren und hatte trotz aller entsetzlicher Umstände natürlich auch Vorstellungen von einem besseren Leben. Zwar etwas vage und sehr unbestimmt, aber in aller Not gab es immer noch eine Art träumender Hoffnung, die man mit sich herumschleppte, auch wenn das sehr unrealistisch schien. Mein medizinischer »Traum« schien zwar in weite Ferne gerückt, aber irgendwann musste dieses ganze Elend doch ein Ende haben – und vielleicht gab es dann eine neue Möglichkeit für mich? Ich war so jung – es konnte doch nicht sein, dass nichts mehr in meinem Leben schön und friedlich sein würde. Es musste noch etwas anderes als Krieg, Bomben, Hunger, Elend geben!

Der junge Soldat, den ich während meines »Schanz«-Einsatzes kennengelernt hatte, stammte aus Berlin und hatte mir oft von seiner Mutter, die dort lebte, erzählt. Er riet mir, sie aufzusuchen, wenn ich – je, vielleicht, wer wusste das schon? – nach Berlin käme. Das war für mich ein Stück Hoffnung, Wärme und Zuspruch, dass es woanders noch Menschen gab, die vielleicht für einen sorgen oder einfach weiterhelfen würden.

Meine Mutter packte zusammen, was man in so einer Situation meinte, mitnehmen zu müssen oder zu wollen. Aber was will man mitnehmen, wenn man sein Zuhause verlässt, sein Dasein, wenn man ohne wirkliches Ziel und Zukunft fort muss, nur dem drohenden Unheil entgehen? Packt man die Fotoalben ein, das Silberbesteck oder nur warme Kleidung? Nimmt man einen Gedichtband mit, den man seit Jugendjahren immer wieder zur Hand genommen hat, oder lässt man alles zurück, was in absehbarer Zeit nicht benötigt werden würde? Es waren unruhige, schreckliche Stunden, die wir verbrachten, ehe wir alle, am 28. Januar aufs Schiff kamen und uns dort einquartierten, so gut es ging.

Dass wir dieses Schicksal mit Tausenden anderen teilten, machten die eigene Trauer und Angst nicht besser, sondern führte eher zu noch größerer Verzagtheit. Nirgendwo war Trost zu finden, die nackte Angst hatte längst alle ergriffen und machte auch das Miteinander zur Hölle.

Mein Vater kränkelte zudem etwas und konnte kaum etwas dazu beitragen, um die allgemeine Not mit Kraft und Anstand zu bewältigen.

Niemand kannte die genaue Abfahrtszeit der *Gustloff*. Es gab Gerüchte aller möglichen Art, es hieß, man höre schon die russische Front, es könne sich nur noch um Stunden handeln, bis die Russen endgültig da seien, Eile sei geboten. Dann wieder hörte man, das Schiff sei noch gar nicht seetüchtig genug, es müssten nach der langen Ruhezeit noch Reparaturen an den beschädigten Motoren vorgenommen werden. Es kamen auch unentwegt Transporte aus Memel, aus Pillau, dem Hafen von Königsberg, und von anderen, noch nicht ganz verlorenen Ostseehäfen mit Verwundeten, die auf das gut ausgestattete Lazarettschiff, das die *Gustloff* eben auch war, überbracht werden sollten.

Wir waren also einige Zeit vor dem Auslaufen des Schiffes, bereits seit dem 28. Januar an Bord. Als Ziel hatten wir Swinemünde. Dort würde es vielleicht nicht so schlimm werden mit den Amerikanern, Engländern und Franzosen. Dass auch im Westen der Krieg längst verloren war, war zu diesem Zeitpunkt wohl jedem klar, der einigermaßen bei Sinnen war. Vor den Russen fürchteten wir uns alle, man hatte schreckliche Geschichten gehört von den ersten Eroberungen in Gumbinnen und Umgebung im Herbst 1944.

Die *Gustloff* verfügte über eine große, sehr gut ausgerüstete Krankenstation, so dass immer mehr schwerverwundete Soldaten dort untergebracht wurden, die leichter Verletzten wurden auf andere Schiffe gebracht. Aus den noch nicht von Russen besetzten Häfen Libau und Pillau wurden wieder und wieder Verletzte auf die *Gustloff* gebracht. Es war schrecklich, das mit anschauen zu müssen. Sogar für schwangere Frauen gab es eine eigene Station und auch einen Arzt für den – wie es schien – unwahrscheinlichen Fall, dass auf dem relativ kurzen Weg nach Swinemünde eine Geburt stattfinden würde.

Wir Normalvolk wurden zunächst sehr genau gezählt und kontrolliert, keiner durfte ohne den speziellen »Fahr-Ausweis« aufs Schiff. Das hat sich dann in den letzten Stunden vor Auslaufen in ein unübersehbares und totales Chaos verwandelt, so dass gar nicht mehr gezählt werden konnte, wie viele Menschen schließlich tatsächlich auf der *Gustloff* waren. Der ursprüngliche Befehl war wohl, dass auf das Schiff, das einst für 1500 Passagiere gedacht war, rund 6000 Flüchtende und Kranke aufgenommen werden sollten. Dazu kamen dann auch noch ein paar Nazibonzen aus Danzig und Umgebung! Es soll von Großadmiral Dönitz[18] einen Befehl gegeben haben, so viele Menschen wie möglich zu evakuieren, obwohl das entgegen den ausdrücklichen Befehl des »Führers« gewesen sei. Der hatte ja noch in seiner Neujahrsansprache von 1945 verkündet, dass die Zukunft »das Wunder des 20. Jahrhunderts« bringen würde ...

Es war viel militärisches Personal auf dem Schiff. Zahllose Marinehelferinnen, die auch alle aus Gotenhafen abgezogen werden sollten, wurden in dem einstmals berühmten Schwimmbad mit den herrlichen Mosaiken untergebracht. Wo ein Platz zu finden war, wurden Menschen hingepfercht, Matratzen ausgelegt. Nur sehr schmale Durchgänge dazwischen machten Bewegung möglich. Aber wie dankbar waren wir, dass wir es auf dieses Schiff geschafft hatten! Obwohl wir natürlich wussten, dass die Ostsee vermint war und dass es keineswegs völlig ungefährlich war, durch die See zu schippern, hat uns nicht einmal der Hauch eines Gedankens gestreift, dass irgendetwas nicht gutgehen könnte auf dieser Reise.

Die Zeit bis zum endgültigen Auslaufen verging quälend langsam. Man sah Menschenmassen an der Pier stehen, die alle mitgenommen werden wollten und teilweise mit ihren Kindern geradezu jonglierten, sie sich sogar gegenseitig zuwarfen, nur um dadurch leichter

---

[18] Karl Dönitz, *1891, †1980, Oberbefehlshaber der deutschen Kriegsmarine, von Hitler zu seinem Nachfolger bestimmt. War noch 23 Tage im Amt, ehe er verhaftet wurde.

einen Platz zu ergattern. Es herrschte überall der blanke Irrsinn, das unwürdigste menschliche Verhalten trat in einer Weise zutage, wie man es sich in friedlichen Zeiten nicht hatte vorstellen können. Aber tiefe Not und höchste Angst um das eigene Leben machten aus vielen Leuten die reinsten Ungeheuer.

Mein Charakter wurde zum Glück nicht auf die Probe gestellt. Ich war einigermaßen gut aufgehoben und fühlte mich sicher. Es ging mir und meiner Familie gut. Wir schienen schon fast gerettet.

Am 30. Januar stand die Abfahrt nun tatsächlich kurz bevor. Unser großes Gepäck hatten wir ja abgeben müssen, das wurde in einen Lagerraum tief unten im Schiffsbauch verstaut, nur Handgepäck durfte man behalten. Es war eisig kalt, Schneeschauer jagten über Deck, die Außentemperatur sei −17° hieß es. Wir waren im Musiksalon untergebracht, der sich in der Höhe des unteren Promenadendecks befand. Die ganze Familie war zusammen – wir hatten niemanden zurücklassen müssen, worüber wir alle sehr glücklich waren.

Ich erinnere mich, dass wir am 30. Januar 1945 etwa gegen 11 Uhr vormittags über Bordlautsprecher aufgefordert wurden, uns Schwimmwesten abzuholen, danach kam der Befehl, sie anzulegen, und der ausdrückliche Hinweis, sie auch während der ganzen Fahrt anzubehalten. So kalt es draußen war, so stickig und heiß wurde es aber in kürzester Zeit in dem Musiksalon. Die vielen Menschen, die hier zusammengepfercht mehr oder weniger lethargisch herumsaßen, machten die Luft zum Schneiden. Also, was tat man

Hier, im Musiksaal der Gustloff, *wurden Ursula und Peggy mit ihren Familien einquartiert.*

da, was machten eigentlich alle? Man legte sie einfach ab, die Schwimmweste, stopfte sie bestenfalls als Kopfkissen unter sich. Dann konnte man ein wenig besser liegen.

Aber vor der ersehnten Ruhe hatte das Schicksal an diesem Tag, der für die Nazis ein »Festtag« war, noch die Übertragung der »Führer-Rede« parat. Ob wir wollten oder nicht – und niemand wollte das eigentlich ernsthaft mehr –, wir mussten uns über den Bordlautsprecher anhören, welche wunderbare Fügung es für uns alle war, dass am 30. Januar 1933 Adolf Hitler die Geschicke des deutschen Volkes so tatkräftig in die Hand genommen hatte. Es war ja der Tag der »Machtergreifung« zu feiern ... Vielleicht hat es den Danziger Oberbürgermeister noch erfreut, das zu hören. Der hatte sich mit seiner Familie in der einst für Hitler vorgesehenen »Führer-Suite« am oberen Promenadendeck einquartiert, denn auch er, obwohl überzeugter Nazi, traute wohl nun dem Frieden nicht mehr so recht und wollte lieber das Weite suchen, mitsamt seiner Familie ...

Wir, die ganze große Familie, waren alle nah beisammen, lagerten nebeneinander, und zwar so, dass wir dicht bei der zum Ausgang angebrachten Schwingtür unsere Matratzen hatten, dort, wo die Bar in einer U-Form eingebaut war. Wollte man an Deck gehen, wo zwar alles vereist war und wo es im Schneegestöber auch nicht sehr anheimelnd war, musste man über Menschen und die geringe Habe, die jeder bei sich hatte, darübersteigen. Eine merkwürdige Zweckentfremdung des einst prächtigen Musiksalons, in dem vor dem Krieg wahrscheinlich auch getanzt und gefeiert, gelacht und geflirtet worden war.

Ich meine mich noch genau zu erinnern, dass wir am frühen Abend jeder aus der Durchreiche zum Küchentrakt einen Schlag Erbsensuppe bekamen, mehr gab's nicht. Aber auch hier stellten wir uns alle brav in Reih und Glied an. Wir waren ja alle gut gezogen in den langen Jahren der Kriegsnot, denn wo es etwas zu verteilen gab, wurden Reihen gebildet.

Danach ging es wieder zurück in unseren »Salon«, und die meisten fingen an, vor sich hin zu dämmern, manche waren auch schon, erschöpft von Aufregung, Anstrengung und dem zermürbend langen Warten auf das Auslaufen, eingeschlafen.

189

Auf einmal, es war kurz nach neun Uhr abends, ging ein furchtbarer Ruck durch das Schiff und eine gewaltige Erschütterung war zu spüren. Ich versuchte sofort, schon nach dem ersten Schreck, meine Schwimmweste, auf der ich gelegen hatte, wenigstens an mich zu reißen. Auch mir, die ich keine Ahnung von Schiffen und von Seefahrt hatte, war im ersten Augenblick bereits klar, dass irgendetwas Entsetzliches passiert sein musste. Unmittelbar nach dieser ersten Erschütterung, diesem dumpfen Schlag, der uns alle hochschrecken ließ, gab es noch zwei weitere, ebenso heftige. Das alles fühlte sich fürchterlich an – doch das Allerschlimmste war, dass das Schiff schon nach wenigen Minuten seine Lage zu verändern begann, aus dem ruhigen Koloss war ganz plötzlich eine schief liegende Fläche geworden, die rechte Seite bewegte sich unaufhörlich nach unten.

Es ist für mich nach allen diesen Jahren immer noch erstaunlich, mich daran zu erinnern, wie man in höchster Not und Gefahr gleichzeitig lähmenden Schreck empfinden und äußerst gespannte Tatkraft entwickeln kann – und dann auch entsprechend handelt. Nicht überlegt, nicht nachgedacht – ich weiß überhaupt nicht, was in diesen Augenblicken mit meiner Mutter, meinem Vater, mit allen anderen los war, ich weiß nur, dass ich jedenfalls trotz des heillosen Durcheinanders, das sofort ausgebrochen war, auf allen vieren zum Ausgang, an Deck kriechen wollte. Nur hinaus! Ich war von Panik erfüllt, hatte das Gefühl, dass mein Herzschlag gleich aussetzen würde, aber die ganze Tragweite des Geschehens habe ich in diesen Augenblicken natürlich nicht begriffen. Es war nur klar, dass etwas Fürchterliches geschehen war, dass der Friede und die Sicherheit, in der wir uns alle gewähnt hatten, vorbei waren.

In dem allgemeinen Tumult und in die jäh aufkommende Panik hinein schrie jemand, dass das Torpedos gewesen seien, die das Schiff getroffen hätten, und dass wir alle verloren wären. Ich hatte beim Auslaufen in Gotenhafen den Gesprächen um mich herum über fehlende Geleitboote und damit auch fehlende Hilfe, wenn es erforderlich wäre, wenig Beachtung geschenkt, was verstand ich davon! Die meisten von uns haben natürlich nichts davon mitbekommen, dass eines der ursprünglich vorgesehenen Begleitboote bereits während der Fahrt, schon auf See, wegen eines Maschinenschadens wieder umdrehen musste. Niemand von uns Flüchtenden ahnte auch etwas von den Zwistigkeiten der Kapitäne, die sich uneinig waren, mit welcher Geschwindigkeit gefahren werden sollte, ob man das Schiff beleuchten sollte oder nicht, um drohender Kollision mit anderen Schiffen zu entgehen, und überhaupt darüber, wer das endgültige Kommando haben sollte. Das waren Fragen, von denen wir Passagiere nichts wussten. Uns ging es nur darum, sich und seine Lieben zu retten, irgendwohin in Sicherheit zu bringen, ein Rettungsboot zu erreichen, Hilfe zu finden. Es ging ums Überleben.

Der Neigungswinkel des Schiffes war inzwischen so stark, dass ich mich an einer Wand abstützen musste, um einigermaßen die Balance zu halten für das Anlegen meiner Schwimmweste, die ich bis jetzt nur in der Hand gehalten hatte. Ich tat alles so, wie man es uns beigebracht hatte, war aber gleichzeitig völlig erstarrt, alles geschah mit mir, nicht durch mich.

Dann kamen auch wieder meine Mutter und mein Vater in mein Bewusstsein. Ich hörte wie von weither die Stimme meiner Mutter, immer wieder rufend: »Kinder, kommt schnell!« – dazu machte sie völlig unkontrollierte Handbewegungen. Das Gesicht meines Vaters sehe ich noch vor mir – er sagte kein einziges Wort. Er stützte sich auf meine Schwester, deren von maßlosem Schreck geweiteten Augen nur die bange Frage »Was nun?« auszudrücken schienen.

Wir hatten nur wenige Schritte zur Schwingtür, die nach draußen führte, zurückzulegen. An Deck schoben sich Menschenmassen ineinander, verkeilten sich, hielten sich aneinander fest, ein unentwirrbares Knäuel verzweifelter Menschen war heillos miteinander verbunden – niemand wusste, wohin alles führen würde. Wir vier, Mutter, Vater, meine Schwester Dagmar und ich, versuchten, nicht auseinandergerissen zu werden. In dieser unentwirrbaren Not trug einen noch die Hoffnung, dass man gemeinsam vielleicht eher in ein rettendes Boot kommen würde, dass man, nicht auseinandergerissen, sich gegenseitig würde helfen können. Meine Tante Ucka und ihre Familie hatte ich inzwischen allerdings längst aus den Augen verloren.

Die Luft war eisig, es heulte ein ungeheurer Sturm über Deck, wir konnten aber noch an der herausragenden Schiffsseite die Reling erreichen, an der wir uns festzuklammern versuchten. Aus den Lautsprechern kamen Durchsagen, dass das Schiff zwar manövrierunfähig sei, aber in der augenblicklichen Lage für einige Zeit so bleiben würde, und dass uns bald andere Schiffe aufnehmen würden. Das änderte natürlich nichts daran, dass jeder von uns so rasch wie möglich versuchen wollte, in ein rettendes Boot zu gelangen. Nur das konnte ja Rettung bedeuten, in eisiger Nacht und dunkler See, auf einem untergehenden Riesendampfer, der zunehmend beängstigend tiefer und tiefer sank.

Ob es die Meldung über angeblich nahende Rettungsschiffe war oder irgendeine Form von wahnsinnigem Überlebenswillen – ich weiß es nicht: Ich fror gotterbärmlich, ich hatte nur Trainingshosen und ein gewirktes Sporthemd an, Kriegsware noch dazu, und Wollsocken an den Füßen. Da wir ja alle vor uns hingedämmert hatten und glaubten, nach einem kurzen Schlaf am nächsten Morgen in Swinemünde zu sein, hatte ich, wie viele andere auch, meine Schuhe ausgezogen und sie an meiner Matratze deponiert. Und nun, in der Kälte zitternd, entschloss ich mich plötzlich, zurückzukriechen und nach meinen Schuhen zu suchen. Ein heller Irrsinn, ein leichtsinniges und aussichtsloses Unterfangen war das – aber ich schaffte es tatsächlich. Ich weiß bis heute nicht, wie es mir gelang. Ich nahm auch noch meine Handtasche an mich, in der doch alle meine Dokumente waren – die wollte ich nun wirklich nicht verlieren!

Als ich zurückkroch an die Reling, führte mein Weg an einem der Aufgänge aus den unteren Decks vorbei. Was sich dort abspielte, war entsetzlich. Eine Masse aus Menschenleibern versuchte, nach oben zu gelangen – oben: Das war das Deck, das sich zunehmend nach unten, zum Wasser hin neigte.

Vom oberen Promenadendeck wurden Militärmäntel zu

uns hinuntergeworfen. Meine Schwester ergatterte einen blauen, ich einen grünen. Was mit Mutter und Vater genau war, weiß ich nicht mehr – Vater trug wohl seinen eigenen Mantel. Wir hüllten uns, schlotternd vor Kälte, in diese Mäntel. Mehr konnten wir im Augenblick nicht tun. Wir drei standen gekrümmt um unsere Mutter herum, und sie, die immer ein tiefgläubiger Mensch war, betete. Ich weiß nicht, was es war, aber ich erinnere mich, dass sie uns dreien das Kreuzzeichen auf die Stirn machte, uns fest und innig zu umarmen versuchte und dazu murmelte: »Auf Wiedersehen im Jenseits, Ihr Lieben ...«

Wir konnten uns noch immer relativ fest an der Reling halten – das bedeutete, wir waren nicht in Gefahr, in die Tiefe des gurgelnden Meeres zu rutschen, trotz der vereisten Planken und des Sturms, der an uns zusätzlich zerrte.

Plötzlich hieß es, auf dem obersten Promenadendeck gäbe es ausreichend Rettungsboote, in denen man Platz finden könnte. Mit der Kraft des unendlichen Willens zum Überleben wollte ich mir einen Weg nach oben erkämpfen, zog meine Eltern und meine Schwester mit mir, ich erreichte auch schon das Geländer – aber der Selbsterhaltungstrieb aller, die hier zusammengepfercht waren, ließ für uns keinen Raum mehr übrig. Wir waren zu spät, um weiter nach oben zu kommen.

Währenddessen sank das Schiff unaufhaltsam, der Neigungswinkel bewegte sich auf 90° zu. Und auf einmal spürten wir auch keinen Boden mehr unter den Füßen. Wir hingen nur noch am Geländer, mussten uns mit äußerster und übermenschlicher Kraft daran festhalten, um nicht abzustürzen. Es war ein aussichtsloser Halt, ein dumpfes Bewusstsein machte die angespannte Anstrengung noch für einige Momente erträglich, ließ Kräfte zuwachsen, die sich aber schon Sekunden später im hilflosen Ergeben in das Unabwendbare auflösten. Mein Vater war der Schwächste von uns, er hatte die wenigsten Kraftreserven – ehe er einfach abrutschte, seine Hände nicht mehr länger das vereiste Geländer greifen und ihn halten konnten, rief er mit letzter Verzweiflung: »Das ist das Ende!« – und stürzte in die Tiefe.

Bevor ich begriff, was mit Vater geschehen war, sah ich, dass sich in völlig kraftloser Hilflosigkeit die Hände meiner Schwester Dagmar auch vom Geländer lösten und sie wortlos, ohne einen Schrei, einfach in die dunkle See hinabstürzte. Im Fallen öffnete sich der blaue, viel zu große und zu weite Militärmantel wie eine Art Fallschirm um die immer kleiner werdende Gestalt, die scheinbar schwebend einem eisigem Tod entgegenfiel.

Ich kämpfte. Ich wollte nicht in das Dunkel fallen, ich wollte nicht in diese grässliche Ungewissheit stürzen, ich stemmte mich mit aller Kraft dagegen, ich würde mich festhalten, bis von irgendwoher Rettung käme. Ungeahnte Kräfte wuchsen mir zu, ich klammerte mich fest und wollte das Schicksal bezwingen – aber schließlich war diese Macht doch stärker als ich, und ich fiel auch.

Ich taumelte, ich stürzte, ich fiel – ich hatte vom Augenblick des Fallens an bis zum Aufprall auf das Wasser die Empfindung eines nicht endenwollenden Schwebezustands. Jedes Gefühl von Raum und Zeit war ausgelöscht. Ich war nicht besinnungslos, aber meine empfindenden Sinne waren wie ausgelöscht. Der Aufprall auf das Wasser wurde mir wohl als Schmerz bewusst, aber ich reagierte auf die eisige Kälte, auf die Wassermassen, auf Wellenberge und -täler wohl einfach nur automatisch, instinktiv. Machte mit meiner Schwimmweste unkontrollierte Bewegungen, mit denen ich mich anscheinend irgendwied über Wasser halten konnte. Ich musste mich auch erst an das entsetzliche Dunkel gewöhnen, das nur trüb erhellt war von den Lichtern des untergehenden Schiffes. Ich nahm in meiner Nähe ein kieloben liegendes Boot wahr – die nächste Welle aber trug es in unerreichbare Weite davon. Einiges später konnte ich Umrisse einer anderen möglicherweise rettenden Insel erkennen, es musste ein Schlauchboot sein, das vollbesetzt mit Menschen dahintrieb in der aufgewühlten, eisigen See. Wasser war noch nie mein Element gewesen, nun aber musste ich ausgerechnet diese Gewalt in einer Weise bändigen, wie es mir kaum je vorstellbar gewesen wäre.

Ich erreichte das Schlauchboot, ich konnte mich mit einer Hand Halt suchend anklammern, man ließ mich das auch tun. Niemand verwehrte mir das Festhalten.

Keineswegs eine Selbstverständlichkeit, wie ich viel später erfuhr. Mitten in diesem tosenden Inferno hörte ich plötzlich meinen Namen rufen – ich glaubte an halluzinierende Sinne, die mir mein nahes Ende andeuteten, aber der Ruf wiederholte sich, immer wieder: »Peggy, Kind, bist du das?« Meine Mutter hatte am selben Boot Halt finden können. Unfassbar, dass ich in diesem tosenden, wogenden und undurchdringlichen Meer von Wasser und Kälte, Menschen und Booten, Tod und Überlebenskampf meine Mutter auf einmal hörte, die mir zurief, ich solle aushalten, durchhalten, nicht nachgeben, überleben!

Meine letzte bewusste, gedachte Handlung war, dass ich meine kraftlos werdenden Hände zwischen Seil und Schlauchboot so einhakte, dass ich einfach mitgezogen wurde, egal, was aus mir werden würde, lebend oder tot.

Ich spürte allmählich, wie ich anfing, nichts mehr zu spüren. Ich weiß heute nicht mehr, ob das ein gnadenvoller Übergang zu einem endgültigen Ende gewesen wäre.

Ich habe mein Überleben den unbekannten Bootsinsassen des Schlauchbootes zu verdanken und der Schiffsbesatzung des Torpedobootes *T-36,* die unter Einsatz ihres eigenen Lebens zur Rettung vieler Menschen beigetragen haben und als Begleitschiff der *Gustloff* sofort zur Stelle waren. Aber wie wenigen nur konnte dieses Schiff Rettung und Hilfe bringen. Ein anderes Schiff, das unterwegs war, die *Admiral Hipper,* musste, ohne einen Schiffbrüchigen aufnehmen zu können, abdrehen, da die Gefahr einer erneuten Torpedierung auch dieses Schiffes nur noch mehr Menschenleben gefordert hätte. Ich habe das nicht mehr bewusst mitbekommen, man hat mir das erst viel später erzählt.

Meine Mutter hat das Inferno nicht überlebt. Ich weiß nicht, wie sie ihren Tod gefunden hat. Aber ihre Stimme im Dunkel der Nacht, Mut und noch einmal Zuwendung gebend, wird mir für immer in Erinnerung bleiben.

Ich bin in Saßnitz auf Rügen wieder zu mir gekommen. Ich wollte aber nicht mehr in dieses Leben zurück, ich wusste gar nicht, was wirklich alles geschehen war um mich herum. An meiner rechten Hand fehlten drei Fingernägel, wahrscheinlich durch mein eisernes Festhalten an dem Schlauchboot, meine Hände hatten Frostbeulen und waren auf ihre dreifache Größe angeschwollen. Ich fühlte nur entsetzlichste Trostlosigkeit und Trauer, dazu eine Verzweiflung, die mich vollkommen niederdrückte. Ich war völlig abgestorben innerlich, es dauerte lange, ehe ich überhaupt wieder den Gedanken an ein »normales« Leben zulassen konnte.

Das Leben war für niemanden zu dieser Zeit »normal«. Der Krieg mit seiner ganzen erbarmungslosen Härte und Not hatte aus den Menschen nur noch Hinnehmende oder Flüchtende gemacht, die Zukunft war in undurchdringliches Grau gehüllt.

In dieses Grau, in diese Verzweiflung hinein gab es für mich aber doch ein Wunder, das wie ein Geschenk Gottes war: Als ich »ausgeladen« wurde in Saßnitz, hatte mich ein Helfer in ein Lazarett gebracht. Dort wurde ich notdürftig mit Kleidung versorgt und, soweit es die Kriegsumstände zuließen, etwas aufgepäppelt. Vieles war nicht mehr möglich. Die Schuhe, die man mir gab, waren Knabenschuhe, in die ich gar nicht hineinpasste.

Als ich wieder einmal, es war wohl schon Mitte Februar, trostlos dasaß und auch gar nicht wusste, wie mein Leben weitergehen sollte, ging eine Tür auf, und durch sie herein kam – meine Tante Ucka, Ursula Uscinowicz, die Schwester meiner Mutter!

Es war eigentlich vollkommen unfassbar und unmöglich, dass wir uns leibhaftig gegenüberstanden, uns lebend wiederfanden. Aber irgendeine gütige Macht hat es so gewollt, und so fielen wir uns schluchzend und lauthals heulend in die Arme. Sogar der Helfer, der Ucka begleitet hatte, schluchzte mit – denn es war schnell erzählt, was uns beide miteinander verband. Dass wir uns gefunden hatten in all dem Chaos, das wir überlebt und hinter uns gebracht hatten, war für uns nahezu unfassbar. Was wir nur ahnten, aber noch nicht mit allerletzter Sicherheit wussten, war die schreckliche Tatsache, dass niemand sonst aus unserer Familie das große Unglück überlebt hatte.

Jahre später habe ich in der Zeitung gelesen, wie anders doch die Umstände in den höheren Etagen gewesen sein müssen als bei uns »Fußvolk«, das sich eng gepfercht in umfunktionierten Sälen mit Matratzen und Erbsensuppe begnügen musste. Im Magazin der ZEIT erschien im August 1979 ein Bericht von Peter Sager über eine andere Überlebende der *Gustloff*-Katastrophe. Dort berichtete Baronin Ebby Maydell von ihrer glücklichen Rettung und vor allem von ihrer Einschiffung in Gotenhafen bis zum Untergang des Schiffes. Zwar berichtete auch Baronin Maydell von den fehlenden Geleitbooten, von den vielen fehlenden Rettungsbooten und von der Tatsache, dass das lange im Hafen liegende Schiff nicht mehr schneller als 12 Knoten fahren konnte, was es zu einem leichter auszumachenden Ziel für U-Boote werden ließ als schnellere Schiffe. Aber sie erzählt auch von dem gemütlichen Essen, das sie in der Kabine eines bekannten Marinemalers, Professor Adolf Bock, einnahm. Die Unterbringung war etwas komfortabler als bei uns unten, die Behandlung sicher auch, denn Professor Bock war zu Zeiten, als das Schiff ein Lehrschiff für U-Boot-Ausbilder war, oft zum Feiern eingeladen gewesen. Dazu hatte er die Baronin wohl manches Mal mitgenommen, so dass sich nun auch auf der Flucht eine Verbindung ergab. Zwar bekam auch die Baronin nur die simple Erbsensuppe vorgesetzt, aber immerhin vom Steward serviert. Im Anschluss an das frugale Mahl las man sich dann Eichendorff-Gedichte vor. Dort steht auch wörtlich, »von der Panik unter Deck merkte die Baronin Ebby von Maydell nichts«. Ich schrieb damals an den Journalisten Sager und stellte meine etwas simplere Version neben die, dass manche Menschen Eichendorff-Gedichte rezitierend einigermaßen elegant untergingen.

Keine Rede soll davon sein, dass dieses Schicksal nicht genau so grässlich und erschütternd war wie meines und das der anderen Menschen, die diese Schreckensgeschichte lebend überstanden haben. Es waren schätzungsweise über zehntausend flüchtende, verwundete, meist verzweifelte Personen auf der einst stolzen und großen *Wilhelm Gustloff,* als sie zur rettenden Flucht über die Ostsee gestartet war.

Nur 964 kamen lebend an.

Ankunft in Berlin
und Glienicke

Anmerkung der Herausgeberin:
Ehe die Tagebuchaufzeichnungen der Tante Ucka hier fort-
geführt werden, soll noch einmal Peggy mit ihren erzählten
Erinnerungen zu Wort kommen. Sie hat zwar aus einer sehr
langen zeitlichen Distanz heraus ihre Erlebnisse geschildert,
aber anscheinend war das Erlebte so eindrücklich und wirkte
auch über vier Jahrzehnte hin noch so stark nach, dass alles in
Peggy Poles' Erinnerung äußerst lebhaft und lebendig präsent
war.
Sie beschreibt hier, wie sie im Februar 1945 mit ihrer Tante
Ursula Uscinowicz versucht hat, den Anschluss an ein eini-
germaßen normales Leben wiederzufinden. In die allgemeine
Kriegserschöpfung aller Menschen hinein war das Schicksal der
beiden Frauen aber noch über die Maßen außergewöhnlich,
unsicher und unabsehbar. Es war zunächst völlig ungewiss, wie
das Leben weitergehen, was die nächste Zukunft Peggy und ih-
rer Tante bieten würde. Die Entwurzelung war total.
Die beiden Frauen sind nach ihrer Rettung auf Rügen auf gut
Glück nach Berlin gefahren. Sie hatten dabei auch immer
noch die – zwar sehr geringe – Hoffnung, vielleicht doch ir-
gendein anderes Familienmitglied wiederzufinden, das die
Katastrophe überlebt hatte. Berlin war auch deshalb Ziel, weil
es dort Verwandtschaft gab, die möglicherweise Schutz oder
mindestens als Übergang zu einem selbständigen Leben Un-
terkunft bieten konnte. Die Situation war grauenvoll genug,
Berlin wurde ununterbrochen bombardiert, und die beiden
Frauen mussten sich mitten in diesem chaotischen Elend um
ihr Überleben sorgen.

Peggy:
Wir beide sind in einen Zug verladen worden. Ausgestattet mit einem Papier, das uns bescheinigte, wer wir waren: Überlebende der *Gustloff* und gerettet durch das Torpedoboot *T-36*. Mehr hatten wir nicht mehr als Bestätigung dafür, dass wir überhaupt existierten.

Manche der Geretteten sollten anscheinend in ein Lager kommen, darüber weiß ich aber nichts Genaues, denn ich war genug damit beschäftigt, mir zusammen mit Ucka Gedanken über unser Leben zu machen. Um andere wollte und konnte ich mich gar nicht mehr kümmern.

Die beiden Bescheinigungen,
die Peggy Poles als Überlebende der Wilhelm Gustloff *auswiesen.*

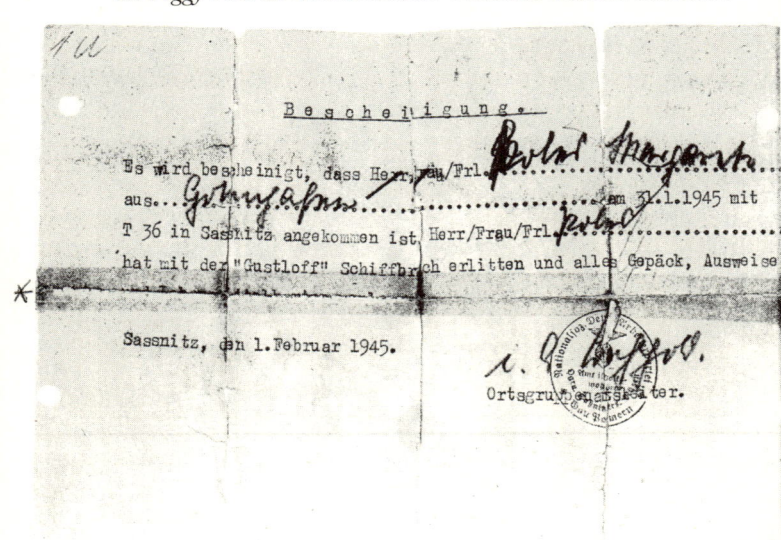

Reichsstudentenwerk

Oeff. rechtl. Anstalt

Fernspr.: 31 51 21 / Postscheck: Bln. NW 171586
Bank-Konten: Deutsche Bank, Dep.-Kasse 52,
Berlin-Charlottenburg 9, Adolf-Hitler-Platz 2;
Dresdner Bank, Depositen-Kasse 57, Berlin-
Charlottenburg 9, Adolf-Hitler-Platz 6

Reichsstudentenwerk, Berlin-Charlottenburg 2, Hardenbergstrasse 34

Bescheinigung

Ihre Zeichen:	Ihre Nachricht vom:	Unsere Zeichen:	Tag:
		arsq.	14.2.45

Betreff:

Im Reichsstudentenwerk erschien heute die
Schiffbrüchige Fräulein Margarete P o l e s,
die laut Bescheinigung der NSV-Ortsgruppe
Saßnitz vom 1.2.45 am 31.1.45 mit T. 36 in
Saßnitz angekommen ist und sämtliches Ge-
päck verloren hat.

Fräulein Poles erklärte ehrenwörtlich, daß
sie am 27.6.24 in Riga geboren ist, zuletzt
wohnhaft war in Gotenhafen, Adolf-Hitler-
Str. 18 und durch den Schiffbruch sämtliche
Ausweise und Urkunden über das Studium verloren hat. Sie hat nach ihren Angaben im
Sommersemester 1944 an der Medizinischen
Akademie Danzig Medizin 1. Semester studiert.

Nach Rücksprache mit der Abteilung Förderung des Reichsstudentenwerks, Dr. Roj,
wird die Abteilung Förderung des Studenten-
werks Berlin gebeten, ihr bis zur
Zahlung des Räumungsunterhaltes einen
Notstandsvorschuß zu gewähren.

Jedenfalls wurden meine Tante und ich in einen Zug verladen, den wir aber irgendwo verließen, weil wir beschlossen, uns auf eigene Faust nach Berlin durchzuschlagen. Wir saßen dann in einem Militärzug, es gab wohl nur noch solche zu der Zeit, in dem viele Soldaten waren, die sich alle unsere Geschichte anhörten und großes Mitleid mit uns hatten. Sie teilten ihren Proviant mit uns, gaben uns Zigaretten, und zum Schluss sammelten sie sogar ein bisschen Geld für uns, damit wir ein paar Groschen mehr hatten als das Wenige, das wir in Saßnitz bekommen hatten.

Ansonsten erinnere ich mich an die Zugfahrt nach Berlin nur mit Schrecken. Es gab einen Angriff dazwischen, es war furchtbar. Man konnte sich überhaupt nicht erholen von allen Fürchterlichkeiten. Wir mussten einfach irgendwie immer weitermachen, wenigstens versuchen, die schreckliche Irrfahrt, zu der unser Leben plötzlich geworden war zu beenden.

Berlin war unser Ziel, weil es dort Verwandtschaft gab. Die konnten wohl, oder besser: die mussten einfach, so meinten wir, etwas für uns tun. Ich hatte eine Tante dort, eine Schwester meines Vaters, Johanna. Ucka war also nicht mit ihr verwandt. Aber nach allem, was wir hinter uns gebracht hatten, war es ohnehin ziemlich unwichtig, ob und wie man miteinander verwandt war. Die einzige Frage war, wie wir beide die nächsten Tage, Wochen und Monate überstehen sollten.

Ich wusste, dass diese Tante immer eine große Nazi-Anhängerin gewesen war. Sie war sogar im Propagandaministerium bei Goebbels beschäftigt, musste also schon was ganz Wichtiges sein. Aber auch das war natürlich in unserer Notlage völlig nebensächlich. Wir mussten ja nur irgendwohin, ein Dach über den Kopf bekommen, eine Zuflucht finden – was sollte denn sonst aus uns werden?

Ich wusste nur ungefähr, wo die Nazi-Tante wohnte, aber wir schafften tatsächlich das Wunder, uns irgendwie durch Berlin durchzuwursteln und bei ihr in Haselhorst zu landen. Es schneite, als wir in Berlin ankamen, es war ja Februar, also noch tiefer Winter. Wir gingen lange Strecken zu Fuß, dann wieder erwischten wir eine S-Bahn, und irgendwann kamen wir bei Tante Johanna an. Völlig erschöpft, wie wir waren, sahen wir sicher auch ziemlich schrecklich aus. Es war ein Wunder, dass wir das richtige Haus überhaupt finden konnten. Wir klingelten. Es war früher Morgen, als wir da ankamen. In der Nacht war der Bombenangriff gewesen, den wir im Zug erlebt hatten und die Tante in Berlin auch. Sie war wohl noch nicht recht ausgeschlafen, als sie erst mal zum Fenster runter und uns beide da vor der Tür stehen sah. Sie kam an die Tür, ließ uns ein und war zunächst sprachlos. Sie hörte sich unsere ganze Geschichte ruhig an, ich war ja ihre direkte Nichte, dann sah sie an Ucka und an mir herauf und herunter und sagte die Worte, die ich nie mehr im Leben vergessen werde: »Ja, ja, der Führer hat es gesagt: Man muss Opfer bringen.« – Dabei machte sie nicht den Eindruck, dass sie auch ein Opfer bringen wollte, indem sie uns bei sich aufnahm. Wir waren vollkommen konsterniert. Ucka sah aus, als wollte sie der Tante gleich eine runterhauen, und ich habe mich nur gewundert, wie man so einen Unsinn angesichts unserer beiden trostlosen Figuren und unserer Erlebnisse reden konnte. Dass wir mit unserem Untergang in der Ostsee ein »Opfer« für den »Führer« gebracht hätten, war blanker Hohn. Trotzdem bat ich die Tante, ob wir vielleicht für eine Nacht bleiben könnten, wir würden dann versuchen, weiter zu jemandem anderen zu gehen.

Ucka und ich hatten nämlich von Anfang an vor, auch zu Tante Ida Wüst zu gehen, die wir besser kannten und zu deren Familie wir immer in engerer Beziehung gestanden hatten als mit der alten Nazi-Tante.

Also baten wir, ob man vielleicht dort anrufen könnte, damit wir uns ankündigen und auch fragen konnten, ob wir wenigstens dort unterschlupfen konnten. Tante Johanna ließ sich herbei, wenigstens das für uns zu tun, rief bei Tante Ida an, die damals eine sehr bekannte Schauspielerin war, und sagte in unserem Beisein doch tatsächlich: »Hier sind zwei Flüchtlinge, die sagen, sie seien Ihre Verwandten« – da riss auch schon Ucka den Hörer an sich und erklärte, was los war, was passiert war und wo wir gerade waren. Ida Wüst war selbst am Telefon, sagte nur, dass wir sofort, so schnell es ginge, zu ihr kommen sollten, nach Glienicke, wo sie eine Art Wochenendhaus hatte und wo sie aus der Stadt hingezogen war. Ich war sehr erleichtert, als ich das Gespräch mithörte und hoffte, dass wir nun etwas mehr Zuspruch und Hilfe bekommen würden. Meine Großmutter Boencke war eine geborene Wüst, und Ucka konnte sich noch gut an die junge Tante Lilly Wüst, Idas Schwester, erinnern, die sie einst in Russland als kleines Mädchen kennengelernt hatte. Nun lebten die beiden Schwestern zusammen.

Wir blieben also diese eine Nacht bei der Nazi-Tante. Abends wurden einige meiner total vereiterten Finger so schlimm, dass wir zu einer Rot-Kreuz-Ambulanz gehen mussten, und auch dort sagte diese Tante zu den Leuten: »Ich habe hier einen Flüchtling« – nicht etwa, dass sie mich als ihre Nichte vorgestellt hätte …

Wir schlugen uns am nächsten Tag also nach Glienicke durch, kamen dort auch einigermaßen unbehelligt an und wurden mehr als herzlich aufgenommen von den beiden Tanten. Endlich fühlten wir uns ein bisschen geborgen und nicht mehr so vollkommen heimat- und orientierungslos wie bisher.

Hier soll nun aus dem Tagebuch von Ursula Boencke weiter berichtet werden:

Glienicke

Nächsten Morgen verabschiedeten Peggy und ich uns von der »lieben Tante« und machten uns auf den Weg zu meinen Tanten Ida und Lilly nach Glienicke. Wir kamen auch irgendwie am späten Nachmittag an, wurden sehr lieb empfangen und sehr bedauert. Sollten bei ihnen einige Zeit ausruhen, und dann wollte man weitersehen.

Vom Bürgermeister erhielten wir die Aufenthaltserlaubnis wie auch die üblichen Karten für die Rationen, die damals der deutschen Bevölkerung zugeteilt wurden. Als Erstes bekamen wir ein heißes Bad und frisches Unterzeug. Als wir so gebadet und uns ein wenig erholt haben, mussten wir erst mal alles erzählen, was und wie alles passiert war mit uns. Ich konnte nicht viel berichten, mir war es nicht danach, Peggy erzählte das Meiste. Eine Nachbarin von den Tanten, Frau Ursell (sie hat wohl von ihnen erfahren, was mit uns passiert war), kam mit zwei netten Paketen, überreichte sie uns und sagte: »Das hat jede Frau nötig, außer Kleider usw.« Als wir sie öffneten – was war da drin: Kamm, Bürste, Zahnbürste, Puder, Creme, allerhand Make-ups, Lippenstift, Seife und so manches andere. Wir wussten nicht, was wir sagen sollten, und ich dachte auch im Stillen, dass ein paar Schuhe mir eigentlich lieber gewesen wäre. Aber es war trotzdem ein schönes Geschenk. Die Dame hatte nämlich eine kosmetische Fabrik und war sehr befreundet mit unseren Tanten. Sie lebte im Haus nebenan mit ihrer jüngsten Tochter und einer Haushälterin, ihre Wohnung in Berlin war halb gebombt (auf dem Kurfürstendamm), und bis sie halbwegs repariert war, kam sie oft nach Glienicke. Auch die Wohnung unserer Tanten in Berlin war total ausgebombt, sie konnten kaum was retten und lebten nun in ihrem Weekend-Bungalow am Glienicker See. Das Haus war sehr hübsch gelegen, war aber nicht groß. Jede Tante hatte ein Schlafzimmer, außerdem gab es ein großes Wohnzimmer mit Speisezimmer, Bad und Toilette, kleine Küche und ein Mädchenzimmer. Der Chauffeur und die Garage für das Auto (beides existierte nicht mehr) waren am Eingang an der Pforte. Im Chauffeurhäuschen lebte eine Schwägerin von unseren Tanten (ihr Mann war vor einiger Zeit gestorben). Wir schliefen im Wohnzimmer auf zwei Sofas (am Abend wurden sie als Betten aufgeschlagen). Hinter meinem Sofa stand der Käfig mit dem berühmten Papagei, der 150 Worte sprach und der jeden Abend, wenn man den Käfig zudeckte, sagte: »Gute Nacht, meine Goldene (er meinte Tante Ida!), schlaf wohl, meine Goldene, gib Küsschen!« Auch wenn wir am Tisch was aßen, krächzte der Vogel: »Lore hat Hunger!«, und bekam dann eine Kartoffel oder einen Kanten Brot. Auch hatten die Tanten vier Pekinesen-Hunde. Einen Rüden und drei weibliche Wesen. Tante Lilly war immer in großer Angst, wenn die Hunde läufig wurden. Damit der »King« (so hieß der Rüde) sie nicht behupfte. Sie band daher der läufigen Hündin eine »Damen-Monatsbinde« an. Trotz unseres großen Kummers mussten Peggy und ich darüber im Stillen lachen. Die liebe Tante ging mit uns in den nächsten Tagen zu der Frauen-NSDAP und bat für uns »Flüchtlinge« um Wäsche und was zum Anziehen. Obwohl ihr Haus voll mit allerhand Kleidern, Mänteln, Pelzen war, konnten sie sich davon nicht trennen. Wenn Alarm war, mussten alle in den Bunker, zuerst die Hunde, dann der kostbare Vogel und dann die Menschen (auch paar Nachbarn).

Peggy und ich wollten gar nicht in den Bunker gehen, uns war es völlig einerlei, ob eine Bombe uns auf den Kopf fiel oder nicht, aber wir mussten mit, denn die Tanten bestanden darauf. Glienicke war ja der Villenvorort, wo die meisten Schauspieler aus Theater und Kino ihre Weekend-Häuser hatten, und es kamen allerhand Leute, die Tanten zu besuchen, dabei wurden wir etwas zur Schau gestellt (es war uns nicht sehr angenehm).

Eines Tages haben Peggy und ich beschlossen, dass wir zum Bürgermeister gehen werden und ihn fragen, ob wir nicht ein Zimmer für uns alleine bekommen könnten, da es doch bei den Tanten sehr beengt sei und wir ihnen nicht zur Last fallen möchten, denn wir hatten ja als Flüchtlinge Anspruch auf eine Unterkunft. Wir bekamen auch tatsächlich ein großes Zimmer auf der anderen Seite des Sees in einer Villa bei einer Frau Krey, die mit ihrem sogenannten Mann alleine dort hauste. Am Wochenende kam ihre verheiratete Tochter mit Mann und Sohn wie auch eine Schwester öfter dorthin, aber Platz war genügend da. Wir sagten den Tanten, was wir beschlossen hatten, sie waren auch damit einverstanden. Peggy wollte auch gerne mal in die Stadt nach Berlin fahren, um Frau Konter zu besuchen, die Mutter des jungen Mannes, den sie noch in Gotenhafen kennengelernt hatte. Sie hatte gehört, dass der Freund in englische Kriegsgefangenschaft gekommen war, und wollte auch mehr über ihn erfahren, wie es ihm ging.

Wir bekamen vom Staat eine kleine Unterstützung, die aber kaum reichte. Den Tanten wollten wir nicht mehr länger zur Last fallen. Derweilen kamen die Bomben der Alliierten (Amerikaner, Engländer flogen andauernd und bombardierten die Städte). Ich erfuhr, dass ein alter Jugendfreund von mir, der in Wien mit seiner Mutter und Geschwistern lebte, als Verbindungsoffizier bei der Wlassow'schen[19] Armee ist und sich in Berlin aufhält. Ich erfuhr seine Telefonnummer und läutete ihn an. Er war selbst am Apparat. Als ich ihm sagte, was mit uns geschehen war, sagte er, dass er sofort zu uns nach Glienicke kommen wird. Es dauerte kaum eine Stunde, da war er schon da. Ich hatte ihn nicht gesehen, seit wir 1918 Petersburg verlassen hatten. Seine Eltern (sie waren österreichische Untertanen) lebten lange Zeit in Russland, der Vater war Kapellmeister am Hofe des Zaren Nicolai II.

[19] Andrei Andrejewitsch Wlassow, russischer General (1901–1946), baute in deutscher Gefangenschaft eine russische Befreiungsarmee auf und kämpfte mit der deutschen Wehrmacht gegen die Sowjetunion. Wlassow wurde 1946 in Moskau hingerichtet.

Die ganze Familie verließ nach der Revolution Russland. Romy, der einzige Sohn, war meiner Mutter Taufsohn, er beendete mit 17 Jahren das Konservatorium in Petersburg. Auch die Schwestern von ihm waren sehr musikalisch, die älteste sang sehr schön, heiratete später einen finnischen Gutsbesitzer. Als ich ihm alles erzählte, was uns passiert war und wir mit Gretel die Einzigen von unserer Familie nachgeblieben sind, war er ganz erschüttert. Er wusste, dass ich verheiratet gewesen war und einen Sohn hatte, wir haben ständig korrespondiert miteinander. Er wollte uns wohl helfen, aber im Moment ging es nicht, denn er musste in wenigen Tagen weiter an die Front, mit der Armee des General Wlassow. Der Abschied war traurig. So hatte man sich getroffen nach vielen, vielen Jahren und musste nun wieder auseinandergehen, und jeder dachte bei sich, wer weiß, ob man sich je wieder mal sehen wird?

Wir verließen also die Tanten und wohnten nun bei Frau Krey. Dort hatten wir ein geräumiges Zimmer und versuchten, uns irgendwie durchzuschlagen. Die Russen kamen immer näher, waren schon nicht mehr weit von Berlin, man hörte sogar Kanonendonner und wusste gar nicht, was kommen wird.

Es war April, und die Kämpfe um Berlin wurden immer heftiger, bis die Stadt dann Anfang Mai, und dann auch die ganze Umgegend, von den Russen eingenommen war. Natürlich waren auch in Glienicke die Russen. Eines Tages, als Peggy gerade in Berlin war, kamen die ersten, die in die Villa von Frau Krey eindrangen. Das waren (muss man wohl sagen) echte Kriminelle. Jeder von den Bewohnern hatte Angst, auch ich. Als in mein Zimmer drei Mann mit Maschinenpistolen hereinkamen, dachte ich, was wird nun werden? Soll ich mit ihnen russisch sprechen oder nicht? Ich stand in der Mitte des Zimmers, hatte lange Hosen an und ein Fliegerpulli, sah wohl sehr mies aus. Meine Uhr hatte ich in der Tasche, nur der kleine alte Wecker von den Tanten stand auf dem Tisch. Das Erste, was die Russen sagten und mich anbrüllten: »Frau, dawai Uri!« Ich schüttelte den Kopf und sagte auf Deutsch: »Ich verstehe euch nicht«, ich verstand aber sehr gut, was sie sprachen und mich von allen Seiten dabei beäugten. Dann sagte plötzlich einer auf Russisch: »Sie ist ja so dünn und halb krepiert, damit kann man nichts anfangen!«, einer spuckte aus, auf die Diele und sagte bloß: »Lass uns gehen, wir finden bessere Weiber!« Ein anderer zog aus der Tasche eine angeknabberte Tafel Schokolade und sagte sehr grob: »Nimm, Du halbkrepierte Hure, bist wohl hungrig!« Ob ich wollte oder nicht, nahm ich die Schokolade und sagte danke. Als sie fortgingen fing ich an zu zittern vor Aufregung, habe aber es den Russen nicht gezeigt, wie mir zumute war. Als sie dann das Haus durchstöberten und bei den alten Leutchen unten so manches mitnahmen, wurde es still. Frau Krey kochte anschließend für uns einen richtigen Bohnenkaffee, und wir tranken ihn gemeinsam zur Beruhigung, dass die erste Schreckenswelle vorbei war. Es dauerte aber nicht lange, da kamen paar Offiziere mit Sergeanten, sagten, dass wir unsere Dokumente vorzeigen sollten. Ich zog meinen *Gustloff*-Schein heraus, wo auch draufstand: »Geboren in St. Petersburg, Russland, Flüchtling aus Lettland.« Nolens, volens musste ich jetzt russisch sprechen und dolmetschen, was sie von den Kreys wollten. Ich kann nichts Schlechtes sagen, die Offiziere waren sehr freundlich. Sie waren vom Ersten Tankerregiment und wollten die Villa als Offizierskasino haben. In den anderen Villen und in Glienicke-Dorf wurden auch Soldaten einquartiert. Die Krey'sche Villa war sehr geräumig, dazu gab es einen großen Garten und Obstbäume. Von den Fenstern aus konnte man den Gatower Flugplatz sehen, der auch schon in den Händen der Russen war. Den beiden Alten im unteren Stock, Frau Krey und ihrem Lebensgefährten, wurde gesagt, sie sollen ihre Zimmer räumen, und sie bekamen dafür im Keller ein Zimmer. Im Übrigen sollten sie dafür sorgen, dass die Heizung in Ordnung ist, der Garten und sollten die Arbeiten im Haus machen. Mich versetzten sie in ein kleines Zimmer, ich bekam ein Bett, eine Couch (ich sagte, meine Nichte wohnt bei mir, ist aber eben in Berlin), und ich sollte Dolmetscherin sein. Ich nahm all meinen Mut zusammen und sagte zu, aber nur unter einer Bedingung, dass ich keinen Küchendienst machen müsste. Die Offiziere waren damit einverstanden und sagten, in einer Woche muss alles sauber sein, denn der Kommandant und die Offiziere mit Gefolge werden erscheinen. Wie viele, das wusste man noch nicht.

Am Abend dieses Tages kam Margarete aus Berlin, wie sie sich durchgeschlagen hat, weiß ich nicht. Die Nacht darauf hörte man großes Geschrei, auch bei uns im Hause drangen paar russische Soldaten ein. Sie sammelten junge deutsche Frauen, sie sollten mitkommen. Sie nahmen Margarete und mich wie auch einige deutsche Frauen mit. »Wohin?«, war meine Frage. Wirst sehen, war die Antwort der Soldaten, und mit Maschinenpistolen führten sie uns ab. Sie brachten uns in eine schöne Villa in Glienicke, wo im Salon auf dem seidenen Sofa ein höherer russischer

Offizier lag, ohne Stiefel, spritzbesoffen, und auf einem Tisch standen Unmengen von halbleeren Schnapsflaschen, Reste von Sakusken und alles Mögliche sonst noch. Der eine Sergeant schüttelte den Offizier und sagte: »Steh auf, Towaritsch Kommandant, ich habe Dir die Weiber gebracht.« Derselbe aber drehte sich auf die andere Seite und schnarchte weiter. Ich fragte die Soldaten auf Russisch, was sie gefeiert hatten, und die Antwort war, dass doch der 1. Mai sei! Daraufhin sagte ich: »Na schön, wollen wir trinken aufs Wohl Stalins!« (Von wo ich den Mut hatte, weiß ich nicht.) Die drei deutschen Frauen und Margarete saßen in einer Ecke und flehten mich an, ihnen zu helfen. Die Soldaten, einer stand an der Tür, die zwei anderen saßen mit mir am Tisch, gossen mir ein Glas voll mit Wodka ein und sich auch, und dann fingen wir an, aufs Wohl Stalins zu trinken. Als sie so langsam immer mehr in Stimmung waren, bat ich sie, sie sollen die Frauen doch nach Hause gehen lassen, aber damit waren sie nicht einverstanden. Sie sagten zu mir: »Du bist doch eine von den unsrigen.« Aber, von wo ich komme und warum ich russisch mit ihnen sprach, kam ihnen nicht in den Sinn zu fragen. So tranken wir weiter, dann fragte einer: »Ist das Deine Tochter?«, und zeigte auf Margarete. »Ja«, antwortete ich. »Soll das Mädel nach Hause gehen«, sagte dann einer. »Lauf Peggy«, flüsterte ich ihr zu. Sie ging auch sofort. »Na und was ist mit den anderen Frauen?«, wollte ich wissen. Die Antwort war: »Wenn die anderen Offiziere sie nicht wollen, bleiben sie für uns.« Als die Towaritschti halb beduselt waren – ich weiß nicht warum, aber auf mich hatte der Alkohol keine Wirkung –, sagte ich ihnen: »Ich warne Euch, die Frauen sind krank, und sie werden Euch anstecken.« »Ist das wirklich wahr?«, fragte einer zurück, und ich bejahte das. »*Bljadi*«, sagte ein anderer, das heißt auf Russisch: Huren. Einer spuckte aus und schaffte an: »Raus mit ihnen!« »Geht fort, so schnell Ihr könnt«, zischte ich den Frauen zu. Nun saß ich alleine da und musste mir überlegen, wie komme ich nun selbst los von ihnen? Derweilen schnarchte der Offizier auf dem Sofa weiter, und die Soldaten wurden allmählich auch müde und nickten ein. Ich schlich mich heraus, es wurde schon hell draußen – wie ich nach Hause kam, weiß ich bis heute nicht. Nach so vielen Schnäpsen und wenig was zu essen wurde mir schwindelig an der frischen Luft. Ich torkelte den ganzen Weg entlang, so schnell ich konnte. Als ich endlich da war, fiel ich auf meinem Bett halbtot um und schlief ein. Nächsten Morgen brummte mir aber doch mein Schädel.

Einen Tag darauf wurde die Krey'sche Villa von den Offizieren besetzt, mit allem Gefolge, Koch, Offiziersburschen usw. Aus meinem Zimmer entfernten sie Schloss und Schlüssel, das war sehr unangenehm, denn jede halbe Stunde kam jemand herein, um was zu fragen oder sich einfach zu unterhalten. Wenn sie zu zweien kamen, passte einer auf den anderen auf, um nicht zu vieles zu sagen, was nicht für meine Ohren war. Kam aber einer alleine, um mit mir zu sprechen, so erfuhr man so manches. Zum Beispiel waren sie erstaunt und haben sie nie gewusst, dass ein einfacher Arbeiter so gut in Deutschland lebte, dass er seine Wohnung, Radio, Bad, ein Fahrrad hatte. Das gab's nicht in Russland, dass ein Arbeiter in solchen Umständen lebte.

Peggy war meistens in Berlin, sie hatte eine Stelle bekommen bei einem Zahnarzt als Gehilfin und kam ab und zu nach Glienicke.

Nicht weit von Glienicke war ein Lager, wo ukrainische Mädchen waren, die im Krieg für die Organisation Todt[20] gearbeitet hatten. Sie sollten eigentlich nach Hause geschickt werden, aber derweilen haben die Offiziere sich mit ihnen verlustiert, es war bei uns wie ein Bordell im Hause. Ich musste, ob ich wollte oder nicht, mir einen Offizier aussuchen, dessen »Freundin« ich wurde, dann ließen die anderen mich wenigstens in Ruhe. Der gute Mann kam meistens stark angeheitert zu mir, stand in der Türe und sagte in einem einmaligen Gemisch aus Deutsch, Russisch und Polnisch: »Komm, Panenka, schlafen, morgen gebe Uhr, *wszystko j edno wojna, snimai skorej schtany!*«[21] Meistens fiel er dann aufs Bett und schlief sofort ein. Ich saß dann zusammengekauert die Nacht auf der Couch (wenn Peggy nicht da war). Wenn der Mann am Morgen mit einem dicken Schädel erwachte, war seine erste Frage, ob ich mit ihm »geschlafen« habe, und natürlich sagte ich ihm immer, dass es so gewesen ist. Dann musste er schnell zum Dienst und verschwand. So war es öfters.

Einmal kam Peggy nach Hause mit hohem Fieber. Ich holte den deutschen Arzt. Es war ein Anfall von Typhus. Sie bekam paar Tage hintereinander Spritzen, und es wurde besser. Dem Kommandanten sagte ich, was sie hatte und dass keiner in mein Zimmer herein darf, bis sie nicht gesund ist. Mich ließen sie auch diese Zeit in Ruhe. Die Russen hatten große Angst vor ansteckenden Krankheiten. Was sollte ich Margarete nur zu essen geben, damit sie

[20] Die »Organisation Todt« wurde 1938 als Bauorganisation für militärische Anlagen gegründet, 1942 von Albert Speer fortgeführt.

[21] Frei übersetzt: »Komm, Fräulein, es ist ja Krieg, zieh schnell die Hose aus.«

216

wieder auf die Beine kommt? Der Koch war ein anständiger Junge und steckte mir so einiges zu. Dann ging ich mal auf die Suche nach Milch. Vor einem Tennisplatz von einer Villa war ein schöner Rasen und da weideten paar Kühe. Drei Kalmücken,[22] russische Soldaten, saßen da und kochten irgendwas auf einem Feuer im Kessel. Ich kam zu ihnen (ich hatte eine Kanne dabei) und bat, ob sie mir nicht ein wenig Milch geben könnten, meine Tochter sei krank. Ich sollte mich zu ihnen setzen und mit ihnen einen Becher »Kaffee« trinken, den sie kochten im Kessel, mit Milch und Zucker und wenig Kaffee drin (von wo sie das hatten, war unklar, vielleicht geklaut), es schmeckte scheußlich. Ich habe mich mit ihnen ganz freundlich unterhalten, da sagte plötzlich einer, der neben mir saß: *»Ja tjebja nemnogo poschtschupaju«* – das hieß: Komm, ich werde Dich ein wenig befühlen! »Tu das nicht«, sagte ich ihm, »ich habe keine Rippen mehr auf der linken Seite« (er saß links von mir). Da hat er mich sehr bedauert. Ich musste sagen, warum ich sie nicht habe, und er ließ ab von mir. Ich bekam die Kanne voll mit Milch, bedankte mich und zog los. So schnell wie möglich. Es waren paar anständige Soldaten und hatten wohl Mitleid mit mir. Als Peggy wieder auf den Beinen war, ging sie wieder nach Berlin und blieb eine Zeit lang bei Frau Konter, ihrer zukünftigen Schwiegermutter. Denn deren Sohn, Peggys alter Freund, war zurückgekommen aus der Gefangenschaft, und sie wollten irgendwann heiraten.

Nun war was in der Luft, die Potsdamer Konferenz[23] sollte stattfinden. Per Flug kamen die Alliierten Truman,

---

[22] Kalmücken: mongolisches Volk.
[23] Potsdamer Konferenz: 17. Juli bis 2. August 1945.

Churchill, Stalin nach Gatow. Die ganze Chaussee vom Flugplatz bis Potsdam wurde abgesperrt von den GPU[24]-Soldaten (jede zehn Schritte war einer schwer bewaffnet). Den Offizieren im Kasino behagte es nicht, denn einige von den Offizieren von der GPU wurden dort beköstigt. Wie ich so herausbekam, mochten diese Panzeroffiziere die GPU-Leute nicht sehr leiden und wurden sehr vorsichtig. Sie benahmen sich jetzt musterhaft, es wurde nicht viel gesoffen, keine Weiber usw. Als die Konferenz zu Ende war, atmen sie alle auf, sagten aber keinen Ton, und es wurde groß gefeiert (allerdings im Stillen).

Als die Konferenz in Potsdam zu Ende war, wurde Berlin und Umgegend in vier Sektoren eingeteilt, die Russen erhielten Ostberlin wie auch Potsdam und Umgebung. Die Franzosen den Norden, die Engländer den Westen und die Amerikaner den Süden. Die eine Hälfte des Glienicker Sees fiel zu den Russen wie auch die Chaussee bis Potsdam, die andere kam zu den Engländern wie auch Spandau und die Hälfte des Wannsees. Die Russen mussten die besetzte Villa von den Kreys räumen, das ging sehr schnell, ich blieb aber dort, und paar Flüchtlinge aus dem Osten bekamen vom Bürgermeister ein oder zwei Zimmer. Die Kreys atmeten auf. Nun konnten sie ihre Zimmer unten wieder bewohnen und schafften fleißig im Garten. Die Tanten Wüst blieben auf der russischen Seite, ich ging sie ab und zu besuchen. Es war knapp mit Lebensmitteln, und auf Karten erhielt man auch nicht sehr viel.

Ich musste ja irgendwie Geld verdienen. Frau Krey und ich kamen auf die Idee, Puppen aus Stoffresten zu machen, da es kurz vor Weihnachten war. Von den Tanten

[24] GPU: Geheimdienst der Sowjetunion.

und ihren Bekannten bekam ich so manches zusammen. Aus Stoffresten und Sägespänen entstanden die Püppchen. Wir fabrizierten »Maruschken« in ihren Nationalkostümen. Die ersten waren nicht sehr schön, aber später hatte man schon Übung darin. Peggy verkaufte die Püppchen in Berlin und kam immer mit neuen Aufträgen zurück. Die fertigen Püppchen saßen auf meinem Bett. Öfters klopfte es an meiner Tür, und die kleinen Mädchen von der Umgebung und auch die Flüchtlingskinder kamen und bestaunten die Püppchen. Wir verdienten daran eigentlich ganz gut und teilten es in drei Teile.

Nun kam Weihnachten 1945. Das erste Mal ohne Krieg. Ich organisierte ein wenig Mehl, Rübensirup, paar Eier und Gewürze und buk daraus paar Pfefferkuchen. Ich machte auch einen Stollen, sparte mit Fett und Zucker, und es kam doch was ganz Gutes heraus dabei. Am Hl. Abend ging ich zu einigen Flüchtlingskindern mit den missratenen Püppchen und paar Pfefferkuchen und sagte, der Weihnachtsmann hat mir angesagt, zu wem ich gehen soll. Es war ein sehr trauriger Hl. Abend für mich. Ich musste die ganze Zeit immer an die Meinigen denken, die alle in der Ostsee ertrunken sind. Und Peggy war auch nicht da, sie war in Berlin bei der künftigen Schwiegermutter. Den ersten Feiertag wurden Peggy und ich eingeladen zu Frau Ursell (eine Bekannte von den Tanten), die jetzt in ihrer halb ausgebombten Wohnung auf dem Kurfürstendamm lebte. Ich packte meine zwei Weihnachtsstollen ein und fuhr ziemlich früh los mit der U-Bahn, zuerst zu Fuß bis Kladow, dann mit dem Dampfer über den Wannsee, und dort war auch auf der anderen Seite die U-Bahn. Als ich auf dem Bahnsteig auf die Bahn wartete, standen dort zwei deutsche feldgraue Soldaten, sehr mitgenommen und elend sahen sie aus. Ich fragte, von wo sie herkommen, und sie erzählten, dass sie aus der russischen Gefangenschaft entlassen worden waren, nach Hause wollten. Da es Weihnachten war, schenkte ich ihnen einen Stollen. Sie waren sehr froh darüber und sagten, so was hätten sie lange nicht mehr gesehen. Bei Ursells war es nett und gemütlich, und ich blieb da auch zur Nacht.

Ich war froh, als die Feiertage vorbei waren. Die Tanten besuchte ich zu Neujahr. Ende Januar, am ersten Todestag unserer lieben Ertrunkenen, bestellte ich beim Pfarrer einer kleinen katholischen Kirche, nicht weit von Kladow, eine Totenmesse. Ich erzählte ihm von unserem Schicksal, und er nahm keinen Pfennig von mir. Ich sagte ihm, dass ich mich oft fragte, warum bin ich am Leben geblieben, ich hatte doch den lieben Herrgott gebeten, schneller zu sterben, als ich so im eisigen Wasser in der Ostsee herumpaddelte. Seine Antwort war: »Liebe Frau, Sie wissen nicht, für wen Sie noch mal nötig sind in diesem Leben!«

Ich erfuhr eines Tages, dass meine gute Freundin Ursi aus Riga und ihre Mutter sich in Potsdam befinden. Ich schrieb ihr, und die Freunde war groß. Sie antwortete mir, dass der Bürgermeister von Potsdam zwei Damen sucht, die gut Russisch sprechen und schreiben können, für einen General (ein hohes Tier) als Dolmetscherin. Ich fuhr hin. Beide heulten wir, als wir uns wiedersahen. Von ihrem Mann wusste sie auch nichts, zuletzt war er an der Kurlandfront gewesen. Wir machten uns auf zum General. Derselbe empfing uns sehr freundlich, versprach uns goldene Berge, wir sollten bei ihm arbeiten, und es würde uns an nichts fehlen. Er war zuständig für die Verpflegung der russischen Armee. Wir baten um einen Tag Bedenkzeit und verabschiedeten uns. Sein Büro war nicht weit von Sanssouci in einem kleinen Schloss. Als wir durch den Park zu Ursis Wohnung gingen, wurden wir von zwei russischen Soldaten (schwer bewaffnet) angehalten und mussten mit ihnen zur Kommandantur. Dort verhörte uns ein junger GPU-Offizier, warum wir durch diesen Park gingen. Es war verboten, aber wir wussten das nicht und wollten nur den Weg abkürzen. Mussten unsere Papiere vorweisen. Ursi hatte den deutschen Pass, ich nur den *Gustloff*-Schein. Ein Soldat mit Marinepistole und ein Sergeant standen dabei. Der Offizier verstand wohl Deutsch, als er meinen Schein las und hin und her wendete. Fragte uns, von wo wir kommen. Wir sagten die Wahrheit, wo wir gewesen waren und dass der General X (den Namen habe ich vergessen) uns als Dolmetscherinnen engagiert hatte. Mich fragte er, ob ich in Leningrad geboren bin, ich sagte: »Ja, in Petersburg.« Dann wollte er wissen, warum ich aus Lettland fortgefahren bin, wo mein Mann ist und so immer weiter. Ursi ließ er in Ruhe. Der Sergeant flüsterte ihm ziemlich laut zu, ob er uns jetzt abführen solle. Da packte mich die Wut, ich klopfte mit der Faust auf den Tisch (mir war es egal, was dann passieren würde) und verlangte, dass der Offizier den Sergeanten sofort zum General schickt, um zu fragen ob wir die Wahrheit sagen. Der Offizier war ganz perplex, dass ich ihn so anbrüllte (Ursi gab mir unter dem Tisch einen Puff und wurde ganz bleich). Er schickte aber wirklich den Sergeanten weg. Derweilen aber fing er mich wieder an auszufragen, wer mein Mann gewesen war, was für eine Beschäftigung er gehabt hatte, was mein Vater in Russland war. »Kaufmann«, antwortete ich. »Also Bourgeois«, sagte er sehr ironisch. Dann wollte er noch wissen, wann mein Vater gestorben war und wo. »Es geht sie gar nichts an«, war meine grobe Antwort. Nach einer Weile kam der Sergeant zurück, flüsterte dem Offizier was ins Ohr. Dann sagte der GPU-Mann: »Ihr könnt gehen, aber wenn man euch noch einmal in dieser Gegend antrifft, dann gibt es kein Pardon.« »Das brauchen Sie uns nicht zu sagen«, war meine Antwort. Wir waren froh, als wir bei Ursi zu Hause ankamen, uns zitterten wirklich die Knie. Potsdam sah mich nicht mehr, und Ursi bat den Bürgermeister, nachdem sie ihm erzählt hatte, was mit uns passiert war, dem General zu sagen, dass wir auf die Stelle verzichten. Ursi blieb beim Bürgermeister als Dolmetscherin tätig und hörte später, dass der General getobt hat und dem Offizier seine Meinung gesagt hat. Später bekam ich eine Stelle als Dolmetscherin in Ostberlin in einer Fabrik, war dort nicht sehr lange, wurde aber sehr gut bezahlt. Doch der Weg von Glienicke über Kladow und dann über den Wannsee und weiter per U-Bahn war zu weit und sehr ermüdend. Ich bekam durch einen Bekannten von Frau Ursell, einen Dänen, den sie pro forma geheiratet hatte, um ihre Fabrik zu retten, eine Stelle bei der Dänischen Militärmission als russische Korrespondentin und Übersetzerin. Ich konnte ja gut die russische Sprache sowie Deutsch, Französisch und auch nicht schlecht Englisch. Konnte schreiben auf der Schreibmaschine mit den russischen wie auch auf der mit den lateinischen Tasten. Zuerst musste ich beim General der Dänischen Militärmission in seiner Villa in Nicolassee zur Probe arbeiten. Man war mit mir zufrieden und ich wurde fest angestellt. Nun hieß es, eine andere Wohngelegenheit zu suchen, denn in Glienicke wollte ich nicht bleiben. Durch Baronesse Helene D., die eine Freundin von Lusja gewesen war und auf der Fasanenstraße in Berlin lebte, bekam ich ein Zimmer in Nicolassee bei einer Frau Geheimrat Dr. Steffeck. Umgezogen bin ich schnell. Von der Militärmission kamen zwei Sergeanten mit dem Wagen. Ich hatte ja kaum paar Sachen, zahlte Frau Krey für einen Monat voraus noch die Miete, benachrichtigte die Tanten, dass ich umgezogen bin und eine gute Stelle bei den Dänen bekommen habe.

Somit begann meine feste Bleibe in Berlin.

Berlin

Nach meiner Übersiedlung nach Nicolassee wohnte ich also in einem möblierten Zimmer bei Frau Geheimrat Dr. Steffeck, die man auch stets so titulieren musste (ihr Mann war der Geheimrat). Das Zimmer war ganz bequem, ich zahlte auch ganz gut dafür, bekam von ihr am Morgen zwei Liter heißes Wasser in einem elektrischen Kessel für meinen Tee oder Kaffee; das Wasser musste auch reichen, um sich am Morgen einigermaßen zu waschen (Etagenwäsche). Ich sollte das Zimmer nicht verschließen, denn sie hatte sich angeboten, es selbst in Ordnung zu halten (sie witterte einen Vorteil). Da ich wenig persönliche Sachen hatte, Wertsachen überhaupt keine, so war es mir einerlei, was sie da macht. Von den Esspaketen, die wir in der Dänischen Militärmission jeden Monat bekamen, hielt ich nur das Nötige im Schrank, ein wenig Kaffee, Milchpulver oder Dosen, Marmelade und Butter sowie Brot. Alles andere aber war bei mir im Büro in meinem Schrank. Wenn ich wusste, dass mich jemand am Abend besuchen wird, brachte ich paar Konserven und Salamiwurst mit. Immer bekam auch meine Wirtin davon was ab. Einmal machte sie aber eine Bemerkung, warum ich meinen Bekannten das alles vorsetze. Ich gab ihr eine ziemlich grobe Antwort darauf. Später erwähnte sie das nie mehr, aber mit der Zeit habe ich gemerkt, dass sie an meinen Schrank ging, Kaffee nahm, Zucker, Milch und auch Marmelade naschte. Also legte ich ein Schloss an den Schrank, hatte aber keine Bemerkung deswegen gemacht. Als sie es wahrgenommen hatte, wurde sie sehr schnippisch zu mir und sehr boshaft. Bis ich ihr sagte: »Ich bin Frau Magister Ingenieur Ursula

Uscinowicz und verbitte mir allerhand Bemerkungen.« Einen Winter habe ich es bei ihr ausgehalten, dann bot Frau Ursell (die Bekannte von Tante Ida Wüst) mir an, bei ihr zu wohnen, ich konnte im Speisezimmer auf der Couch schlafen. Sie wohnte auf dem Kurfürstendamm in einem halb ausgebombten Hause, wo wir auch unser erstes Friedenssylvester gefeiert hatten, mit ihrer Tochter und dem alten treuen Dienstmädchen sowie auch einem kleinen Pekinesenhund, »Bollienchen« genannt. Ich wurde nicht klug, ob sie von ihrem Mann geschieden oder ob er gestorben war. Sie hatte jedenfalls ihren jungen boyfriend, der Däne war und der ihr Sohn hätte sein können, geheiratet, um ihr Unternehmen zu retten. Sie war eigentlich eine sehr charmante Frau, auch sehr gebildet und, wie man heutzutage sagt, »sexy«. Ich verbrachte eine nette Zeit bei ihr, Johanna (das Dienstmädchen) sorgte für unser leibliches Wohl, und von mir bekam sie einen Teil meiner *Care-Pakete*, und natürlich zahlte ich auch für meine Bleibe. Es war aber hundekalt, im großen Speisezimmer zu schlafen, aber dank der Johanna, die mir jeden Abend zwei Wärmflaschen ins Bett legte, ging es so einigermaßen. Somit hatte ich wirklich ein nettes Logis.

Peggy wohnte damals schon bei ihrer Schwiegermutter, und da der Sohn ziemlich früh aus der englischen Gefangenschaft nach Hause kam, heirateten die beiden. Peggy machte ihr Lehrerin-Examen und wurde Lehrerin in einer Schule, die nicht weit entfernt davon war, wo sie wohnten. Ihr Herr Gemahl fing auch zu studieren an (auf ihre Kosten), er wollte auch Lehrer werden.

Nun, so ging das Leben in Berlin weiter. Ich fuhr jeden Morgen bis zum Tiergarten mit der Straßenbahn und lief dann zu Fuß durch den Tiergarten bis zur Militärmission, die in der früheren Dänischen Gesandtschaft war (es gab noch keinen Dänischen Gesandten gleich nach dem Kriege). Meine Arbeit war sehr interessant. Man hatte viel mit den Russen zu verhandeln, denn die Dänen hatten Ländereien in Deutschland, und viele von ihnen hatten vor dem Kriege und vor der Besetzung Dänemarks durch Hitler auch Geschäfte in Deutschland. Vieles lag in der russischen Zone, was zu bearbeiten war.

Ich arbeitete mit einem dänischen Major zusammen, der auch ziemlich gut Russisch sprach (er hatte eine Russin zur Frau), auch unser General (das Haupt der Dänischen Militärmission) verstand ein wenig Russisch, denn er war mal Dänischer Gesandte in Kowno (Kaunas) in Litauen gewesen. Ich musste all die Briefe, die an die Russen gingen, auch ins Deutsche oder Englische übersetzen und zu gleicher Zeit auch tippen. Ich hatte zwei Schreibmaschinen, eine mit russischen (kyrillischen) Tasten und eine mit lateinischen, die auf zwei Tischen vis-à-vis standen. Ich musste man mal auf der einen, dann wieder auf der anderen tippen. Blind konnte man es nicht, denn die Tasten waren ja verschieden und man musste ziemlich aufpassen. Aber auch an das gewöhnte man sich.

Die Dänen waren sehr nett zu mir, sie kannten mein Schicksal, auch die anderen Kollegen, es waren auch Deutsche dort beschäftigt, die früher bei der Dänischen Gesandtschaft gearbeitet hatten und von denen keiner ein Nazi-Anhänger gewesen war – sonst hätten sie keine Arbeit dort bekommen. Manche von den Damen konnten auch Dänisch, ich brauchte es nicht, da ich Deutsch, Russisch und Englisch sprach. Ich fuhr auch öfters nach Karlshorst zu den Russen mit einem dänischen höheren Offizier und musste dort dolmetschen.

226

Die Russen konnten an sich ganz gut Deutsch oder Englisch verstehen, aber taten so, als ob sie die Sprache nicht könnten, und ich musste daher übersetzen. Sie wussten meinen Namen, ich hatte ja einen Ausweis von der Dänischen Militärmission, auch mit Foto, aber es stand nicht drin, wo ich geboren war und von wo ich komme. Mein Name war ja polnisch, und sie lobten immer, dass ich so gut Russisch spreche und schreibe, und interessierten sich stets, wo ich das gelernt habe. »In Berlin«, war dann immer meine Antwort.

Als die Alliierten sich nach dem Kriege in Berlin eingelebt hatten, wurden oft Partys gegeben, zu denen wir von der Dänischen Militärmission auch eingeladen wurden. Ich ging da nie hin. Aber einmal machten die Russen eine Bemerkung und fragten, warum ich nie zu ihren Partys käme. Ich hatte immer eine Ausrede.

In Berlin fingen dann so in den Jahren 1946 und 1947 Kabaretts, Theater und Oper (im russischen Sektor) zu spielen an, es gab auch Kinos mit amerikanischen, englischen und alten deutschen Filmen. Wir von der Mission konnten mit unseren Ausweisen an jeder Kasse (ohne feste Reihe) ein Ticket bekommen. Es war ganz schön, so konnte ich ab und zu mal ins Theater gehen.

Ab und zu besuchten mich Peggy und ihr Mann Gerhard. Sie kannten ja auch sehr gut Frau Ursell, bei der ich wohnte. Ich ging auch zu den beiden manchmal hin, dann brachte ich ihnen was von meiner Ration, die ich von den Dänen bekommen hatte, mit. An Weihnachten wurde uns erlaubt, für unser eigenes Geld was für Weihnachten zu bestellen, da ein plombierter Laster nach Dänemark fuhr und mit allen schönen Sachen zurückkam. Ich bestellte auch so viel, wie viel ich ausgeben konnte, eine Gans,

Aquavit und den schönen Kirschlikör. Die Gans teilte ich, eine Hälfte bekam Peggy, die andere meine Wirtin Frau Ursell. Alle waren froh darüber.

In Berlin traf ich auch eine alte Freundin von mir wieder, Maiga Sillins. Sie hat irgendwie erfahren, dass ich Lettland 1944 mit Mann und Kind verlassen hatte, und sie wusste auch alles von uns über die Katastrophe der *Wilhelm Gustloff*. Ihr Mann, den ich mal gut kannte und mit ihm sehr befreundet war, starb am Herzschlag, als er während eines Angriffs auf Berlin in den Bunker lief. Ihn hatte ich ein letztes Mal noch in Riga gesehen während der deutschen Okkupation. Er besuchte uns, war auch mit meinem Mann befreundet, sie waren beide Corpsstudenten in der »Gotonia«. Beim Abschied sagte er damals zu mir: »Weißt Du, ich werde wohl nicht sehr lange leben«, er wurde auch schon vom Militärdienst befreit wegen eines Herzfehlers. Maiga war Zahnärztin und lebte mit Mutter und Tochter in Berlin und praktizierte auch dort. Ich besuchte sie öfters, damals konnte man noch unbehindert nach Ostberlin per U-Bahn fahren. Ihre Patienten waren meistens Russen, die versessen auf Goldkronen waren (das Gold klauten sie von irgendwo), und Maiga musste die guten Zähne abfeilen und Goldkronen draufsetzen. Bekam gut bezahlt, und dabei schleppten sie ihr Proviant an, was zu der Zeit in Berlin knapp war. Auch meine Zähne hatten durch die Katastrophe was abgekriegt, und ich musste auf die Vorderzähne Jacketkronen bekommen. Maiga hatte einen Techniker, der für teures Geld es machte. Gerade, als sie anfing meine Zähne in Ordnung zu bringen, kam die Geldentwertung der Mark, der Techniker nahm nicht mehr die alte Reichsmark, er wartete – und ich lief mit abgefeilten Vorderzähnen herum, die wie

Mausezähnchen aussahen. Es war ziemlich peinlich, denn ich musste ja im Büro sein. Alle Kollegen haben mich bedauert und gelacht, aber nach paar Wochen, als die D-Mark stabilisiert war und wir auch das neue Geld im Büro bekamen, konnte ich den Techniker bezahlen mit der neuen Währung. In diesem Sommer 1948 bekam ich Urlaub, und die Dänische Militärmission arrangierte, dass ich nach Hamburg fliegen konnte bzw. nach Husum. Dort hatte der älteste Bruder meines Mannes Michael Uscinowicz sich als Arzt niedergelassen, als sie Polen verlassen mussten, wo er nach der Umsiedlung aus Riga erst seine Praxis gehabt hatte. Es war ein trauriges Wiedersehen, geheult haben wir alle, mein Schwager und Schwägerin wie auch die beiden Töchter Ira und Ewa, schon recht erwachsene Mädels, die noch zur Schule gingen. Sie waren lieb und gut zu mir. Von den Dänen bekam ich ein extra Carepaket, und es war ein großes Geschenk damals, denn in Husum war auch ziemlich alles knapp. Ich verbrachte eine gute Woche bei ihnen und flog zurück nach Berlin.
Dann nach paar Wochen kam die »Berlin-Blockade«[25], es war schlimm, man wusste nicht, was die Russen im Sinne hatten.

Margarete hatte 1947 ihr erstes Kind bekommen. Einen Sohn, der auf den Namen Eberhard getauft wurde, die ganze Familie freute sich über den Stammhalter. Sie hatte es ja nicht leicht, musste zurück zur Schule, um Geld zu

[25] Die Berlin-Blockade dauerte von Juni 1948 bis Mai 1949. Sie war die Reaktion der Sowjetunion auf die Währungsreform. Die Versorgung Westberlins während dieser Zeit erfolgte durch die berühmte Berliner Luftbrücke.

verdienen, und die Großmutter passte auf das Kind auf. So viel ich von meinem Carepaket entbehren konnte, bekam Margarete, aber eines machte ich ihr zur Bedingung: Nie sollte sie ihrer Tante Johanna was abgeben! Die hatte uns ja so miserabel behandelt, als wir nach der Katastrophe als arme Überlebende zu ihr kamen. Nach dem Kriege war die große Nazi-Dame »Trümmerfrau«[26] und starb auch bald. Aber Mitleid mir ihr hatte ich wirklich nicht.

Es wurde immer knapper mit der Verpflegung in Berlin. Der »Schwarzmarkt« florierte, und für Juwelen, Zigaretten, Nescafé konnte man alles bekommen. Ständig wurde man abends spät auf dem »Kudamm« angehalten: »Haben Sie Gold, haben Sie amerikanische oder englische Zigaretten?« Die Russen verlangten von den Alliierten, dass sie den Zoo-Bunker sprengen sollten. Wochenlang haben die englischen Sprengfachleute daran gearbeitet (er lag nämlich in der englischen Zone), und eines Tages war es dann so weit. Wir in der Militärmission, die nicht weit vom Bunker im Tiergarten entfernt war, mussten den Tage der Sprengung aus dem Hause heraus, alle Fenster öffnen, die Schreibmaschinen und sonstige zerbrechliche Sachen auf die Diele stellen und dann hinaus auf die Straße. Wir versammelten uns alle auf der Siegesallee (nicht weit vom Brandenburger Tor), von dort konnte man den Bunker gut sehen. Punkt 1 Uhr mittags sollte er gesprengt werden. Am Denkmal waren auch diverse Presseleute versammelt, alles wartete auf das historische Ereignis. Um 1 Uhr gab es dann einen großen Knall, es stieg eine große Rauchwolke auf, und als sie sich verzog – stand der Bunker immer noch!

---

[26] Frauen, die nach dem Krieg die Städte von den Trümmern befreiten und damit erträgliche Grundlagen für einen Neustart schufen.

Er war aber zu einem großen dicken Pfannkuchen zusammengesackt, nicht in die Luft geflogen, wie man erwartet hatte. Großes Gelächter allerseits, dann verzog sich die Gesellschaft, wir auch zurück ins Büro. Am nächsten Morgen aber stand auf dem Bunker mit großen Buchstaben geschrieben: »Made in Germany!« Erst nach einigen Monaten wurde er nochmals gesprengt.

Als es Herbst wurde, war immer noch die Blockade, und über Berlin flogen andauernd Flugzeuge mit Kohle und Proviant für das tägliche Leben für die Westberliner. Die Stimmung war nicht sehr schön, auch bei uns nicht in der Militärmission. Die drei Alliierten hatten beschlossen, die Flüchtlinge aus den baltischen Provinzen (Letten, Litauer und Esten), die sich in Zehlendorf in einem Lager aufhielten, aus Deutschland fort zu transportieren. Es wurde genau verteilt, wie viel Menschen jedes Land – England, Amerika und Frankreich – aufnehmen sollte. (Nur die sehr Alten, die Behinderten und Arbeitsunfähigen konnten bleiben und wurden in Heimen untergebracht.) Es waren billige Arbeitskräfte für jedes dieser Länder. Ich war auch ein Flüchtling aus Lettland (wir hießen damals *displaced persons*). Die Dänen konnten mich nicht nach Dänemark senden, haben mir aber sehr geraten, nach England zu gehen. Zunächst als »*visitor*«, und rieten mir, ob ich nicht jemanden in England wüsste, der mir eine Einladung schicken würde. Auch die Engländer, mit denen wir viel zusammenarbeiteten, rieten mir das. Sie meinten, da ich so einige Sprachen beherrschte, dass ich wohl sicher bei der BBC ankommen könnte. Ich schrieb meinem alten Freund von früher, Mark D. Ich kannte zwar nur seine Clubadresse in London, dorthin sandte ich den Brief. Bekam auch bald eine Antwort, dass ich kommen soll, er wird mir eine Einladung senden und später auch zu einer Arbeit verhelfen. Daraufhin bekam ich ein Einreisevisum nach England. Es war ein schwerer Entschluss, Deutschland zu verlassen, wo ich doch noch so manche alte Bekannte hatte. Aber als lettischer Flüchtling und ohne jegliche Papiere war es unmöglich, wenn man nicht gerade große Protektion hatte, in Deutschland festen Fuß zu fassen. Die Dänen konnten mir leider nicht helfen, da die Lage in Berlin sehr brenzlig war.

Ich packte zwei Koffer, die ich im Austausch für Speck und Butter organisiert hatte, kaufte ein Flugzeugticket bei der BEA[27] nach London. Den Tanten Wüst teilte ich eine Woche vorher mit, dass ich nach England gehe (ich fuhr dafür speziell nach Groß Glienicke). Ich hatte nur noch wenig Kontakt mit ihnen und sah sie auch selten, daher war es auch nicht so schwer, mich von ihnen zu verabschieden. Frau Ursell gab eine kleine Abschiedsparty, zu der natürlich auch Peggy mit Mann eingeladen war. All meinen ersparten Proviant bekam zur einen Hälfte Frau Ursell und die andere Peggy. Sie brachte mich zusammen mit ihrem Mann Gerhard am nächsten Tag zum Flugplatz Gatow. Der Abschied war sehr traurig.

Ich dachte immer, wie Peggy wohl alles schaffen würde? Sie hatte zwar einen ganz netten Mann, auch einen Sohn, und auch die Schwiegermutter war ganz gut zu ihr. Aber ich war ihr doch die Nächste und ein Stück von ihrer früheren Heimat.

Adieu Berlin! Wann sehe ich Dich wohl mal wieder? Wer weiß.

---

[27] BEA: British European Airways, Vorgänger der heutigen BA – British Airways.

Es begann wieder ein ganz neuer Abschnitt in meinem Leben.

England, London
Am 7. November 1948 angekommen

Es war neblig und kalt, als das Flugzeug landete. An der Sperre musste ich meine Papiere vorweisen, und der Beamte fragte mich auch, ob ich nicht einen Brief von meinem Bekannten hätte, in dem stand, dass er mich auf drei Monate zu Besuch einlädt. Ich zeigte ihm den Brief, und er war sehr überrascht, dass man mir verhelfen wollte, eine Stelle in London zu bekommen. Ich hatte nämlich ein Papier beim Erhalten des englischen *visitor*-Visums unterschreiben müssen, dass ich keine Stelle in London suchen würde (das hatte ich ganz vergessen, sonst hätte ich den Brief von Mark D. nicht vorgezeigt). Der Beamte strich mein Aufenthalt von drei Monaten durch und schrieb, dass ich nur einen Monat in England bleiben kann, da ich nicht mit den anderen lettischen Flüchtlingen nach England gekommen war. Das war ein großer Schock für mich. Vom Flugplatz brachte ein Bus die Passagiere nach Highstreet, Kensington, wo das Hauptbüro der BEA damals war. Dort erwartete mich Mark, der alte Freund, mit seinem kleinen Wagen und brachte mich fürs Erste zu sich nach Hause (nicht weit vom Holland Park Road), dort war seine Wohnung in der Stadt, sonst lebte er auf dem Lande, wo er ein großes Gutshaus hatte (nicht weit von Dorset Surrey, Südengland). Er kam immer Anfang der Woche nach London, da er dort ein Büro hatte. Das Haus in London gehörte teils ihm, teils seiner Mutter und zwei Tanten. Ein Riesenhaus mit großem privatem Park, und das mitten in der Stadt! Die Verwandten bewohnten einen Flügel des Hauses, und er hatte im anderen eine ziemlich große Wohnung, eingerichtet mit antiken Möbeln, kostbaren Teppichen und Gemälden. Er hatte eine Frau, die auf das Haus aufpasste und es in Ordnung hielt und für sein leibliches Wohl sorgte, wenn er in der Stadt war. Er war verheiratet, hatte drei Kinder, zwei Söhne und eine Tochter, die im Internat lebten und dort zur Schule gingen und nur zu den Ferien nach Hause aufs Land kamen. Madam selbst kam selten nach London.

Ich musste natürlich alles erzählen. Wie es mir ergangen ist, was alles geschehen war. Denn das letzte Mal hatte ich in Riga, vor dem Krieg, als ich selbst noch nicht verheiratet war, einen Brief von ihm bekommen. Da schrieb er, dass seine Mutter ihm eine Frau gefunden hatte, die er heiraten sollte. Die Frau Mama war eine sehr dominierende Dame und hatte große Angst, dass er eine Ausländerin heiraten könnte! Da er der einzige Sohn war und alles von Mutter und Tanten, die unverheiratet waren, erben sollte, gehorchte er. Ich schrieb ihm noch das letzte Mal, als ich geheiratet hatte, und dann auch nicht mehr. Bis ich mich, nach dem Krieg, wieder an seine Clubadresse in London wandte, ob er mir helfen könnte.

Freitag Abend fuhr Mark immer nach Hause aufs Land, er nahm mich also mit, ich sollte seine Frau kennenlernen. Als wir ankamen, empfing sie mich sehr freundlich, vor dem Dinner hatten wir einen Drink (das war in England so Sitte). Die Unterhaltung bei Tisch war ziemlich mühsam und wie an den Haaren herangezogen. Ich merkte schnell, dass Madam vor unserer Ankunft wohl schon an der Flasche genippt hatte. (Mark trank nicht und rauchte nur ab und zu eine Pfeife.) Madam aber war Kettenraucherin! Sie war eine intelligente Person, hatte an der Universität Biologie studiert, vor ihrer Heirat. Als wir nach dem Essen im Wohnzimmer saßen, Kaffee und Brandy tranken und Mark irgendwas in der Garage zu tun hatte, fragte sie mich: »Sie kannten meinen Mann vor dem Kriege, er war ja einige Male in Lettland, war er immer so ein Sonderling?« »Kann ich nicht behaupten«, war meine Antwort, damit war dieses Thema beendet, und man wechselte das Thema. Es wurde an diesem Abend ziemlich spät, und dann begab man sich zur Ruhe.

Mein Zimmer war geräumig, ganz gut eingerichtet, aber schmuddelig (man konnte, so hieß es, schwer Personal bekommen). Nächsten Morgen klopfte es an meiner Tür und eine *maid* brachte mir das Frühstück auf einem Tablett. (Das traditionelle Frühstück, halbe Grapefruit, Cornflakes, *eggs and bacon*, Toast mit Marmelade, wie auch Kaffee.) Es war für mich vollkommen neu, so bedient zu werden. Dann wurde mir gesagt, Madam erwarte mich im Wohnzimmer. Als ich herunterkam, machte sie mir den Vorschlag, dass sie mir die Gegend zeigen würde. Als wir mit dem Wagen ein Stück gefahren waren, stoppte sie an einer Art Scheune und sagte, dass das ihr Rot-Kreuz-Versammlungslokal ist und sie davon die Vorsitzende ist. Als wir den Raum betraten, sagte sie mir, sie habe vor paar Tagen die Wände gestrichen, dann gab sie mir ein Messer und meinte, ich möchte doch so freundlich sein und von den Dielen die Farbe abkratzen (sie hatte sie ziemlich bekleckert). Ich war ziemlich erstaunt darüber, dass man einem fremden Gast, der auf ein paar Tage zu Besuch kam, dieses zumutet. Aber ich sagte kein Wort, nahm das Messer, ging auf die Knie und fing an, die Farbe, die schon vertrocknet war, zu entfernen, während sie dabeistand und zusah. Eine Frechheit! Sie wollte mich scheinbar demütigen, den »armen Flüchtling«, eine alte Freundin ihres Mannes. Ich war froh, als wir Sonntag Nachmittag nach London wieder zurückfuhren.

In London hatte Mark ein Büro und ein Lager mit allerhand antiken, aber auch neuen Waffen und auch Uniformen, die an Filmleute verliehen wurden (für teures Geld), wenn man einen Kriegsfilm oder einen Krimi drehte. Mark war Experte und kannte Waffen aus allen Ländern der Welt. Zu ihm kamen die Leute aus Scotland Yard, wenn sie nicht wussten, woher so manche Waffen stammten. Er hatte nach dem British Museum die größte Bibliothek über Waffen – von Urzeiten bis zur Neuzeit. Mir ging langsam ein Licht auf, warum er stets die Randstaaten wie Lettland, Litauen, Estland, Polen, Ungarn bereist hatte! Er kaufte Waffen, für die er Interesse hatte, und handelte auch mit diesen. Nicht umsonst nahm er auf seinen Touren irgendein weibliches Wesen mit, so dass man meinen sollte, dass es sich um einfache Touristen handelt.

In London erklärte er mir, er habe eine Stelle für mich, vorläufig auf dem Lande, bei seinem Freund Mr. Ch. (der eine Farm und Wald hatte) als eine Art *housekeeper* und Köchin. Es war ein typisches englisches Farmhaus zwischen Horsham und Brighton, Sussex. Nahebei war ein Zisterzienser-Kloster, und Mr. Ch. war befreundet mit dem Abt dort. (Ch. war aber nicht Katholik.) Als ich dort ankam, war seine Frau in der Klinik, sie hatte soeben eine Tochter geboren und sollte in paar Tagen nach Hause kommen. Im Hause waren keine Dienstboten, es kam dreimal die Woche eine Aufwärterin, dann war noch ein

Gärtner da, der täglich den Garten und die Gemüsebeete versorgte. Sie hatten etwa 100 Hühner und zwei Hunde: einen Foxterrier und einen Corgi. Meine Arbeit war, für Mensch und Vieh zu kochen.

Das Haus war kalt, besonders mein Schlafzimmer, denn es war weder Kaminfeuer noch ein anderer Heizkörper vorhanden. Die Küche war auch kalt, mit Steinboden, nicht unterkellert, der Herd elektrisch, und das war alles. Das Zimmer daneben hatte zwar einen Kamin, der wurde aber nur am Nachmittag beheizt. Dort befanden sich Schränke mit Geschirr wie auch nebendran eine Kältekammer, denn einen Kühlschrank gab es nicht. Ich fror im Winter und konnte mich kaum je erwärmen. Ich aß mit den Leuten zusammen bei Tisch, aber als eine Nanny engagiert wurde, mussten wir beide im Zimmer neben der Küche essen. Es war nicht schön, mit einem dummen, recht stupiden Mädel zusammen zu speisen, und sie ließ sich auch von mir bedienen, da ich ja die »Köchin« war. Die Leute hatten von Mark erfahren, dass ich keine Arbeitserlaubnis hatte und »schwarz« bei ihnen arbeitete, daher war ich in keiner Krankenversicherung und bekam auch nur ein Minimum an Gehalt, das höchstens für Zigaretten reichte. Als ich Mark gegenüber mal darüber eine Bemerkung machte (er kam ab und zu auf Besuch), sagte er mir, es sei unmöglich, jetzt für mich eine andere Stelle zu bekommen, ich solle aushalten. Er gab mir paar Pfund, und das war der ganze Trost.

Ich hielt es aus, mehr wie ein Jahr. Madam war auch eine notorische Säuferin, schrie manches Mal im Badezimmer hysterisch herum, sie wird sich erschießen (es waren ja genug Gewehre und Patronen im Hause, da Mr. Ch. oft auf die Jagd ging). Die Kaninchen oder Fasanen, die er geschossen hatte, packte er in seinen kleinen Lieferwagen, bis er ganz voll war, und verkaufte die dann in Brighton oder London an die Restaurants. Damals war ja in England auch noch alles auf Karten, und so verdiente er ganz gut dabei.

Anfangs, wenn Madam Ch. ihre hysterischen Anfälle hatte, lief ich hin, um sie zu beruhigen, aber als ich merkte, dass sie jeden Tag eine halbe Flasche Gin aussäuft, hatte ich kein Mitleid mehr. Er, Mr. Ch., hatte Manieren wie eine typische alte Jungfer, und es war mir schleierhaft, wie er ein Kind fabriziert hatte, er machte auf mich den Eindruck eines impotenten Engländers. Ich kann sonst nichts gegen ihn sagen. Zu mir war er höflich, aber er sprach nur das Nötigste. Madam hingegen war eingebildet und launisch. Am nettesten waren die zwei Hunde. Ich musste jeden Tag ein Kaninchen für sie kochen. Wenn ich so am Abend traurig neben der Küche saß, Briefe schrieb oder irgendetwas las, kam Candy, die Corgi-Hündin, setzte sich neben mich, legte eine Pfote auf mein Knie, sah mich an, als ob sie sagen wollte: »Sei nicht traurig es wird schon vorübergehen!« Hunde sind wirklich Freunde des Menschen, wenn man sie gut behandelt. Ich hatte viele Hunde in meinem Leben, in Petersburg wie auch in Riga allerhand Sorten.

Sonntags ganz früh ging ich nebenan zu den Mönchen in die Kirche, es war in einer Kapelle eine Messe, für die paar Katholiken, die in der Umgegend wohnten. Ich hatte jede Woche am Mittwoch nach dem Lunch frei bis zum Abend. Wo konnte ich hingehen? Im Hause wollte ich nicht bleiben, also fuhr ich per Bus nach Horsham, das nächste kleine Städtchen, oder nach Brighton, ein bekannter Badeort. Ich ging spazieren, zu »Lyons« – das war damals eine Art

Teestuben-Café. Tee und Kaffee und ein Keks konnte man ohne Marken bekommen, was anderes zum Essen gab es nur auf Marken, und die hatte ich nicht. (Die Ch.'s hatten schon welche!) Dann ging ich manchmal ins Kino, wenn es kalt war oder regnete, um mich im Winter dort zu erwärmen. Im Sommer ging ich meistens einfach so durch die Straßen, sah mir die Geschäfte an, kaufen konnte ich ja nichts. Auch saß ich manchmal nur am Strande und dachte an meine lieben Ertrunkenen, die ich alle so vermisste.

Der Strand im berühmten Brighton war nicht schön (steinig und nicht sehr sauber). Wenn ich dann an unseren schönen Rigaer Strand dachte – dieser Unterschied! So einen Strand, mit den Dünen und dem Fichtenwald und dem weißen-gelben Sand, der wie Zucker aussah, habe ich nirgendwo mehr angetroffen.

Als ich schon ein Jahr bei den Ch.'s verbracht hatte, erfuhr ich die Adresse von Napoleon Liberys, den ich ja noch aus Riga kannte. Er saß zur Bolschewikenzeit in Riga im Gefängnis und wurde dann nach Sibirien deportiert. Es gelang ihm, sich der polnischen Armee Anders[28] (die sich in Russland gebildet hatte) anzuschließen. Er kämpfte mit den Alliierten bei der Eroberung von Monte Cassino, und nach dem Kriege blieb er auch im Westen und kam nach London. Dort kaufte er ein Haus in einem Vorort Londons und bekam eine Stelle beim »Road Research« (Straßenbau). Er war eigentlich Chemiker. Er gab mir den Rat,

---

[28] Anders-Armee: Polnische Armee, aufgestellt aus in die Sowjetunion deportierten Polen nach dem Angriff der Deutschen im Juni 1941. Unter Führung von General Anders seit 1944 aktiv im Kampf gegen die Wehrmacht. Durch sie erfolgte im Mai 1944 die Eroberung von Monte Cassino.

ich solle versuchen, eine Arbeitserlaubnis zu bekommen, und er wollte mir auch ein möbliertes Zimmer in seinem Hause vermieten. Als ich mal nach Horsham fuhr, ging ich ins Arbeitsamt, wo zwei nette junge Damen saßen. Ihnen erzählte ich meine ganze Story: Wie ich nach London gekommen bin und dass ich ohne Geld als Haushälterin und Köchin arbeitete. Sie hörten sich das alles an, nahmen meine Aufenthaltserlaubnis, vermerkten, dass ich arbeiten kann, und verlängerten auch das Datum, wie lange ich noch in England bleiben konnte. Musste es aber nach einem Jahr erneuern. Als ich bei meinen Leuten kündigte, hatte das ihnen nicht sehr zugesagt, ich blieb auch noch 14 Tage bei ihnen. Mark wurde auch davon informiert und kam mich mit seinem Wagen abholen, als ich aufhörte bei Ch. Wer war froher als ich! Denn dieselbe Arbeit konnte ich auch in London verrichten (es war ein Gesetz, dass die Flüchtlinge aus den baltischen Staaten fünf Jahre einfache Arbeit machen sollten; erst dann konnten sie sich eine Arbeit nach ihrem Wissen und Können suchen).

Mark war ziemlich enttäuscht, dass ich nicht bei seinen Bekannten geblieben bin, er wusste ja nicht genau, unter was für Verhältnisse ich mich dort abplagte, und selbst war er zu bequem, um mir zu einer besseren Stelle zu verhelfen. Und das habe ich ihm auch so gesagt, habe ihm bewiesen, dass ich ohne ihn auskommen kann. So handelt man eigentlich nicht als alter Freund. Er konnte es aber nicht bergreifen und meinte, als *displaced person* müsste man sich den englischen Gesetzen fügen. Nun, wir trafen uns später ab und zu noch, und das war alles. Er kam mich auch erst noch jede zweite Woche besuchen, brachte stets ein Dutzend Eier vom Lande mit, weil er meinte, dass das doch eine Hilfe wäre, da man immer noch auf Karten lebte.

Manches Mal lud er mich auch noch zum Essen ein, in ein Restaurant oder bei sich zu Hause in der Stadtwohnung, wo ich seine Kinder kennenlernte, aber aufs Land zu ihm ging ich nicht mehr. Unser Verhältnis war höflich, aber kühl geworden. Das war zu erwarten gewesen.

Leben in London

Napoleon Liberys gab mir ein Zimmer, zur Straße hin, in seinem Hause in South-Ealing, einem der besten Vororte Londons. Die Verbindung zu London Town, dem Zentrum, war sehr gut. Napoleon Liberys hatte das Haus für billiges Geld gekauft, als er die Armee Anders quittierte und eine gute Stelle in London bekam. Leider hatte er Mieter, die man laut englischem Gesetz nicht heraussetzen konnte. Dieselben bewohnten den ersten und zweiten Stock, vier Personen jeweils. Napoleon hatte für sich ein großes Wohn-Schlafzimmer (zum Garten hin), und mir überließ er das Vorderzimmer. Eine Küche wurde improvisiert in der Passage, die vom Korridor zum Garten führte, nicht sehr geräumig, aber es ging. Den Keller hatte er ganz für sich, hatte dort eingebaut ein Bad und Klo, denn das richtige Badezimmer und Küche hatten die Mieter. Ich war mit meinem Logis zufrieden, die Heizung war ein Petroleumofen. Ich zahlte als Miete 32 englische Schilling die Woche und für Elektrizität. Hatte Napoleon auch angeboten, dass ich für ihn mitkoche, und wir teilen die Ausgaben, damit war er sehr einverstanden. Es war ein netter kleiner Garten dabei, mit paar Äpfel- und Birnbäumen, und an einer Wand aus Ziegeln, welche das Grundstück vom Nachbarn trennte, wuchsen »Loganberrys« (eine Kreuzung von Himbeeren und Brombeeren), die Konfitüre aus diesen Beeren schmeckte sehr schön. Es war auch ein kleiner Rasen, den Napoleon fleißig bearbeitete. Das Nachbargrundstück nebenbei war nur eingezäunt, davor aber standen Obstbäume und paar Fliedersträuche. Der Frontgarten war nicht groß. Zur Straße waren Sträucher

von Liguster, auf einer Seite gab's schöne gelbe Kletter-
rosen und eine Stechpalme mit roten Beeren im Herbst
und Winter. Mein erster Gang war zu einem Stellenver-
mittlungsbüro, welches meistens für uns *displaced persons*
(Flüchtlinge) was fand. Es waren zwei nette Damen dort,
eine ältere und die zweite so an die vierzig. Sie schickten
mich zu einer älteren Dame, die auf der Brompton Road,
London SW 7, eine Wohnung hatte. Sie hieß Miss
Pleasance Pratt. Als ich mich bei ihr vorstellte, war sie sehr
liebenswürdig, fragte mich aus, von wo ich komme usw.
Ich erzählte ihr alles, auch dass ich meine ganze Familie
verloren hatte. Sie engagierte mich sofort, ich sollte zweimal die Woche je zwei Stunden bei ihr arbeiten, bekam
per Woche 10 englische Schilling (8 + 2 für Fahrten). Ich
arbeitete bei ihr vormittags. Später hatte ich auch andere
Kunden, vor- und nachmittags (außer Sonnabend und
Sonntag). Ich verdiente so viel, dass ich mein Zimmer bezahlen konnte, wie auch das Essen, ab und zu mal Kino,
für ein paar Schuhe oder was anzuziehen musste man
schon sehr sparen. In England war noch immer alles auf
Karten (rationiert), erst 1952 wurde es aufgehoben (wo
man in Europa West schon längst alles kaufen konnte).
Meinen Tee, der mir zustand, wechselte ich meistens beim
Fleischer ein, auf ein wenig mehr Speck oder Fleisch. Zi-
garetten und Süßigkeiten konnte man ohne Coupons
schon bekommen. Somit war ich *charwoman* (Putzfrau) im
West-End geworden und lernte die englische »Upper
Middle Class« kennen. Ich arbeitete in Wohnungen, wo es
so schmutzig war, dass man ohne Gummihandschuhe
nicht auskam. Manches Mal fragte ich die Frau des Hauses:
»Was möchten Sie, dass ich zuerst tue, die Küche, wo das
Essgeschirr und die Kochtöpfe von der ganzen Woche

herumliegen und schon grün sind, oder die Zimmer?«
(Was kann man schon in zwei Stunden tun?) Meistens war
die Antwort: »Bitte zuerst die Küche!« Im Großen und
Ganzen sind die englischen Frauen unordentlich und erziehen auch ihre Kinder nicht dazu. In einer Wohnung
beispielsweise (noble Gegend), wo nur Mutter und erwachsene Tochter wohnten, war es zum Schreien unordentlich. Im Zimmer der Tochter lag alles auf der Diele,
wenn sie sich auszog, Kleider, Wäsche, Strümpfe sogar
auch Damen-Monatsbinden. Paar Mal habe ich mir das
angesehen, und dann sagte ich zu der Mama: »Ihre Tochter soll mal ihr Zimmer selber aufkramen, in ihrem
›Schweinestall‹ werde ich nicht sauber machen. Sie können es der Agentur melden, die mich zu Ihnen gesandt
hat.« Adios, Schluss. Manches Mal gab es auch nette Leute unter meinen Kunden, die waren froh und dankbar, dass
man kam. Einmal schickte mich die Agentur zu einer englischen Familie, die lange Jahre in Lettland wohnte, ich
möchte ihnen zur Silberhochzeit ein echtes Rigaer Festessen bereiten. Also ging ich hin. Paar Tage vor der Fête
bereitete ich alle unseren üblichen leckeren Sakusken vor
und zum Dinner am Tage der Silberhochzeit einen schönen Schweinebraten mit Sauerkohl, vorher Fisch in Ge-
lée-Bouillon mit Speckpiroggen (ich wurde gut dafür bezahlt). Als das Dinner zu Ende war, kam die ganze Gesellschaft in die Küche mit der Champagnerflasche (ich bekam
auch ein Glas) und bedankte sich für das schöne Essen. »It
was wonderful!« Wenigstens ein Lob! Auch arbeitete ich
bei einer Familie, wo der Mann im Auswärtigen Amt tätig
war. Ganz nette, intelligente Leute. Einmal bat mich die
Dame, ich möchte doch am Freitag Abend zu ihnen kommen, da sie in der nächsten Woche auf Urlaub gehen. Ich

dachte, es ist ganz gut, mal was extra zu verdienen, und sagte zu. Die Dame des Hauses aber sagte mir, ich soll nicht als Aufwärterin zu ihnen kommen, sondern als Gast zur Cocktailparty (komisch, dachte ich, sagte aber zu). Am Freitag zog ich mein »bestes Stück« an und ging hin. Die Tochter (12 Jahre) machte mir die Türe auf und schrie: »Mother our charwomen is there dressed up« (unsere Aufwärterin ist da, gut angezogen). Die Mutter wies sie zurecht und sagte, dass ich an dem Abend nicht ihre Aufwärterin bin, sondern ihr Gast, sie solle sich das merken! Warum haben die mich eingeladen? Da waren meistens Herren und Frauen vom Auswärtigen Amt da, und ich wurde ausgefragt, was in Lettland vor sich ging, als zuerst die Russen das Land okkupierten (da verließen alle ausländischen Gesandten und Konsuls Lettland) und später die Deutschen. Sie wussten, dass ich Lettland 1944 verlassen hatte, wussten von der *Gustloff*-Katastrophe, und von der Dänischen Gesandtschaft in London wussten sie auch, dass ich bei der Dänischen Militärmission von 1945–48 als Dolmetscherin gearbeitet hatte und dann nach London gekommen war. Es war ganz interessant – auch war es der letzte Tag, dass ich bei diesen Leuten arbeitete. Sie zogen später fort und haben mich eingeladen, sie zu besuchen. (Ich ging aber nicht hin.)

Noch ein komischer Fall von meiner Tätigkeit als Aufwärterin: Ich arbeitete in einer Junggesellenwohnung, nicht weit von *Harrods* (Knightsbridge). Bekam die Schlüssel vom Parterre, das Geld lag immer auf dem Kaminsims. Es waren zwei Zimmer, Bad und Küche, ziemlich ordentlich. Als ich einmal dort erschien, dachte ich: »Was ist denn hier passiert?« Im Wohnzimmer Flaschen, Gläser, Karten, Zigarettenstummel auf dem Tisch, im Schlafzimmer waren alle Schränke und Kommoden ausgekramt, vieles lag auf der Diele. Ich fand ein kleines Taschenbuch, worin Spielgewinne und Schulden vom Besitzer der Wohnung aufgeschrieben waren. Ich steckte es in meine Tasche. Plötzlich ging die Klingel. Ich öffnete die Tür, zwei Nutten standen da. »Was wollt ihr?«, fragte ich. Sie drängten sich vor, kamen herein, suchten was und fragten mich, ob ich nicht ein Notizbuch gesehen habe. Ich antwortete mit Nein (es war ja in meiner Tasche!).

Sie wühlten überall herum, »Wozu habt ihr es nötig?«, war meine Frage, »Es geht Sie nichts an!«, war die Antwort. »Macht, dass ihr rauskommt«, sagte ich, »sonst hole ich den Portier!« Raus waren sie. Ich kramte auf, wie viel ich konnte, ging dann zur Agentur und erzählte ihnen, was in dieser Wohnung passiert war, übergab das Notizbuch, und die sollten darüber entscheiden, ob sie die Polizei benachrichtigen sollen. Das Ende: Es war eine private Spielhölle, die Polizei hatte einen Riecher davon bekommen, und der Besitzer kniff aus.

Mein liebster Kunde war aber Pleasance Pratt. Sie hat mich nie wie eine Aufwärterin behandelt, sondern als ihresgleichen, und zu allen Bekannten, die zur ihr kamen, sagte sie: »That is my dear Madam!« (Das ist meine liebe Madam, die mir hilft!) Mein Familienname war ihr zu kompliziert. So nannte sie mich, wenn wir alleine waren, stets dear Ursula. Pleasance hatte einen großen Bekanntenkreis und viele Freunde. Hatte eine ziemlich große Wohnung im dritten Stock in der Brompton Road, mit einer steilen Wendeltreppe (der Architekt, der das Haus entworfen hat, muss ein Stümper gewesen sein!), und bis man zur ihr nach oben kam, ging einem die Puste aus. Die erste Etage bewohnte ein Komponist, der viele Musicals fürs Theater in Lied und Wort herausbrachte, und das mit großem Erfolg, wie z.B. »*Salad Days*«[29]. Zweite Etage bewohnte eine ältere Dame samt ihrem Housekeeper – und die dritte Miss Pratt. Ihr gehörte auch der »Attic« – das Dachgeschoss mit zwei Zimmern. Unten im Hause war ein großer Kolonialladen. Die Einrichtung war halb antik, halb modern. Immer war eine große Unordnung in den Zimmern, und man wusste nicht, von welchem Ende man anfangen sollte. Ich kam zu ihr zwei-, dreimal die Woche, kochte auch manches Mal für sie Lunch und speiste mit ihr zusammen. Sie liebte, gut zu essen und auch viel kontinentales Essen. Wenn sie aber Dinnerpartys hatte, bat sie mich extra zu kommen, zahlte gut und war sehr generös. Ich kam gerne zu ihr. Die paar Jahre, als ich bei ihr arbeitete, lernte ich so manche interessante Leutchen kennen, Künstler, u.a. auch den bekannten norwegischen Schriftsteller Thor Heyerdahl. Er kam und logierte bei ihr, wenn er in London war. Bei Miss Pratt wohnte nämlich eine Norwegerin, eine gute Bekannte von ihm, später heiratete er ihre Cousine, die bei der schwedischen Fluggesellschaft beschäftigt war. Miss Pratt hatte auch eine Schwester, die auf dem Lande in Südengland mit einer Cousine lebte. Manches Mal kam sie auch nach London, blieb einige Wochen, besuchte Theater und Kaufhäuser, war auch eine liebe Person. Nachdem ich eine Stelle auf dem Flugplatz bekam (zuerst im Restaurant), quittierte ich meine Arbeit als herrschaftliche Aufwärterin im West-End. London Airport Heathrow wurde damals gerade aus-

---

[29] *Salad Days* von Julian Slade wurde 1954 uraufgeführt und zählte mit über zweitausend Aufführungen zu den längsten Musical-Erfolgen in England.

gebaut, und die verschiedenen Abteilungen wie An- und Abflug waren in kleinen Gebäuden verteilt, so auch das Restaurant auf dem Flugplatz, wo man Ankunft und Abflug beobachten konnte. Es war sehr hübsch eingerichtet und war ein beliebtes Lokal der Londoner. Ich bekam Arbeit am Büfett, wo die Passagiere, die durch die Zoll- und Passkontrolle durchgegangen sind, auf den Abflug warteten. Eine Seite war das Büfett mit Erfrischungen, wie Tee, Kaffee, allerhand kalte Getränke, Kuchen, Butterbrote (hübsch verpackt) usw. Neben meinem Büfett war die Bar, mit allerhand Spirituosen und einem Barmann. Wir arbeiteten Schicht. Es wurde einigermaßen, der Zeit entsprechend, gut bezahlt, plus Essen, was eigentlich sehr vorteilhaft war. Es war keine leichte Arbeit, aber ganz interessant. Man sah so viele prominente Leutchen, Schauspieler, Kinoschauspieler, wie z. B. Marlene Dietrich mit einer Eskorte von Verehrern und Reportern oder Ira Fürstenberg. Hohe geistliche Herren, Staatsmänner und Geschäftsleute. Die Letzteren konnten die Bar kaum verlassen, bis die Stewardessen sie nicht paar Mal aufgefordert hatten. Mancher konnte kaum mehr auf den Beinen stehen. Oft hieß es »Bob« (das war der Barmann), »nimm dir einen Drink und gib der Lady«, das war ich, »auch«. Wir konnten ja nicht trinken bei der Arbeit, aber später, wenn alle fort waren. Bei mir nahmen die Herren als Imbiss immer Schinken- oder Lachsbrot, was ziemlich teuer war. Ich hatte alles an meinem Büfett, denn mit der Zeit kannte man den Geschmack der First-Class-Passagiere. Großen Anklang hatten auch die »Sausage Rolls« (Würstchen in Blätterteig). Der Bäcker auf dem Airport in der Küche machte sie perfekt, auch die Torten und Kuchen, war aber ein großes Schwein. Als ich mal zum Essen ging und ihm bei der Arbeit zusah, floss ihm die Nase, er wischte sie mit dem Finger ab und rollte den Blätterteig weiter. »Du bist ein Schwein, Charly«, sagte ich ihm, er grinste nur, hatte aber für mich eine Sympathie und schob mir ab und zu ein schönes Stück Torte zu, wenn ich vorbeiging. Wenn es neblig war und die Flugzeuge nicht starten konnten, saßen die Passagiere und bekamen auf Rechnung der Fluggesellschaft »Light Refreshments«, d. h., sie konnten alles von meinem Büfett haben, wie viel sie wollten, nur keine Getränke von der Bar, die mussten sie bezahlen. Ich musste dann die Küche schnell benachrichtigen, was ich an Sandwich und Kuchen noch nötig hatte. Alles wurde vertilgt, na ja, es war ja umsonst. Öfters kamen auch an mein Büfett Piloten, um Kaffee zu trinken, es sprach sich herum, dass ich verstehe, einen guten Kaffee zu brauen. Manches Mal zogen sie eine Flasche Whisky heraus, gossen einen Schuss in den Kaffee und tranken »Irish Coffee« (so wie man in Deutschland das »Schwarzen Kater« nannte). Ich habe es auch versucht, schmeckt ganz gut, mit Sahne und Zucker und Whisky.

Im Büfett arbeitete ich ca. zwei Jahre, dann übernahm eine andere Firma das Unternehmen, und wir wurden gefragt, ob wir bleiben wollten oder was anderes arbeiten möchten. Da meine von den Behörden verlangten Jahre Frondienst sich dem Ende näherten, sprach ich mit dem Personalchef, ob ich nicht in einem Büro arbeiten könnte. Ich zeigte ihm meine Empfehlungen von der Dänischen Militärmission und erwähnte auch, dass ich vor Jahren in unserem Lande, in Riga, in der *White Star Cunard Line* gearbeitet hatte. Ich bekam tatsächlich eine Stelle im *Computer Department* im Büro und wurde angelernt als Kontrolleurin, um herauszufinden, woher Fehler des

Computers kamen. Wer hatte den Fehler gemacht? Der *punch*, also der Locher, der die Lochkarten durch eine Maschine auf Bogen ausschlägt, oder der »Programmierer«, der den Computer gefüttert hat. Das Büro war damals auf der Great Western Road im großen Gebäude der früheren *Royal Airforce*.

Später, als das große Gebäude in Heathrow auf dem Airport fertig war, zogen wir dorthin um. Es war ein ziemlich langer Weg für mich. Ich musste zuerst mit der U-Bahn fahren bis zum Ende und dann mit einem Bus noch eine gute Strecke bis zu unserem Büro. Es befand sich auf dem Gelände (so wie alle anderen) des Airports gegenüber von der Seite, wo die Flugzeuge ankamen und landeten. Zuerst war das Geräusch unangenehm, aber später gewöhnte man sich auch an das. Unsere Abteilung war im Parterre (ca. 75 Angestellte waren in diesem *Computer Department*, es waren ganz nette Kollegen, jüngere und ältere!). In den anderen Stockwerken befanden sich verschiedene Büros. Die große Kantine und ein Restaurant waren in einem anderen Gebäude untergebracht, welches wir »den Kreml« nannten, dort waren auch Ärzte, Physiotherapie, Erste Hilfe auch, das Hauptbüro des Personalchefs, soziale Fürsorge untergebracht. Die Schuppen der Ingenieure und Reparaturwerkstätten befanden sich auch in diesem Gebäude. Wir im Büro arbeiteten von 8.30 – 5 pm, mit einer halben Stunde Mittagspause. Öfters arbeitete man auch Überstunden, die gut bezahlt wurden, besonders am Sonnabend. Man konnte aber auch die Überstunden für seinen Urlaub sparen (später wurde es verboten). Wir bekamen drei Wochen Urlaub, mussten ihn aber aufteilen in eine und zwei Wochen in verschiedenen Monaten, denn man konnte nicht alles auf einmal haben. Es musste zwischen den Angestellten abgesprochen werden. Wenn eine Kollegin heiratete, bekam sie schöne Geschenke von unserer Belegschaft, und wenn sie ein Kind bekam und weiter bis zu einem gewissen Monat arbeiten durfte, dann wurde jede Woche kassiert (sechs Penny pro Person), und am Ende kam eine ganz schöne Summe zusammen, und das zukünftige Neugeborene bekam eine ganze Aussteuer.

Ich war dreimal zu einer Hochzeit eingeladen. Manches Mal war es ziemlich langweilig und wurde in einer Halle oder Lokal gefeiert, so dass wir paar Kolleginnen plus Männer und ich in den nächsten *Pub* auskniffen, dort einen Drink bestellten und so etwa eine Stunde fort waren und dann erst wieder zurückkamen. An eine Hochzeit erinnere ich mich sehr gut. Wir hatten bei den Programmierern ein Mädel, ein sehr unscheinbares, stilles Wesen (jeder hielt sie für blöde), aber eines Tages hieß es, »Alvine wird heiraten«. Zur Hochzeit hat sie aus dem Büro nur fünf von uns eingeladen, unter denen auch mich (ich weiß nicht, warum). Die Trauung war in der Kirche (nicht weit von ihrem Elternhause) und die Feier in einem kleinen Lokal. Wir staunten, es war ein sehr gutes Publikum zur Hochzeit versammelt, wie man sagt, *First Middleclass*. Keiner im Büro kannte ja ihre Familienverhältnisse, und die unscheinbare Alvine hatte sich ja nie darüber geäußert. Ihr zukünftiger Mann stammte auch aus diesem Milieu und sah ganz gut aus. Nach der Hochzeit hörte sie auf zu arbeiten – das war selten damals. Jeder staunte im Büro, als wir über diese Hochzeit ausgefragt wurden.

Ich hatte eine Kollegin, die Mitglied des *Royal Opera House Covent Garden* war. Sie bekam jeden Monat im Voraus das Programm geschickt, und man konnte sich auswählen, was man sehen möchte, Opern oder Ballett, und konnte auch

im Voraus die Billette bestellen. Durch sie bin ich viele Male im *Covent Garden* gewesen, habe erstklassige Opern gehört wie auch Ballett gesehen. Mein Stammplatz war die erste Reihe Amphitheater (Balkon) in der Mitte. Es kostete damals 15 englische Schilling, zu Premieren ein Pfund, das konnte ich mir leisten, und habe es auch sehr genossen. Ich ging immer alleine, ging auch öfters ins Theater, habe gute Schauspieler und Stücke gesehen. Von meinen paar Bekannten (damals in London) hatten wenige Interesse dafür, da sie die englische Sprache nicht sehr gut beherrschten. Solange der frühere lettische Gesandte noch lebte, ging ich einmal im Jahr zum lettischen Nationalfeiertag, der am 18. Mai gefeiert wurde. Die frühere lettische Gesandtschaft hatte das Haus am Eaton Place, hatte aber keine Funktion mehr als Gesandtschaft, da doch Lettland von den Russen zur Sowjetrepublik erklärt wurde (1944). Die Sowjets konnten das Gebäude nicht haben, da es unter englischem Schutz stand und die damalige englische Regierung die Annexion nicht anerkannte. Von den früheren Angestellten war ein Teil noch zuständig für die lettischen Flüchtlinge. Die Letten waren klug genug: Sie hatten einen Club gegründet, kauften ein Privathaus in einer guten Gegend Londons (das Geld stammte aus Privatvermögen), hatten auch ein Haus, das der exilierten lettischen Kirche gehörte. Alles war in Privathänden, und nichts gehörte dem früheren lettischen Staate – Lettland hatte aber noch in der Bank of England 10 Millionen Pfund liegen, die den Russen nicht ausgeliefert wurden. (Erst die Labourregierung mit Mr. Wilson an der Spritze hat das Vermögen unter großem Protest aller Exil-Letten den Russen übergeben.)
Ich beantragte die englische Untertanschaft oder, besser

gesagt: Staatsangehörigkeit. Musste zwei Zeugen vorweisen, die geborene Engländer waren. Bei der ersten Eingabe bekam ich eine negative Antwort. Warum, weiß ich nicht. Später, als ich meinem Vorgesetzten bei der BOAC[30] das erzählte, sagte er mir: »Wir werden dafür sorgen, dass Sie die Untertanschaft erhalten.« So war es auch, und in paar Wochen hatte ich meine Papiere, beantragte den Auslandspass und konnte ohne jegliches Visum nach dem Kontinent vereisen, meine alten Bekannten besuchen und vor allem auch Margarete, die damals schon im Schwarzwald wohnte und dort in der Schule tätig war. Ich flog bis Basel für billiges Geld, denn wir bei der BOAC zahlten nur 10 % vom Wert des Tickets. Es war aber ein Haken dabei, denn man beantragte den Flug, musste aber warten, ob ein Platz noch frei war. Ich hatte meistens Glück, da ich alleine ohne Anhang war (die anderen Kollegen konnten ihre Männer oder Frauen mitnehmen). Manches Mal bekam ich auch einen Platz in der Ersten Klasse, das war ganz angenehm, es gab ein gutes Essen, und die Getränke waren frei. Unsere Leutchen haben es sehr ausgenützt, was Getränke anbelangt, später durfte man nur noch »Tourist Class« fliegen. Als Margarete sich im Schwarzwald eingelebt hatte, nahm sie die beiden Jungens aus dem Kinderheim (Rickenbach) zu sich, und sie gingen dort in die Schule, wo sie unterrichtete. Ein Jahr oder zwei darauf heiratete sie zum zweiten Mal einen Mann aus der Gegend. Er war Ingenieur und arbeitete in einer Fabrik. Seine Eltern, Vater und Stiefmutter, hatten ein geräumiges Haus, dazu das Land mit Vieh und Hühnern, und ein

---

[30] BOAC: British Overseas Airways Corporation, seit 1939 englische staatliche Fluglinie.

Stück Wald gehörte auch ihnen. Ich kannte den Mann nicht näher, aber alles war ja sowieso Margaretes Angelegenheit, ich glaube sie wollte den beiden Söhnen ein Heim geben. Der sogenannte »Stiefvater« hatte aber die beiden Jungen sehr ausgenützt. Margarete arbeitete in ihrer freien Zeit auch oft auf dem Felde oder im Stall. Später hat Peggy noch einen dritten Sohn geboren, Siegfried, ein nettes Kind, Großvater und Großmutter waren sehr froh, einen Enkel zu haben, und verwöhnten ihn auch sehr. Zuerst war der Vater sehr stolz auf seinen Sprössling, aber später, als er größer wurde, war das alles etwas schwieriger. Wie Peggy das alles ausgehalten hat, weiß ich nicht. Später, als ich schon pensioniert wurde, verließ sie auch den zweiten Mann, der jüngste Sohn blieb nicht beim Vater. Margarete bekam eine sehr nette Wohnung, wo sie auch jetzt wohnt, und ich habe sie bis jetzt jedes Jahr besucht.

Als ich noch bei der BOAC arbeitete und aufhören sollte, hatte man mir angeboten, noch paar Jahre länger zu arbeiten, bis das *Computer Department* auf ein ganz neues System umgestellt wird. Ich wurde dann in meinem kleinen Glasbüro eine Art Boss, der alles zu überprüfen hatte, was die anderen taten. Zwei Jahre habe ich dort länger gearbeitet, aber dann fingen manche von den Kolleginnen an, mir Unannehmlichkeiten zu machen, warum und wieso man mich länger beschäftigt (man musste mit 60 Jahren pensioniert werden). Das waren die, die Mitglieder der Gewerkschaft waren. Wir Büroangestellten brauchten nicht der Gewerkschaft beizutreten. Es kam zu allerhand Diskussionen. Eines Tages wurde ich zum Personalchef gerufen, und er teilte mir unter großem Bedauern mit, dass sie mich nicht mehr beschäftigen könnten, da die Gewerkschaft (damals war die Labour-Regierung an der

Reihe) darauf besteht, dass die Frauen mit 60 pensioniert werden müssen. Also musste ich zu Weihnachten 1964 abdanken. Meine Kollegen schenkten mir zum Abschied eine schöne Ledertasche, und paar von ihnen, mit denen ich mehr verkehrte, gaben mir ein schönes Abschiedsessen. Ich habe sie auch zu mir nach Hause eingeladen zur Abschiedsfeier, und sie schenkten mir zum Andenken eine schöne Brosche. Mit einigen von ihnen stehe ich jetzt noch in Verbindung, und sie besuchen mich ab und zu.

Ich lebte noch lange Zeit bei Napoleon Liberys. Einige Mal im Jahre gaben wir für gemeinsame Bekannte Partys. Ich sorgte für das leibliche Wohl und er für die Getränke. Es war gemütlich, und man tauschte so manche alte Erinnerungen aus, denn jeder von uns hat all die Jahre was erlebt.

Als ich noch auf dem Airport tätig war, kam Ende 1960 die Frau von Napoleon nach London. Er hatte all die Jahre sich bemüht, sie aus Riga herauszuholen, und eines Tages gelang es ihm. Alle Papiere waren in Moskau bei der Englischen Gesandtschaft, wie auch die Flugkarte nach London, aber immer sagten die Russen wieder nein. Nachdem Stalin starb, war scheinbar eine Möglichkeit herauszukommen, und eines Tages war es dann so weit. (Vera, die zweite Frau von Napoleon, wurde ja 1941 von den Russen nach Sibirien deportiert, kam aber etwa um 1949 oder 1950 zu den Eltern nach Riga zurück.) Napoleon und ich bereiteten alles zum Empfang vor, und dann kam der Tag der Ankunft. Ein Teil unserer gemeinsamen Bekannten versammelten sich auf dem Flugplatz, um sie zu empfangen. Endlich erschien das Flugzeug der BEA aus Moskau. Nach so vielen Jahren war das Ehepaar wieder vereint. Ich blieb noch ein paar Monate bei Napoleon wohnen, aber dann fand ich es für richtig, fortzuziehen, denn es entstand eine ziemlich komische Stimmung.

Ich fand auch ein leeres großes Zimmer in Ealing, in einer guten Gegend, nicht weit von der U-Bahn- und Bushaltestelle und zog um, blieb aber nur ein Jahr dort, weil es sehr feucht und kalt war. Ich bekam dann in der Nähe auch vom selben Vermieter ein Zimmer plus ein kleines Zimmer, welches als Küche eingerichtet war. Mein großes Zimmer hatte die Aussicht zum Garten und Straße. In diesem Bezirk hatte jedes Haus einen Frontgarten, hübsch gepflegt, und einen Garten hinter dem Hause mit einem Rasen und paar Apfelbäumen. Im Hause waren so sechs Appartements wie meines, nur an Damen vermietet, leider aber nur ein Badezimmer und ein Klo für alle. Die Miete war ziemlich hoch, Gas und elektrisch musste man selber zahlen wie auch Beheizung. Ich muss sagen, dass ich mich dort nett eingerichtet habe (damals arbeitete ich noch auf dem Airport), konnte meine paar Bekannten empfangen und brauchte nicht zu fragen, ob ich es darf. Ich war mein eigener Herr. Sechzehn Jahre habe ich auf der Woodville Road 1 gewohnt und so manches erlebt, was im Hause passierte. Es waren manche angenehme Mitbewohner dort, manche aber waren es auch nicht, sie wechselten oft, nur die letzten Jahre waren keine neuen dazugekommen. Den Vordergarten pflegten wir zu dritt gemeinsam, hatten meistens Rosenbüsche neu gepflanzt. Im Frühling blühten Narzissen und Tulpen, der Rasen wurde zuerst von einem Gärtner gemäht (das kam den mit der Zeit zu teuer), später taten wir es selbst. Die anderen Einwohner, deren Fenster zur Hinterfront und dem dazugehörigen Grundstück gingen, passten auf, dass auch dort alles in Ordnung war. Im Sommer konnte man dort im Liegestuhl sich sonnen, keiner störte da einen. Sollte ich alle Miteinwohner beschreiben, würde es mich viel Zeit kosten. Nachdem ich meinen Dienst auf dem Flughafen quittierte, bekam ich noch eine Stelle in einem Export-Import-Büro, wo ich in der Fakturenabteilung arbeitete und Frachten berechnen musste. Ich blieb da nur ein Jahr, dann verließ ich die Firma. Der Grund war, dass mein Vorgesetzter, ein noch jüngerer Mann, der nach meinem Ermessen sehr unintelligent war (er hatte sich vom Laufburschen auf diesen Posten hochgearbeitet), immer was an den Angestellten auszusetzen hatte. Sein Getue gefiel mit nicht. Ich ging zum Personalchef und bat, mich zu entlassen. Ich war es nicht gewöhnt, mich anschnauzen zu lassen. Mit mir verließ noch eine Dame diese Abteilung. Ich hatte genug zum Leben, die übliche Staatspension und eine kleine Pension von der BOAC, später BEA (sie hatten sich zusammengetan). Es hatte ja auch keinen Wert, mehr zu verdienen, da die Steuer einem doch einen guten Teil davon abnahm. Eine Zeitlang danach habe ich einem Engländer russische Stunden gegeben, aber nach einer Weile merkte ich, dass seine politischen Ansichten mir nicht zusagten, und ich wurde nicht so ganz klug, wozu er eigentlich diese Sprache lernen wollte. Somit unterbrach ich die Stunden, als Grund gab ich an, dass ich auf längere Zeit zu meinen Verwandten nach Europa fahre. Es war auch so, ich habe sehr sparsam gelebt und wollte so einige alte Freunde besuchen.

Peggy besuchte ich beinahe jedes Jahr in ihren Sommerferien, blieb etwa zwei Wochen und fuhr dann weiter, nach Ulm oder München. Blieb insgesamt ungefähr einen Monat fort. Meine Husumer Verwandten besuchte ich auch ab und zu. Ebenso meinen einzigen Vetter Carl Boencke, der mit einer Finnin verheiratet war und zwei Kinder hatte. Einen Jungen, der ganz Finne war, und ein Mädel, das ganz Peggy ähnlich sah (als sie klein war), dieselben krausen Haare (das Boencke'sche Erbe, mein Vetter hatte es auch!), dieselben Manieren, gescheit und witzig. Ich war ganz überrascht von so viel Ähnlichkeit, äußerlich und auch im Charakter. Mein Vetter hatte ein Leder- und Pelzgeschäft (er hatte Kürschner gelernt), und es ging ihm nicht schlecht. Leider war er Diabetiker seit den Kriegsjahren, so dass er später das Geschäft verkaufte, aber privat manches noch arbeitete. Seine Frau arbeitete auch, sie hatte eine Stelle als Sekretärin an der Uni in Erlangen. Die Kinder gehen noch zur Schule. Das sind die einzigen Verwandten von meines Vaters Seite, mit denen ich noch in Verbindung stehe.

Ruhestand

Nun hatte ich einen Lebensabschnitt erreicht, wo genügend Zeit war, um London so richtig kennenzulernen. London ist eine Riesenstadt und es gibt vieles was zu sehen. Museen, Bildergalerien, diverse Ausstellungen, alte Gebäude und Kirchen, viele Parks. Der Transport war ziemlich billig Anfang der sechziger Jahre, erst später wurde es immer teurer. Es war noch nicht lange üblich, dass Rentner eine Karte für verbilligte Fahrten bekamen. Der Bus war sogar umsonst von 10 am – 4 pm und von 7–12 pm. Die U-Bahn kostete 20 Penny in dieser Zeit.

Ich besuchte öfters meine alte Miss Pratt, meine erste Kundin, als ich noch herrschaftliche Aufwärterin in London West-End war. Manchmal lud sie mich ein in ein Restaurant zum Lunch oder ins Theater. Sie starb 1975. Vor ihrem Tod hatte sie einen Unfall, lag im Krankenhaus, kam dann wieder nach Hause, und nach einigen Monaten wurde sie wieder in ein anderes Krankenhaus (speziell für alte Leute) eingeliefert. Ich besuchte sie öfters, sie war sehr unglücklich, dass sie in einer Abteilung war, wo halb verblödete Patienten lagen, und bat stets, man solle sie woanders verlegen. Weihnachten 1974 ließ man sie auf paar Tage nach Hause. Damals wohnte auch ihre Schwester bei ihr. Miss Pratt bat mich sehr, ich möchte ihr doch das traditionelle Christmas-Dinner kochen, mit allem Drum und Dran. Ich konnte nicht absagen und ging hin. Sie hat sich so gefreut, als ich kam, und genoss das Weihnachtsessen, saß später im Salon, umgeben von vielen Geschenken, Blumen und Weihnachtskarten. Mich hat sie auch sehr beschenkt. Das war ihr letztes Weihnachtsfest.

Als sie nach Neujahr zurück ins Krankenhaus musste, starb sie paar Tage drauf.

Die Totenfeier war in der englischen Kirche, nicht weit von ihrer Wohnung. Es waren viele alte Bekannte und Freunde da. Sie wurde im *Golders-Green*-Krematorium verbrannt. Nur drei Autos mit paar näheren Bekannten fuhren mit, auch ich. Die Schwester kam nicht mit, denn sie musste im Hause all die anderen Gäste bewirten (nach englischer Tradition). Ich habe zum ersten Mal so eine Einäscherung erlebt. Der Sarg wurde vor dem Altare (das war eine Tür) aufgebahrt, der Pfarrer sprach ein paar Worte, dann spielte eine Orgel einen Trauermarsch, und der Sarg verschwand durch die offene Tür, er glitt so wie auf Schienen. Die Schwester hatte mich gebeten, all die Karten einzusammeln von den Kränzen, die auf dem Rasen lagen vor einer Halle, wo in den Nischen die Urnen mit den Aschen der Verstorbenen standen. Auch wir warteten, bis man die Urne von der verstorbenen Pleasance brachte und auf den bestimmten Platz stellte, dann fuhren wir zurück in die Wohnung, zu einem Drink und Tee. Somit habe ich eine englische Beerdigung miterlebt. Nach einigen Wochen kam ein Brief für mich von einem Rechtsanwalt, der mir mitteilte, dass Pleasance mir 50 Pfund in ihrem Testament vermacht hat. Ich würde sie aber erst bekommen, wenn ihre Schwester Lucy das Zeitliche gesegnet hat. Lucy besuchte ich auch später ab und zu (sie wohnte jetzt in der Wohnung der Verstorbenen). Sie war mir auch sehr zugetan, und wir gingen öfters ins Theater oder zum Essen. Sie überlebte ihre Schwester paar Jahre, und als ich 1978 oder 1979 vom Urlaub aus Deutschland nach Hause kam, fand ich einen Brief vor von Lucys Bekannten, dass sie gestorben ist. Danach kam auch ein

Schreiben vom Rechtsanwalt, dass mir auch Miss Lucy Pratt 50 £ hinterlassen hat. Ein Scheck über 100 £ lag bei. Das war das erste Mal in meinem Leben, dass ich was geerbt habe.

Als ich aufhörte zu arbeiten, fand ich eine kleine Beschäftigung, einmal im Jahr, bei einer Bekannten der verstorbenen Damen Pratt. Sie hatte ein Haus nicht weit von den Pratts, vermietete vier Zimmer an Sekretärinnen mit Frühstück und Abendmahlzeit (Dinner). Wenn diese Dame einen Monat vereiste, bat sich mich, zu kommen, auf die jungen Damen aufzupassen und sie zu beköstigen, so wie es üblich war. Mit der Hausarbeit hatte ich nichts zu tun, denn es kam jeden Tag eine Aufwärterin, die alles aufräumte und putzte, auch die Zimmer der jungen Damen. Das Haus war geräumig. Das große Wohnzimmer befand sich Parterre, die Schlafzimmer, Bad und Toilette im ersten und zweiten Stock. Die Küche wie auch die dazugehörigen Kammern und Abstellräume und auch ein hübsch eingerichtetes Speisezimmer befanden sich im Souterrain, wo auch ein Eingang für die Lieferanten von der Straße war. Auch war ein schwarzer Kater im Hause, der von Madam sehr verwöhnt wurde. Den musste ich auch füttern, am Morgen gekochten Fisch, dann zur Hauptmahlzeit am Spätnachmittag gekochtes Huhn oder Kaninchen, und das alles wurde dem Kater auf einem Tablett im Wohnzimmer gereicht und dazu eine Schale mit Milch. Madame schlief mit dem Kater in ihrem Schlafzimmer, und zur Nacht stellte sie ihm auch was hin. Ich schlief in ihrem Zimmer, wenn sie fort war. Den Kater habe ich die erste Nacht vor die Tür gesetzt, ein altes Kissen im Speisezimmer in eine Ecke auf die Dielen gelegt, daneben das Nachtessen (auf dem Tablett), und sagte ihm: »Du kommst nicht in das

261

Zimmer!« Wütend funkelten seine grünen Augen (er war es nicht gewöhnt, dass man ihn so behandelte!). Aber ich lasse mich von einem verwöhnten Katzenvieh nicht erweichen. Alles, was ich ihm zu Essen gab, musste man auf der Brompton Road bei Harrods kaufen (ein teurer Laden). Die erste Nacht saß er vor meiner Schlafzimmertür, kratzte und miaute jämmerlich, aber es half nicht. Am Morgen, früh um halb sieben, kratzte er schon wieder, und ich musste aufstehen, in die Küche gehen und den Fisch kochen. Ich kochte den Fisch jeden dritten Tag, stellte ihn in den Kühlschrank und wärmte ihn am Morgen nur auf. Die ersten zwei Tage bockte der Kater, er wollte nicht in der Küche essen – na, dann nicht! Ich dachte gar nicht daran, ihm auf dem Tablett seine Morgenmahlzeit im Salon zu reichen. Als er sah, dass mit mir nicht zu spaßen war, fing er doch allmählich an, in der Küche zu essen. Am Tage, wenn er nicht draußen war, schlief er im Salon auf dem besten Lehnstuhl. Im Souterrain, in der Tür zur Straße war eine Klappe, wo er ein und aus gehen konnte. »Sooty« hieß das Vieh. Und wenn er draußen war, so saß er manches Mal auf dem Kühler irgendeines geparkten Autos vor dem Hause. Öfters hörte ich englische Damen vorübergehen, die den pechschwarzen Kater auf einem gelben, grünen oder roten Wagen sitzen sahen und stehen blieben, ihn bewunderten und riefen: »What a lovely cat is sitting on the bonnet!« 1979 wurde diese Dame dann in eine Privatklinik gebracht, weil sie einen Schlaganfall hatte, und danach gelähmt auf der rechten Seite war, sie konnte sich kaum bewegen und kaum sprechen. Ich besuchte sie paar Mal, sie erkannte mich wohl, ich hatte aber den Eindruck, dass ihr Verstand auch nachgegeben hatte, sie starb zwei Jahre später in der Klinik. Das Haus erbte eine Nichte, die Sekretärinnen zogen woandershin, und der Kater wurde auch ins Jenseits befördert. Eigentlich ein trauriges Ende einer alleinstehenden Dame ohne Kind und Kegel, die sehr rege und sehr viel Interesse für alles hatte und gar nicht so alt war. Wenn ich an meine Schwägerin Ortrud U. denke, die 1967 auch einen Schlaganfall hatte (sie war erst 56) und so viel Willenskraft hatte, um von neuem das Sprechen zu lernen. Ihr Großsohn, wenn er von der Schule kam, beschäftigte sich mit ihr jeden Tag ein bis zwei Stunden. Sie hat auch gelernt, mit der linken Hand zu schreiben. Aber so ein Fall wie diese arme Engländerin war nur dafür da, dass die Privatklinik das teure Geld genommen und nichts für sie getan hat.

So ist es auf der Welt, traurig aber wahr.

Noch ein Wort zu den Verwandten in Husum:

Mein Schwager Uscinowicz starb im Jahre 1966. Vor seinem Tod im Sommer besuchte ich ihn (ich war aber auch früher paar Mal bei ihm gewesen). Michael war Arzt und war der älteste Bruder meines verstorbenen Mannes. Als er von dem Unglück mit der *Gustloff*, das mich betroffen hatte, erfahren hatte, war auch er schwer erschüttert. Damals, als der Krieg ausbrach, verließ er ja mit den Deutschbalten Lettland. Seine Frau war eine Deutschbaltin, geb. Schiller. Er hatte zwei Töchter, die älteste Ira, die zweite Ewa. Ewa war ein Krüppel, geboren mit einer Hüftluxation beiderseits (Hüftverrenkung). Was die Eltern nicht alles getan haben, um dies Übel zu beheben! Meine Schwägerin fuhr nach Wien, nach Berlin zu den besten Fachärzten, keiner konnte ihr helfen. Ewchen war ein nettes Mädel, ging aber wie eine kleine Ente. Das war auch der Grund, warum mein Schwager übersiedelte, denn er hoffte immer, dass in Deutschland dem Kinde eher geholfen wird als im von Russen besetzten Lettland. In Husum hatte mein Schwager sich ganz gut eingelebt, zuerst arbeitete er als Hilfsarzt bei einem alten Husumer Doktor, dann bekam er eine Erlaubnis, seine eigene Praxis zu eröffnen. (Im Kriege hat er im besetzten Polen als Arzt gearbeitet und auch viel den dortigen Polen geholfen, es wusste aber kaum jemand davon.) Er bekam eine Entschädigung nach dem Kriege (da sie doch Polen verlassen mussten), baute sich ein nettes Haus, von dem ein Teil für die Praxis bestimmt war. Meine Schwägerin half ihm viel dabei. Er wurde sehr bekannt als Arzt und besonders bei der ärmeren Bevölkerung, es war ihm nie zu schwer, wenn er nachts herausgeholt wurde. Da er auch ein großer Fußballfan war, war er auch Arzt bei der Husumer Fußballmannschaft. Mein Mischa, wie er immer zu Hause genannt worden war, und seine Frau gewannen viele Freunde in Husum. Sie hatten ein offenes Haus, und jeder kam gern zu ihnen, auch die einheimischen Ärzte schätzten ihn und besonders der Chefarzt des dortigen Krankenhauses, mit dem er gut befreundet war. Ira und Ewa beendeten die Schule in Husum. Ira lernte Modezeichnerin und Couturier, und Ewa wurde Beamtin beim Steuerinspektor von Husum. Ira heiratete recht bald einen Reporter und Journalisten beim Norddeutschen Rundfunk in Hamburg, übersiedelte dorthin und gebar einen Sohn, Stefan. Als das Kind drei Jahre alt war, starb der Vater an Krebs. Die Großeltern scheuten keine Ausgabe, um den Schwiegersohn zu retten, aber es half nichts. Ira musste arbeiten und bekam auch eine gute Stelle beim NDR in Hamburg, hatte dort eine kleine Wohnung, kam aber jeden Freitagabend nach Husum. Das Großkind lebte bei den Großeltern und wurde von ihnen erzogen und verhätschelt, und die Tante Ewa liebte und verwöhnte den kleinen Neffen. Mischa fühlte sich nicht wohl, sein Herz machte ihm Sorgen, trotzdem arbeitete er fleißig weiter. Als ich sie alle im Sommer 1966 besuchte, war es schlimm mit ihm. Ich wollte seinen Rat, ich musste mich nämlich entschließen zu einer ziemlich komplizierten Operation (Muskelschwund) an den Füßen und Händen. Ein sehr bekannter Orthopäde hatte mir dazu geraten (das waren die Folgen von dem eiskalten Bad in der Ostsee 1945). Mischa fand es auch richtig, dass ich mich dieser Operation unterziehen sollte. Sicherheitshalber schickte er mich noch zu einem bekannten Orthopäden in Husum, der auch dasselbe bestätigte. Beim Abschied, als ich nach London zurückflog, sagte er mir: »Du kommst nächstes Jahr mit dem Stöckchen, und dann gehen wir beide im Park spazieren, aber sollte ich früher abkratzen, versprich mir, zu meiner Beerdigung zu kommen!« Er hatte es gefühlt, dass es mit ihm bald zu Ende geht. Im Dezember 1966, kurz vor Weihnachten, starb er. Ich wurde sofort benachrichtigt, und den nächsten Tag saß ich schon im Flugzeug. Als Ewa mich in Husum abholte, fuhren wir zuerst in die Leichenhalle, ich wollte ihn nochmals sehen. Den nächsten Tag war er schon aufgebahrt in der Kirche und wurde nach dem katholischen Ritus beerdigt (die Familie war protestantisch). Der junge katholische Pfarrer, der ihn beerdigte, hatte ihn oft in den letzten paar Wochen im Krankenhaus besucht, und scheinbar hatte er ihm vieles von seinem Leben erzählt. Die Kirche war überfüllt mit Menschen, Freunden und alten Patienten, und ich hörte, wie paar alte Frauen ganz traurig sagten: »Unser lieber Doktor ist tot.« Allen, der Familie und auch mir, ist sein Tod sehr nahegegangen, denn Mischa war nicht nur ein guter Freund von mir, sondern so wie ein eigener Bruder, der mein Schicksal mit mir teilte.

Ich wurde nach Weihnachten, am 7. Januar 1967, von einem erstklassigen Orthopäden operiert (noch ein jüngerer Mensch). Zuerst ein Fuß (vergipst), nach ein paar Monaten der andere, dann eine Hand und dann die andere. Ich war im Krankenhaus fast neun Monate, bis ich wieder so weit war, dass ich am Stock nach Hause gehen konnte. Es war eine sehr schwere Zeit für mich, aber ich habe es durchgehalten. Lag im großen Saal mit ca. dreißig anderen Patienten. Später, als ich schon im Rollstuhl selbst zur Toilette oder in den Aufenthaltsraum fahren konnte, war es besser, da konnte man ein wenig Fernsehen oder Luft auf der Veranda schnappen. Die Abteilung, wo ich lag, war früher eine Lungenstation während des II. Weltkriegs gewesen, und die Betten waren nur auf einer Seite gegenüber dem Balkon, so dass man im Sommer die Türen weit aufhaben konnte. Überhaupt bestand das ganze Krankenhaus aus Baracken und lag in der Mitte eines Parks. Die Oberschwester wusste von mir, dass ich mal Schwester war, auch dass ich sogar OP-Schwester und Oberschwester in einer Klinik gewesen war. Als ich mit einem vergipsten Fuß gehen konnte, zeigte sie mir arme missratene Geschöpfe, Kinder, die behindert geboren worden war, weil ihre Mütter ein falsches Medikament eingenommen hatten. Manche Eltern kümmerten sich aber überhaupt nicht um so ein Kind.

Mich besuchte kaum jemand von den paar Bekannten, die ich in London hatte (die Klinik war sehr außerhalb der Stadt, und die Verbindung war schlecht). Wenn Besuchszeit war, setzte ich mich in einen Rollstuhl und verbrachte die Zeit im Aufenthaltsraum, wo auch das Fernsehen war. Mir erlaubte die Stationsschwester auch, mich am Abend in diesem Raum aufzuhalten, und so konnte ich in Ruhe ein Buch lesen oder mir einen netten Film ansehen. Die Schwestern brachten mir dann den »night cup«, einen Tee oder was ich sonst wünschte, und dann rollte ich in den großen Raum zurück, zu meinem Bett, das am äußersten Ende des Krankensaals stand. Ich hatte nur eine Nachbarin, das Bett stand am großen Fenster, und ich konnte die schönen grünen Bäume sehen und die Vögel und Eichhörnchen herumhopsen. Am spaßigsten war es am frühen Morgen, wenn die Verandatür geöffnet wurde und wir unser Frühstück bekamen. Die Spatzen lauerten nur darauf, denn die Patienten schmissen kleine Stückchen Brot auf die Veranda oder vor ihre Betten auf die Diele, und die Spatzen waren so frech, dass sie sich auch aufs Bettgestell am Fußende niederließen und warteten auf das Frühstück. Später hat man uns verboten, die Vögel zu füttern, denn die sauber polierten Dielen wurden sehr davon beschmutzt.

Als meine Hände noch nicht operiert waren und ich auf den Chirurgen warten musste, der auf einen Monat in Urlaub war, veranstalteten die Nonnen einen Bazar. Die Oberin fragte mich, ob ich vielleicht alte Puppen anziehen könnte, in Trachten? Ich sagte ja, und sie brachte mir so einige Puppen und dazu allerhand Stoffreste. Und nun zog ich die Püppchen an. Zuerst reinigte ich ihre Gesichter und Händchen, und dann fing ich an. Erst mit zwei polnischen Maruschkas in nationaler Tracht, dann kamen zwei russische ukrainische Mädchen und dann noch zwei Tiroler Dirndln. Ich musste wohl mich selbst loben, sie gelangen mir perfekt. Ich hatte alle möglichen Zutaten, sogar Perlenketten und diverse Bänder. Für die Tirolerin bastelte ich kleine Filzhüte, und die Schuhe waren aus schwarzem Filz. Die Federn sammelte ich auf der Veranda (von den Spätzchen), es war alles ein großer Erfolg. Alle bestaunten die Püppchen. Ich weiß gar nicht, wie ich das fertiggebracht habe. Ich hatte zwar nach dem Krieg die Püppchen mit der alten Frau Krey in Glienicke fabriziert, für das erste Friedensweihnachten, als die Russen in Berlin waren. Die Puppen in der Klinik aber wurden extra auf dem Bazar verlost und brachten eine ganz gute Summe ein.

Nachdem auch meine Hände operiert waren und es so weit war, dass ich entlassen wurde, kam ich wieder zurück in meine Woodville Road. Es war nicht leicht die erste Zeit, aber es ging. Die Miteinwohner waren ja tagsüber beschäftigt, ab und zu brachte mir jemand was zum Essen, aber meistens ging ich (mit dem Stock) alleine zum Laden, der nicht weit war, und besorgte mir selber, was ich nötig hatte. Auch besuchten mich einige Bekannte, jetzt wo ich zu Hause war. Mit der Zeit konnte ich besser laufen, musste aber nochmals in ein Krankenhaus in Ealing, wo mir drei Zehen (das erste Glied) amputiert wurden, um ein Gangrän (Wundbrand) zu verhindern. Das dauerte dann auch einige Wochen, bis ich wieder so richtig gehen konnte. Somit hatte der Orthopäde quasi auch eine »alte Puppe« repariert, wie ich ihm sagte, die jetzt wieder einigermaßen normal laufen konnte. Hier in England gab es keine Nachbehandlung, weder Massage oder sonst was. Für junge Leutchen wohl, da wurden sie in ein Erholungszentrum gesandt, aber für Ältere nichts – das ging nach dem Motto: »Sieh zu, wie Du mit alldem fertig wirst.« Mein alter englischer gewesener Freund, Mark D., hat mich weder im Krankenhaus besucht noch einen Blumenstrauß gesandt. Es kam aber eine »gute« Bekannte von ihm ins Krankenhaus und brachte mir in seinem Namen einige schöne Delikatessen. Sie sagte dazu, dass Mark keine kranken Menschen sehen könne! Als ich zu Hause war, besuchte er mich nach einiger Zeit, das war auch das letzte Mal (denn ich war ziemlich zugeknöpft, machte aber keine Bemerkungen, und dabei blieb es). Nach zwei Jahren starb seine Frau an Alkoholvergiftung. Er überlebte sie paar Jahre, an was er starb, weiß ich nicht. Hat mir aber eine kleine Legation hinterlassen, die mir einmal im Jahre von seinem Rechtsanwalt überwiesen wird. Es wird aber jedes Jahr weniger und wird wohl bald aufhören. Ich lebe sehr sparsam von meiner Rente, bekomme auch eine kleine Pension von der BEA. Spare das Geld, um wenigstens einmal im Jahr zu verreisen, mal nach Husum, mal nach Basel, von wo mich immer Peggy abholt. Ich besuche sie oft im Schwarzwald. Als sie den zweiten Ehemann verlassen hatte, bekam sie eine nette Wohnung und lebte dort mit ihrem jüngsten Sohn Siegfried. Ulrich, der zweite Sohn, musste in die Bundeswehr, die übliche Zeit abdienen. Er wollte Veterinärarzt werden. Einen Sommer kam er nach London mich besuchen, er hatte dort eine Freundin, die als *au pair* bei einer Familie in Hampstead war und auch genügend Zeit hatte, um die englische Sprache zu erlernen. (Sie war eine nette Person und besuchte mich später öfters.) Als Uli nach Hause kam, klagte er über wahnsinnige Kopfschmerzen, die ihn schon in London plagten. Peggy schickte ihn zum Arzt, er konnte wenig was feststellen und meinte, er sollte nach Freiburg in die Neurologische Klinik zum Röntgen. Peggy fuhr ihn hin, und bei der Röntgenaufnahme stellte es sich heraus, dass er einen Tumor im Gehirn hatte, der operiert werden musste. Das war wohl ein großer Schreck für Mutter und Sohn, aber es musste so schnell wie möglich unternommen werden. Ein schwerer Entschluss: Er wurde operiert, aber die Folgen waren sehr traurig, er konnte nicht mehr sehen, er erblindete. Ein trauriges Schicksal für einen jungen Menschen. Als er aus dem Hospital nach Hause kam, begannen die schwersten Zeiten für ihn und die Mutter. Peggy hat alles getan, was möglich war, um ihm das grausame Schicksal zu erleichtern. Am Anfang war er unausstehlich, konnte es nicht überwinden, was mit ihm geschehen war, und die Seinigen litten darunter, erst allmählich legte sich dieser Zustand. Zu Hause fand er sich gut zurecht, konnte uns sogar das Frühstück bereiten (als ich da war), ging auch selbst spazieren (er kannte von früher die Umgegend gut), hatte auch schon wieder Interesse für das Weibliche, und so manche Dame besuchte ihn auch. Ulrich war ein intelligenter, gescheiter junger Mann, belesen, musikalisch. Peggy kaufte ihm einen »Tape Recorder« und verschiedene Kassetten. Er liebte nicht besonders Popmusik, er war mehr für das Klassische. Er beschloss, einen Blindenkursus für die Computerprogramme zu besuchen, aber daraus wurde nichts. Dann überredete ihn seine Mutter, er solle sich doch in Säckingen im Sanatorium bei einem Massagekursus melden. Er wurde auch angenommen, und es machte ihm Spaß, das zu erlernen, hatte sich allmählich gut eingearbeitet und war zufrieden, dass er nun selbst Geld verdienen konnte. Bekam eine kleine Wohnung in Säckingen, und mit Hilfe seiner neuen Freundin, die zwei Augen und einen Wagen hatte und die auch Masseurin lernte, hat er sich eingerichtet. Ulrich ist ein Skorpion (geboren am 2. Nov.), so wie ich (3. November), und Skorpione lassen sich nicht unterkriegen und beweisen, was sie können. Aber einen Tag im Sommer passierte wieder was mit ihm, er dachte, er kann per Rad fahren, da er doch ein ganz klein wenig sehen konnte, radelte in Säckingen und stieß auf ein Lastauto, fiel hin und musste wieder in die Klinik nach Freiburg. Für Margarete war es entsetzlich – was wird nun mit ihm? Er musste geröntgt werden (Gott sei Dank kein Schädelbruch), musste aber fest im Bett liegen. Zuerst erkannte er keinen, war halb besinnungslos, aber später kam er zu sich. Ich kam um diese Zeit gerade Margarete besuchen. Wir fuhren nach Freiburg, und als ich bei seinem Bett stand und ihn ansprach, da freute er sich und sagte: »Ich wusste, Du wirst kommen!« Seine Freundin, ein nettes Mädel, sorgte sich sehr um ihn. Das waren schlimme Zeiten, aber er überlebte das. Als ich vor zwei Jahren wieder dort war, haben wir beide, Ulrich und ich, unseren Geburtstag im November gefeiert, zwei Skorpione, der eine blind und jung, der andere alt und lahm!

Margaretes jüngster Sohn, Siegfried, blieb bei der Mutter, ist jetzt auch schon ein erwachsener junger Mann, der noch sich allmählich zurechtfinden wird, was er eigentlich werden möchte. Hat so seine Ideen, ist gescheit. Ich wünsche ihm wirklich das Allerbeste für die Zukunft.

Margarete hatte aber wirklich Pech mit ihrem ältesten Sohn. Sie gab ihm eine gute Erziehung, er sollte studieren, aber daraus wurde nichts. Traurig, alles wurde Margarete aufgehalst. Sie hat genug in ihrem Leben geschuftet, erst für den ersten Ehegatten, dann für den zweiten, einen Dank hat sie nie geerntet. Sie tut mir von Herzen leid, und ich kann ihr nicht viel helfen – so ist das Leben.

Ich saß hier in England weit weg und freute mich immer,

wenn sie mich mal besuchen kam. So vergingen die Jahre. Sie ist mir die Nächste, denn wir beide haben unsere Lieben bei der *Gustloff*-Katastrophe verloren, wurden beide vom selben Torpedoboot aus der eisigen Ostsee gerettet, haben die Russen in Berlin erlebt, gehungert und geschuftet und sind immer wieder hochgekommen und sind keinem was schuldig geblieben. Nun lebe ich schon seit 1948 hier in London, bin alt geworden, zwar nicht mehr so rege wie früher, aber Gott sei gelobt noch nicht verkalkt. Habe meine kleine Wohnung und bin zufrieden, dass ich noch alles alleine meistern kann und von keinem Menschen abhängig bin. Interessiere mich für alles, was auf der Welt vorgeht. Habe einen Fernsehapparat und sehe mir an, was mir gefällt. Lese viel. Wir haben hier in Ealing eine sehr gute Bibliothek, die Bücher in allen Sprachen hat, eine große Auswahl. Nach London Town komme ich weniger, erstens, ich kann nicht mehr die »Masse Mensch« vertragen und dann hapert es mit der Verbindung. Ich bin ja auf »*London Transport*« angewiesen, und das ist heutzutage auch ein Problem. Mit der Untergrundbahn ginge es ja schneller. Ich benutze aber wenig die Untergrundbahn, das Treppensteigen bei manchen Stationen ist für mich nicht leicht. Es gibt ja Rolltreppen bei den größeren Haltestellen, aber in den Vororten weniger. Ich fahre lieber mit dem Bus. Aber heutzutage ist immer was los, mal streikt die Bahn, mal die Busse, dann ist der Verkehr verstopft, und die Schlange bewegt sich langsam.
Geduld muss man haben und Zeit!

Peggys Weg

Ich glaube, ohne meine Tante Ucka, meine Ukutschka, wie ich sie oft zärtlich nannte, hätte ich das Überleben nach dem großen *Gustloff*-Unglück in Berlin nicht geschafft. Ucka hatte eine unglaubliche Kraft und eine lebensbejahende Stärke, die ich an ihr sehr bewundert habe. Ihr fiel immer etwas ein – selbst in den verzwicktesten Situationen hatte sie noch irgendeine geniale Idee, mit der sie uns beiden wieder aus dem Schlamassel half.

Wir sind sehr liebevoll von den Tanten Ida und Lilly Wüst aufgenommen worden, haben auch bei den beiden in Glienicke das Ende des Krieges miterlebt. Am Ende, als Berlin ununterbrochen bombardiert wurde, mussten wir mit den beiden Damen und den Nachbarn aus den umliegenden Häusern in den Keller, wenn es Alarm gab – Ucka und mir war das immer zu viel. Wir hatten solche Schrecknisse hinter uns gebracht, dass wir innerlich viel zu schwach waren, um uns mit vielen anderen Menschen in einen Keller zu retten, der uns vor Tod und Verderben, vor Bomben und Vernichtung schützen sollte. Wir konnten uns selbst nicht mehr recht mobilisieren. Aber letztlich haben wir dann doch immer alles getan, was alle taten, wir liefen in den Keller, warteten den Angriff ab und krochen dann wieder heraus – und waren natürlich auch froh, dass uns nichts passiert war. Die Tanten waren immer sehr besorgt um uns, und wir haben funktioniert. Und natürlich wollten wir am Ende doch überleben, wie alle anderen auch.

Ucka war in allem die treibende Kraft. Sie organisierte,

sie wusste weiter, sie konnte Menschen überzeugen, etwas für uns zwei zu tun, sie fand Quartier, wenn es nötig war.

Ich bin in diesen letzten Kriegswochen trotz allem manches Mal nach Berlin gefahren und besuchte dort die Mutter meines Freundes aus Gotenhafen, den ich beim »Schanzen« kennengelernt hatte. Sie war immer sehr nett zu mir, hat mich freundlich aufgenommen und ahnte wohl, dass ich ihren Sohn sehr gerne hatte. Ich glaube, sie hat mich schon als »Quasi«-Schwiegertochter angesehen. Nach diesen Besuchen bei Frau Konter schlug ich mich dann immer wieder zurück nach Glienicke durch, wo Ucka war.

So schrecklich diese letzten Kriegsmonate waren, gab es aber auch noch ganz interessante und schöne Erlebnisse. Es kamen alle möglichen Kollegen und Schauspielfreunde von Ida Wüst vorbei, und es war natürlich sehr spannend und oft interessant, die zu treffen. Ida war ein großer Star gewesen und hatte mit vielen Berühmtheiten Theater gespielt und Filme gedreht. Nach dem Krieg hatte sie einige Jahre Probleme mit der Entnazifizierung, weil sie während des Dritten Reichs einen Regisseur angeblich verleumdet oder angezeigt hätte, und außerdem war sie auch noch mit Görings Frau, Emmy Sonnemann, befreundet gewesen. Zwei Jahre lang durfte sie überhaupt nicht arbeiten, weil sie als »belastet« galt. Ich habe sie als liebenswürdige und sehr hilfsbereite Person in Erinnerung und ihre Schwester auch. Wenn uns die beiden nicht so rührend aufgenommen hätten, wäre die Zeit in Berlin nach dem *Gustloff*-Untergang sicher viel schrecklicher verlaufen.

Auf die Dauer war es natürlich etwas eng bei den Tanten. Wieder war es Ucka, die ein Quartier fand, in einer Villa auf der anderen Seite des Glienicker Sees. Das Ende des Krieges haben wir dann dort erlebt.

Wir waren alle so froh, als der Krieg vorbei war. Wir waren, wie alle Menschen zu dieser Zeit, zermürbt von ständigen Bombardierungen, von Elend und Unsicherheit und hofften natürlich, dass nun ein besseres Leben anfangen würde. Als Erstes kamen die Russen in unsere Gegend. Auch da mussten wir ein paar Erfahrungen machen, die nicht angenehm waren, und es war schon wieder Ucka, die die schlimmsten Gefahren abwendete, vor allem von mir. Ucka war für mich wirklich wie eine Mutter.

Ich war nun am Kriegsende 21 Jahre alt. Und ich wusste eigentlich gar nicht, was ich tun sollte. Mein Traum war ja die Zahnmedizin, das hätte ich gerne an der Humboldt-Universität studiert. Ich hatte aber weder ein Abiturzeugnis, noch hätte ich ein Studium finanzieren können. Ich lernte einen Zahntechniker kennen, der mir riet, ich solle mich als Ausgleich dann eben auf Zahntechnik konzentrieren, aber dazu konnte ich mich auch nicht entschließen. Ich war total orientierungslos. Dann las ich eines Tages, dass dringend Lehrer gesucht würden und dass man eine Kurzausbildung machen könne, um Volksschullehrer zu werden. Das schien mir dann eine Möglichkeit, einen vernünftigen Beruf ergreifen zu können, und ich machte diese Kurzausbildung dafür.

Mittlerweile war auch mein alter Freund Gerhard Konter aus englischer Gefangenschaft nach Hause gekommen, und wir beschlossen, bald zu heiraten. Eigentlich hatten wir uns ja schon längst – noch im Krieg in Goten-hafen – versprochen, dass wir aufeinander warten wollten. Wie das halt damals so ging, in der schreck-lichen Zeit, die alles so unsicher machte. Der Gedan-ke, dass man nicht allein sein würde, war so beruhi-gend, und so hat man sich viel schneller zusammen-getan, als man das in normalen Zeiten wohl gemacht hätte.

Ich machte also diese Lehrerausbildung in Berlin, traf auf einen besonders netten Schulrat, der mir gut ge-sonnen war und der mich auch beriet, wie ich die Prü-fungen und alles, was damit zusammenhing, gut hinter mich bringen konnte.

Gerhard wollte eigentlich dasselbe machen wie ich, hatte noch im Krieg ein Not-Abitur wie so viele aus seinem Jahrgang, die als ganz junge Menschen in den Krieg mussten, gemacht. Aber er kam irgendwie nicht recht auf die Beine. Zeitweise arbeitete er im West-hafen, hat dort Getreide ausgeladen, ein halbes Jahr lang tat er das. Danach besuchte er auch eine päda-gogische Hochschule.

Am 24. August 1946 haben wir geheiratet. Ich weiß nicht, warum ich ihn geheiratet habe, ob aus Einsam-keit oder ob es wirklich Liebe war. Ich weiß es einfach nicht. Die Schwiegermutter war sehr nett, die mochte ich richtig gerne, und ich glaube, die Ehe war eine Art Rettungsanker für mich. Und 1947 bekam ich mein erstes Kind, da war ich gerade 22 Jahre alt.

Mit Gerhard gab es noch ein Problem, das mich ziem-lich in Atem hielt. Er hatte in dieser Zeit noch lange nicht den Nazi »abgestreift«, wie ich das immer im Stillen nannte. Aber das Komische war auch: Wir ha-

276

ben nie richtig über Politik geredet, ich war wohl auch völlig desinteressiert. Trotzdem beunruhigte mich das, was ich mitbekam, sehr. Dass er nachts manchmal nicht nach Hause kam und dann am nächsten Morgen von irgendwelchen »Heldentaten« erzählte, wie er und seine Kameraden in der Nacht die russische Fahne irgendwo abgerissen hätten, hat uns einander nicht gerade näher gebracht. Das waren so Husarenstücke, mit denen ich nichts anfangen konnte. Mein Mann war immer in irgendwelchen »Zellen« tätig, so viel bekam ich schon mit. Sie sollten russische Soldaten bespitzeln und dann weitermelden, was sie erfahren hatten. Ein ehemaliger Schulkollege meines Mannes wurde bei so was geschnappt und daraufhin nach Sibirien verbannt. Und zu allem Unglück hörte dann mein Mann auch zu studieren auf, während ich gerade zusehen musste, einigermaßen rumzukommen mit allem. Ich hatte ein Kind, einen Beruf und musste auch für das tägliche Leben sorgen. 1949 hatten wir außerdem noch ein zweites Kind, wieder einen Sohn, bekommen. Über meine beiden Kinder war ich richtig froh. Ich fand es schön, sie zu haben. Meine Schwiegermutter half mir viel. Ohne sie hätte ich das alles nicht geschafft. Ich kam damals kaum dazu, mir über mich selbst Gedanken zu machen – ob ich nun glücklich war oder nicht. Ich hatte einfach keine Zeit für solche Überlegungen, das tägliche Leben forderte zu viel von mir ab.

So lebten wir einige Zeit vor uns hin. Mittlerweile war meine liebe Ucka nach England gegangen, wo sie als lettischer Flüchtling eher ein Weiterkommen für sich sah als in Berlin. Damit hatte ich aus meiner Familie nun überhaupt niemanden mehr in meiner Nähe. Ucka schrieb wenigstens oft. Ihr Leben in London war auch nicht gerade leicht.

Als mein älterer Sohn Eberhard schon in die Schule ging, steckte mir eines Tage eine Kollegin, dass mein Mann eine Freundin hatte. Sie erzählte mir das einfach so. Das hat mich unglaublich empört und verletzt. Ich hatte so viel zu schuften und hatte immer versucht, alles einigermaßen hinzukriegen, aber nun auch noch als betrogene Ehefrau durch die Gegend zu laufen, dazu hatte ich wirklich keine Lust. Das war einfach zu viel für mich.

Nachdem ich die Geschichte gehört hatte, ging ich nach Hause, wo mein Mann schon war. Ich war relativ ruhig. Aber ich zog meinen Ehering aus, legte ihn auf den Tisch und sagte zu ihm, er könne auf der Stelle verschwinden, das wär's nun gewesen. Mehr war nicht zu sagen.

Mein Mann zog aus, und damit war diese Ehe beendet. Ich weiß bis heute nicht, ob wir uns geliebt haben. Wahrscheinlich war es eine Notgemeinschaft von beiden Seiten.

Ich reichte die Scheidung ein, und wir wurden auch problemlos geschieden. Meine Schwiegermutter wollte gerne, dass ich in Berlin blieb, wenigstens in der Nähe. Aber ich wollte lieber weg. Möglichst weit weg sogar. Wollte alles hinter mir lassen, dem ganzen Schlamassel einfach entkommen. Ich glaube, es war weniger der Gedanke, etwas »Neues« anzufangen, als mehr eine Art Flucht. Wieder einmal. Ich war ja schon ein wenig daran gewöhnt, mich auf die Flucht zu begeben und – erst mal an einem neuen Ort angekommen – sie zu überleben.

So sollte es auch diesmal wieder kommen.

Die Scheidung war 1954 gewesen. Das war mitten in den Jahren des Aufbruchs, es ging uns in Deutschland langsam etwas besser, die schlimmsten Kriegswunden waren verheilt.

Mein älterer Sohn war immer sehr anfällig für Bronchialinfekte gewesen. Die Luft in der Großstadt Berlin war sicher auch nicht ideal für solche Infekte, und darum riet mir jemand, ich sollte das Kind in den Schwarzwald schicken. Dort könnte er sich in der sehr viel frischeren Luft erholen. Ich fuhr mit Eberhard dort hin, sechs Wochen waren vorgesehen. Ich konnte nur eine Weile dort bei ihm bleiben, dann musste ich wieder zum Unterrichten nach Berlin zurück, das Kind ließ ich im Kinderheim. Es fiel mir entsetzlich schwer, ihn zurückzulassen.

Mir hatte es ausnehmend gut im Schwarzwald gefallen. Ehe ich zurückfuhr, fragte ich einfach, ob ich nicht dort eine Lehrerinnen-Stelle bekommen könnte.

Ich konnte! Man wollte mich mit offenen Armen aufnehmen, und ich fand das wunderbar. Natürlich musste ich erst in Berlin alles regeln, ich war schon Beamtin und musste dann neu im anderen Bundesland verbeamtet werden, aber das klappte alles.

Mein Exmann war wieder verheiratet, mit dem »Scheidungsgrund«, er lebte in Zehlendorf, und ich musste mich gar nicht um die alten Ehehinterlassenschaften kümmern. Ich zog mit Sack und Pack, sprich: mit beiden Kindern in den Schwarzwald, in einen sehr kleinen Ort, wo ich Lehrerin wurde und das auch dreißig Jahre lang dort blieb.

Natürlich war es ein ziemlicher Sprung, von der Großstadt Berlin ins kleine Dorf im Schwarzwald umzuziehen. Und es war auch nicht immer einfach für mich. Zwar war es einfach schön dort, und ich war auch zufrieden, dass ich diesen Schritt getan hatte. Aber ich war, vor allem am Anfang, oft sehr einsam. Nun ist zur damaligen Zeit eine alleinstehende Frau mit zwei Kindern ohnehin aufgefallen, und in einem so kleinen Ort wurde natürlich auch jeder Schritt beobachtet. Also konnte ich mir größere Eskapaden nicht gerade leisten. Für die es allerdings auch keinen Anlass gab! Gelegentlich bin ich in eines der beiden Gasthäuser gegangen. Dort gab es Stammtische, und man konnte auch ein wenig plaudern mit anderen Menschen. So lernte ich auch meinen zweiten Mann kennen. Wir mochten uns, er war nett zu mir, und als ich schwanger wurde von ihm, sagte er einfach: »Na, dann gehen wir halt aufs Standesamt.« Und so geschah es auch. Ich heiratete ein zweites Mal am 2. Oktober 1959. Und im Jahr 1960 bekam ich noch einmal einen Sohn, Siegfried.

Eigentlich hätte ich jetzt wirklich zufrieden sein können. Aber auch diese Ehe war nicht die allerglücklichste. Mein Mann kam von einem landwirtschaftlichen Anwesen, sie hatten Kühe, Schweine, Hühner. Da gab es immer viel zu tun, auch für mich, und ich machte diese Arbeit auch ganz gerne. Nur – es war wieder ich, die alles gleichzeitig zu erledigen hatte: meine Arbeit als Lehrerin, als Mutter, nun auch noch mit einem Baby, die Landwirtschaft. Und mein Mann ging gerne ins Gasthaus ... Ich machte auf dem Hof fast alle Arbeiten, ich glaube, ich war recht fleißig damals. Alles konnte ich, nur Traktorfahren nicht. Sogar mit einem Stier bin ich mal zurechtgekommen, als er »stierig« war und zu einer Kuh geführt werden musste.

Das Schrecklichste für mich war, dass ich nirgendwo mehr ein richtiges Heimatgefühl empfinden konnte. Obwohl ich ja dann so lange im Schwarzwald gelebt habe, fühlte ich mich trotzdem dort nie wirklich ganz zu Hause. Diese Unfähigkeit oder dieser Mangel an Empfinden haben mich oft sehr traurig gemacht und mich immer wieder einsam fühlen lassen. Es war einfach ein trauriges Gefühl der Heimatlosigkeit, das mich von Zeit zu Zeit befiel. Außerdem schleppte ich immer noch den Traum von einer großen Familie mit mir herum, wahrscheinlich weil ich selbst aus einer großen stammte und weil ich wusste – erlebt habe ich es ja eigentlich auch nicht mehr –, dass es schön ist, wenn man füreinander da ist, sich mag und dabei aufgehoben fühlen kann.

Aber ich war eigentlich immer im Leben einsam und bin es auch geblieben. Nur manchmal war ich ein bisschen glücklich, vor allem wenn ich bei der Arbeit auf dem Hof und in der Landwirtschaft war. Dann habe ich mir manches Mal vorgestellt, wie es gewesen wäre, wenn ich ein großes Gut gehabt hätte. Ein schöner Gedanke war das.

Ich war fünfzehn Jahre mit meinem zweiten Mann verheiratet. Wenn er ekelhaft zu mir war, dann habe ich manchmal gedroht, dass ich abhauen würde. Aber das hat er mir nie geglaubt. Ich habe mich 1974 aber auch von meinem zweiten Mann scheiden lassen, es ging nicht mehr.

Eberhard, mein erstgeborener Sohn, hat dies und das im Leben gemacht, nicht immer mir zu Freude. Und Uli, mein zweiter, hat Schreckliches erleiden müssen und starb mit 34 Jahren an einem Hirntumor. Es war ein entsetzlicher Kummer für mich. Siegfried, der jüngste, hat auch erleben müssen, dass sich seine Eltern getrennt haben. Das habe ich allen meinen drei Kindern zugemutet.

Meine Bilanz mit fünfzig Jahren war nicht gerade eine richtige Erfolgsgeschichte eines Lebens: zwei Ehen, drei Kinder – und allein. Wieder einsam. Ich habe es bewältigt, ich lebe auch sehr gerne. Aber manchmal denke ich, dass ich von Anfang an etwas in mir hatte, was mich auch so werden ließ, wie ich bin. Immer wieder ist es mir zwar gelungen, wie ein Phönix aus der Asche emporzusteigen, aber nie war wirklich jemand für mich allein da, nie habe ich es ganz geschafft, alles um mich herum glücklich zu vereinen. Oder immer nur für kurze Zeit. Ich hatte meine Eltern nur kurz in meinem Leben – ich war zwanzig, als sie ertranken. Meine Ehemänner waren auch nur kurz bei mir – oder ich bei ihnen –, einer meiner Söhne ist so früh gestorben. Es ist schon seltsam, was mir alles so passiert ist.

Meinen Beruf habe ich gerne gemacht. Die Kinder hatte ich gerne. Das war eine schöne Arbeit, die mich bis zu meiner Pensionierung mit sechzig auch sehr ausgefüllt hat. Ich bin mir sicher, dass ich nur teilweise beliebt war in dem kleinen Schwarzwalddorf, wo ich die Schulleitung innehatte in den letzten Jahrzehnten vor meiner Pensionierung. Manche mochten mich sehr gerne, andere nicht.

Meine Tante Ucka starb 1986, nur drei Monate nach

dem Tod meines Sohnes Uli. Sie hatte ein hohes Alter erreicht. Sie besuchte mich regelmäßig in Deutschland, ich war auch bei ihr in London gewesen. Ihr habe ich zu verdanken, dass es doch für lange Zeit einen mir ganz nahestehenden Menschen gegeben hat, der Mutterstelle vertreten hat an mir, der sich immer um mein Wohl gekümmert hat und zu dem ich auch jederzeit kommen konnte, wenn ich nicht mehr weiter wusste. Ucka war für mich die einzig konstante Beziehung in meinem Leben, der auch ich mich anvertrauen konnte. Sie hatte im Übrigen verfügt, dass sie eine Seebestattung haben wollte – sie wollte in die Ostsee, dorthin, wo unsere ganze Familie lag …

Nach Uckas Tod fand ich in ihrem Adressbüchlein die Namen von Freunden, denen ich ihren Tod mitteilen wollte. Eine von denen antwortete mir, wollte viele Details wissen und lud mich dann brieflich in ihr Haus nach Mallorca ein. Gerne bin ich dorthin gefahren. Es war eine sehr schöne Begegnung mit Mara und ihrem Mann. Mara hatte Ucka gut gekannt, wusste unsere ganze Familiengeschichte und war mir sehr zugetan. Maras Mann war schon etwas klapprig. Das Ehepaar war wegen des angenehmeren Klimas nach Mallorca gekommen. Irgendwann kam die Idee auf, ich könnte die beiden alten Herrschaften versorgen, und im Gegenzug wollten sie mir das Häuschen vermachen. Ich war von dieser Idee sehr angetan – das bedeutete auch, dass ich noch einmal wieder etwas Neues anfangen würde. Oder wenigstens eine große Veränderung in mein Leben kommen würde. Denn mit dieser Idee verband ich auch die Vorstellung, meinen eigenen Lebensabend auf Mallorca zu verbringen und nicht im Schwarzwald allein zu versauern und zu vereinsamen.

Es ging dann alles viel schneller, als es gedacht war. Das Ehepaar starb relativ rasch, beide kurz hintereinander.

Und ich brach auf zu neuen Ufern – ich fing wieder mal ein neues Leben an. Dass ich bald selbst hilfsbedürftig werden würde, weil ein schwerer Schlaganfall mir die körperliche Beweglichkeit geraubt hatte, ahnte ich anfangs nicht. 1987 fing mein Mallorca-Leben an. Und ich habe es nie bereut, dass ich auch diesen Schritt noch gegangen bin.

Anmerkung der Herausgeberin:
Peggy Poles starb 1997 im Alter von 73 Jahren auf Mallorca. Sie hatte etliche Jahre vor ihrem Tod noch einmal eine Reise in ihre alte Heimat Riga gemacht und war trotz ihrer Behinderung durch einen Schlaganfall lebensfroh und heiter. Sie wurde sehr von zwei Söhnen, Enkeln und einem Urenkel betrauert, von alten Freunden aus Deutschland und neu gewonnenen auf Mallorca. Sie hatte verfügt, dass ihre Asche nahe der Stelle des Untergangs der Wilhelm Gustloff *in der Ostsee verstreut werden sollte.*

Anhang

Kurze Geschichte der baltischen Staaten

Dieser kurze und auch sehr kursorische Überblick über die Geschichte der baltischen Staaten unter besonderer Berücksichtigung der Stadt Riga soll dazu beitragen, viele der in den Tagebüchern geschilderten Ereignisse etwas besser zu verstehen.

Vorauszuschicken ist, dass Ursula Boencke, wie schon im Vorwort erwähnt, alle Begebenheiten aus einer langen zeitlichen Distanz heraus beschrieben hat und zwar sicher ein vollkommen unpolitischer Mensch war, aber doch sehr viele Details in ihrem Tagebuch notierte, die ein rudimentäres Bild der politischen Lage Lettlands in den 20 Jahren zwischen den beiden Weltkriegen ergeben. Da die Situation der baltischen Länder zwischen den Kriegen besonders komplex, verworren und vor allem aus der »Innensicht« kaum durchschaubar war, seien hier einige Erläuterungen angefügt.

Ich stütze mich in meinen Anmerkungen in der Hauptsache auf die ausgezeichnete Darstellung des Historikers Georg von Rauch: »Geschichte der baltischen Staaten«, München 1977 (vergriffen).

Litauer und Letten waren seit dem Ende des 12. Jahrhunderts mit Missionsbestrebungen der deutschen Ostkolonisation konfrontiert, die im Staat des »Deutschen Ordens« ihre politische Gestaltung erfuhren. 1721 erwarb Russland unter Peter dem Großen im Frieden von Nystad Estland und Livland als autonome Provinzen. Damit reichte das Russische Reich bis zur Ostsee. 1795 fiel auch Kurland Russland zu. Eine eigene Staatlichkeit hatten Letten und Esten aber erst nach der Russischen Revolution von 1917 entwickeln können. Beim Zusammenbruch des Zarenreiches gingen aus den drei baltischen Provinzen Estland, Livland und Kurland die zwei nördlichen Staaten Estland und Lettland hervor. Litauen war schon seit dem Mittelalter eigenständig.

Die Stadt Riga hatte sich bereits Anfang des 20. Jahrhunderts in eine moderne Großstadt verwandelt. Die Deutschstämmigen stellten damals die Bevölkerungsmehrheit und hielten in der Stadtverordnetenversammlung 51 von 80 Sitzen. Es gab damals schon trotz eines starken Bürgertums in Riga eine hohe Zahl organisierter Sozialdemokraten, wobei die Radikalisierung der lettischen und auch der estnischen nationalen Bewegung die Konzentration sozialistischer Organisationen begünstigte. Dies wurde außerdem noch durch die Vorgänge in Russland verstärkt, wo es im Januar 1905 zu blutigen Auseinandersetzungen gekommen war, nachdem über hunderttausend Arbeiter zum Winterpalast in St. Petersburg, der Residenz des Zaren, marschiert waren, um dort für mehr bürgerliche Freiheiten und wirtschaftliche Erleichterungen zu demonstrieren. Die russische Armee reagierte scharf auf die Demonstration und schoss wahllos in die Menge. Es gab unzählige Tote. In der Folge dieses »Blutigen Sonntags« erhob sich eine Protestwelle in Russland, die zu Streiks, Aufständen und Widerstand gegen die Politik des Zaren Nikolaus II. führte. In den baltischen Staaten kam es daraufhin auch zu heftigen Aufständen in der Bevölkerung, die aber auch hier, wie in Russland, unter strenger Bestrafung der Verantwortlichen wieder unterdrückt wurden.

Der Ausbruch des Ersten Weltkriegs brachte diverse sozialistische Forderungen, z. B. nach mehr Mitbestimmung, zunächst zum Verstummen.

Vor allem die Letten und die Esten hatten wenig Sympathien für die Deutschen. Es war sogar eher das Gegenteil der Fall, der Krieg gegen die Deutschen war zunächst durchaus populär. Doch die Kriegseuphorie ließ abrupt nach, als sich der Krieg 1915 auf die eigene Heimat ausweitete. Nachdem die deutschen Armeen Libau und später noch Mitau erobert hatten, flohen rund eine Million Letten nach Russland.

Der deutsche Vormarsch kam Ende 1915 an dem Fluss Düna, kurz vor Riga, zum Stehen. Im Gegenzug wurden national-lettische Truppen aufgestellt, die zusammen mit lettischen Schützenbataillonen an der Düna-Front die russischen Stellungen verteidigten, was ihnen bis 1917 gelang. Durch diesen militärischen Erfolg und ausgelöst durch die russische Deutschenhetze, die auf durchaus fruchtbaren Boden fiel, entstand in Lettland ein patriotischer Rausch. Alsbald wichen diese Gefühle aber einer sehr viel nüchterneren Beurteilung der Lage. Dazu kamen erste, sehr starke Bestrebungen nach Autonomie, die vor allem nach der russischen Februarrevolution 1917 neue Nahrung fanden. Allerdings wollte man zunächst noch nicht die völlige Unabhängigkeit, sondern föderativ eingebunden in einer gesamtrussischen Republik bleiben. Am 12. August 1917 wurde dann aber erstmalig auf einer Konferenz in Riga die volle Selbstbestimmung Lettlands gefordert.

Zu diesem Zeitpunkt gab es in Lettland und den beiden anderen baltischen Staaten starke und einflussreiche linksradikale Strömungen, denn die Bolschewiken und Sozial-demokraten hatten im Unterschied zum Bürgertum eine große Anhängerschaft in Lettland. Dies führte im Anschluss an die russische Oktoberrevolution schließlich zu einer bolschewistischen Machtergreifung in den baltischen Ländern.

Am 1. September 1917 überschritten die Deutschen die Düna und eroberten Riga.

Bedingt durch Terror, Hunger und miserable wirtschaftliche Verhältnisse empfanden viele Letten nun den deutschen Vormarsch als Befreiung von diesen Übeln und setzten ihre Hoffnungen auf Deutschland. Allerdings wollte niemand die Abhängigkeit von Russland durch eine von Deutschland ersetzen. Da die deutsch-sowjetischen Friedensverhandlungen im Dezember 1917 ins Stocken geraten waren, stießen deutsche Truppen von Riga aus immer weiter nach Norden vor. Durch den Frieden von Brest-Litowsk fiel der deutschen Besatzung die Rolle der Befreier der baltischen Staaten von russisch-bolschewistischer Herrschaft zu. Der Selbstbestimmungsgedanke der Letten wurde allerdings weder von den Russen noch von den Deutschen je ernsthaft in Erwägung gezogen.

Nach dem Ende des Ersten Weltkriegs wurde die Situation in den baltischen Ländern erneut katastrophal. Die deutschen Truppen zogen ab und die bolschewistischen kehrten unmittelbar darauf zurück. Am 2. Januar 1919 fiel Riga wieder in die Hand der Bolschewisten, wobei das bolschewistische Streben nach Weltrevolution, verbunden mit ihren usurpatorischen Absichten, das Leben für die Bevölkerung zur Qual machte.

Zur gleichen Zeit wollten England, Frankreich und Amerika die Bolschewisierung Lettlands verhindern.

Daher waren sie trotz des Waffenstillstands von Com-
piègne damit einverstanden, dass deutsche Truppen, die
trotz des Rückzugs noch im Lande waren, den Schutz
vor den Bolschewiken übernehmen sollten. Gleichzeitig
wollten die drei Mächte aber auch möglichen deutschen
Vormachtbestrebungen frühzeitig entgegentreten.

In Lettland war inzwischen eine verzwickte innenpoli-
tische Situation entstanden. Es bildete sich eine »Baltische Landeswehr«, eine Freiwilligentruppe, die aus
einer deutsch-baltischen Zusammenarbeit entstanden
war. Der Landeswehr gelang es zusammen mit einer
weißrussischen Brigade unter Oberst Fürst Lieven und
reichsdeutschen Truppen, Riga am 22. Mai 1919 wieder
einzunehmen. Dieser Tag wurde seitdem als »Wunder
an der Düna« bezeichnet, da es den Truppen gelungen
war, die endgültige Bolschewisierung Lettlands zu verhindern.

Die drei Großmächte befanden sich danach in einem
großen Dilemma. Der Wunsch der baltischen Völker nach
Unabhängigkeit wurde von ihnen mit erheblicher Skepsis
betrachtet. Gleichzeitig wollten sie aber ein Wiedererstar-
ken Deutschlands verhindern und Russlands Einfluss im
Ostseebereich reduzieren.

Am 3. Juli 1919 kam es zu einem Waffenstillstand, der vorsah, dass alle deutschen Truppen Lettland verlassen und
Riga geräumt werden musste. Die Regierung unter Staats-
präsident Kārlis Ulmanis musste zwei deutsche Minister
aufnehmen, und die Baltische Landeswehr wurde der lettischen Regierung unterstellt, wobei alle Deutschen aus
der Landeswehr auszuscheiden hatten.

Der Abzug der deutschen Verbände verlief aber nicht ohne Schwierigkeiten. Die sogenannte russische Westarmee

unter Oberst Bermondt-Awalow, einem Hasardeur und Abenteurer, die ca. 40 000 Mann umfasste, marschierte auf Riga und griff lettische Stellungen an der Düna an. Die im Land verbliebenen deutschen Verbände schlossen sich Bermondt-Awalow an; die lettische Regierung war über den versuchten Angriff und die Einmischung der Resttruppen der Deutschen so verärgert, dass sie im Gefolge dieser Unternehmung sogar die diplomatischen Beziehungen zu Deutschland abbrach. Erst im April 1920 begannen Friedensverhandlungen zwischen Lettland und Russland. Am 1. August wurde der Friedensvertrag in Riga unterzeichnet.

Am 5. Juli 1920 wurde dann auch der lettisch-deutsche Krieg beendet, unter Anerkennung des Staates Lettland und einer Zahlung von Kriegsentschädigungen.

Die folgenden Jahre waren von den Bemühungen der drei baltischen Staaten Estland, Lettland und Litauen um Selbstständigkeit einerseits und engere Kooperation andererseits geprägt. Dabei gerieten alle drei Länder zunehmend unter Druck der Sowjetunion und Deutschlands. Die drei Staaten wurden immer mehr zu politischen Figuren, die je nach Bedarf der Großmächte für deren eigene politische Interessen instrumentalisiert wurden.

Von 1920 bis zum Beginn des Zweiten Weltkriegs herrschte in den baltischen Staaten eine Zeit des nationalen Erwachens, die sich in den zwanzig Jahren der Selbständigkeit auch in einem Aufstieg des Bildungs- und Kulturlebens manifestierte.

Um 1932 konnte man in Lettland schon die ersten nationalsozialistischen Regungen feststellen. Aber trotz Bewunderung für Hitler blieben die meisten dabei doch antideutsch eingestellt, auch wenn es erkennbare minderheitenfeindliche Gefühle mit deutlicher Ablehnung gegen Juden und Kommunisten gab.

Die Regierungsgeschäfte wurden unter Ulmanis in der Zwischenzeit zunehmend autoritär und diktatorisch geführt. 1934 führte Ulmanis einen Staatsstreich durch, nach dem sich alle Macht auf ihn allein konzentrierte. Gleichzeitig nahm die Feindlichkeit den Deutschen gegenüber zu: Der Gebrauch deutscher Ortsnamen wurde verboten, katholische Kirchen wurden enteignet, deutsche Banken wurden vom Staat Lettland übernommen, Vermögen eingezogen, und sogar die mittelalterlichen Gilden wurden geschlossen. Parlamentarische Arbeit fand ebenfalls nicht mehr statt, regiert wurde per Dekret.

Im September 1934 kam es zu einer Erneuerung einer »Baltischen Entente« der drei baltischen Staaten, die vor allem eine Zusammenarbeit in der Außenpolitik und gegenseitige Unterstützung in internationalen Fragen vorsah.

1935 fassten die Außenminister von Litauen, Lettland und Estland den Beschluss, außenpolitisch strikte Neutralität zu wahren und jedwede Bindung an eine Großmacht abzulehnen.

Das internationale Geschehen brachte die baltischen Staaten aber zunehmend in Bedrängnis und machte ihren Wunsch nach Neutralität kaum haltbar. Russland warb intensiv um Lettland, der lettische Außenminister Vilhelms Munters wurde bei einem Besuch in Moskau im Juni 1937 von Stalin empfangen, was eine sehr große Auszeichnung war. Stalin warnte bei dieser Gelegenheit vor Faschismus und den Großmachtgelüsten Deutschlands.

Im März 1938, nach der Besetzung Prags, forderte Hitler von Litauen die »freiwillige Übergabe« des Memellandes. Litauen hoffte in dieser Situation auf die Unterstützung seiner Bündnispartner Estland und Lettland, die diese jedoch verweigerten. Estland und Lettland werteten diesen Vorgang als friedliche Lösung einer lange anhängigen ungeklärten Frage. Die Sowjetregierung allerdings wandte sich nach Hitlers Annexionen mehr und intensiver den baltischen Staaten zu. Sie sicherte den baltischen Regierungen die Aufrechterhaltung der wirtschaftlichen und politischen Unabhängigkeit durch die Sowjetunion zu.

Estland fürchtete im Übrigen weit mehr als Lettland eine russische Einmischung, während Lettland sich eher von Deutschland bedroht sah. Beide Staaten wollten aber trotzdem strikt an ihrem Neutralitätskurs festhalten.

Hitler schien diesen Neutralitätskurs auch zu unterstützen, und so wurde im Juni 1939 jeweils ein Nichtangriffspakt zwischen Deutschland und Estland und Lettland unterzeichnet.

Im Frühjahr 1939 wurde in Moskau zwischen England, Frankreich und Russland auch die zentrale Frage der baltischen Staaten und deren gewünschte Unabhängigkeit behandelt. Die Sowjetunion wollte eine Garantie für diese Staaten übernehmen, auch gegen den Willen der baltischen Länder, wogegen sich vor allem England zunächst sträubte. Nach langem Zögern willigten England und Frankreich in den von Russland gewünschten Beistandspakt mit dem Zusatzprotokoll betreffend der baltischen Staaten ein. Im Mai 1939 aber nahm die Sowjetunion auch diplomatische Gespräche mit Deutschland auf. Am 23. August 1939 kam es zur Unterzeichnung des unerwarteten Nichtangriffspakts mit Deutschland, einschließlich eines geheimen Zusatzprotokolls, das für die Existenz der baltischen Staaten entscheidend war. Selbst die deutschen Diplomaten in Estland und Lettland waren nicht informiert. So war es ein Leichtes für Russland, seine Einflussmöglichkeiten auf die Ostseestaaten zu festigen. Ein weiteres Zusatzprotokoll vom 28. September 1939 verschob Polens Grenzen zu Deutschlands Gunsten und machte im Gegenzug die sowjetische Kontrolle über Litauen möglich.

Die sowjetische Seite unternahm nach Beginn des Zweiten Weltkriegs alles, um ihre Macht und ihren Anspruch auf die baltischen Länder zu festigen. So wurden Vorfälle erfunden, die ein angebliches Eingreifen sowjetischen Militärs erforderlich machten. Die Sowjets zwangen sowohl Estland als auch Lettland in einen Vertrag, der sie in ein Militärbündnis einband und ihnen Marinestützpunkte in ihrem Staatsgebiet aufzwang. Die sowjetische Armee zog also zum zweiten Mal nach 1919 über die Grenzen und setzte sich im Land fest.

Noch ein weiterer Punkt führte in der Bevölkerung zu Unruhe und Besorgnis: Mit einem Protokoll vom 15. Oktober wurde die Umsiedlung der Baltendeutschen in die bereits von Deutschen eroberten Gebiete Polens, Wartheland genannt, und nach Westpreußen veranlasst.

Im Juni 1940 marschierte die Rote Armee endgültig in Lettland ein. Im Vorfeld hatte der russische Außenminister Lettland ein Ultimatum vorgelegt, das auf erfundenen Vorgängen wie angeblichen gegen die Sowjetunion gerichteten Militärbündnissen basierte. Im Anschluss daran setzte die russische Führung in allen drei baltischen Ländern jeweils ihr ergebene und genehme Regierungen ein. Die früheren Politiker wurden verjagt, verhaftet oder verschleppt. Es wurden nach gefälschten Wahlen sogenannte »Volksregierungen« gebildet. Die Menschen in den baltischen Staaten waren gegenüber diesen Ereignissen völlig machtlos.

Hitlers Überfall auf die Sowjetunion am 22. Juni 1941 wurde von der Bevölkerung zunächst als »Befreiung« von der sowjetischen Zwangsherrschaft empfunden. Man glaubte, nun endlich die staatliche Unabhängigkeit wieder erreichen zu können. Doch die Menschen gerieten nur von einer totalitären Herrschaft in die nächste. So wurde die Zeit von 1941–1945 erneut als Okkupation empfunden, schlimmer noch als die von 1915–1918. Hitlers Rassenpolitik forderte auch in diesen Ländern ihre Opfer. Im November 1941 wurden in Riga 27 000 Juden zusammengetrieben und in Lager gebracht, wo unzählige starben und ermordet wurden.

Als sich die Deutschen, besiegt, 1944 auf dem Rückzug befanden, versuchten heimattreue Esten und Letten ihre Republiken wiederherzustellen. Aber Hilfe von westlichen Truppen war nicht zu erwarten, und so konnte die Rote Armee ihre baltischen Sowjetrepubliken restituieren. Von Ende 1944 an liefen die Maßnahmen zur Sowjetisierung wieder an. Die Siegermächte schenkten bei ihren Verhandlungen der »baltischen Frage« daraufhin keinerlei Beachtung mehr.

Am 4. Mai 1990 wurde Lettland unabhängig, am 21. August 1991 hat die Sowjetunion diese Unabhängigkeit gemeinsam mit der Estlands und Litauens anerkannt.
Seit 2004 ist Lettland EU-Mitglied.

Eine kurze Geschichte
der *Wilhelm Gustloff*

Die *Wilhelm Gustloff* wurde im März 1938 als Kreuzfahrt-schiff in Dienst gestellt. Eigentümer waren die »Deutsche Arbeitsfront« und die dazugehörige Bewegung »Kraft durch Freude«. Die beiden Organisationen sollten natio-nalsozialistische Gesinnung und Erziehung fördern und schickten verdiente Arbeiter auf der *Gustloff* zur Erholung auf Seereise.

Das Schiff hatte eine Länge von ca. 110 m und eine Breite von 24 m und konnte eine Höchstgeschwindigkeit von 15,5 Knoten, das sind ca. 29 km, pro Stunde erreichen. Es bot 1463 Personen Platz, die von 417 Besatzungsmitglie-dern versorgt werden sollten.

Im Mai 1937 wurde das Schiff auf den Namen *Wilhelm Gustloff* getauft, es hatte ursprünglich *Adolf Hitler* hei-ßen sollen. Wilhelm Gustloff war Landesgruppenlei-ter der NSDAP-Auslandsorganisation in der Schweiz, wo er in Davos am 4. Februar 1936 von dem Medizin-studenten David Frankfurter erschossen wurde. Gustloff wurde von den Nazis nach seiner Ermordung zum »Blutzeugen der Bewegung« und Märtyrer stilisiert. Die Witwe Gustloffs hat die Taufe des Schiffs persönlich vorgenommen.

David Frankfurter wurde für seine Tat im Dezember 1936 in Chur zu 18 Jahren Gefängnis verurteilt, am 1. Juni 1945 begnadigt und aus der Schweiz ausgewiesen. Er zog nach Tel Aviv, wo er 1982 starb.

Nach Ausbruch des Zweiten Weltkriegs wurde die *Gust-loff* zum Lazarettschiff umgebaut und der Kriegsmarine übergeben. Sie diente einige Zeit als Verwundetentrans-

porter und wurde ab November 1940 zu einem sogenannten »Wohnschiff«, d.h. sie war der Aufenthaltsort
für die »2. U-Boot-Lehrdivision« in der früheren polnischen Hafenstadt Gdingen, die von den Nazis in Gotenhafen umbenannt worden war.

Das Leben auf dem Schiff war einigermaßen komfortabel.
Die Auszubildenden blieben ca. drei bis vier Monate an
Bord, und vom Krieg war nicht allzu viel zu spüren. Ab
Herbst 1943 begannen die Alliierten aber auch in der
Danziger Bucht mit Luftangriffen. Die *Gustloff* erlitt dabei
einmal – relativ geringen – Schaden an der Schiffs-Außen-
haut und musste repariert werden. Danach und nach einer
kurzen Probefahrt kehrte das Schiff wieder auf seinen Lie-
geplatz zurück. Niemand rechnete mehr ernsthaft damit,
dass es je wieder fahren würde.

Als Ende 1944 sowjetische Truppen immer weiter nach
Westen vordrangen, wurde Gotenhafen zum Ziel unzähli-
ger Flüchtlinge und Verwundeter aus den Kriegsgebieten.
Ungefähr zwei Millionen Menschen waren zu diesem
Zeitpunkt auf der Flucht.

Daher mussten auch »Wohnschiffe« wie die *Gustloff* wieder fahrtauglich gemacht werden. Es wurde angeordnet,
dass die U-Boot-Lehrdivision verlegt werden und dafür
die »nichtkampffähige« Bevölkerung aufgenommen werden sollte, um die Flüchtlinge weiter nach Westen bringen
zu können.

Das Schiff, das vier Jahre lang nur im Hafen gelegen hatte,
musste für einen Massentransport hergerichtet werden
und sollte in Zukunft etwa die dreifache Zahl der normalen Belegungskapazität von rund 1500 Menschen aufnehmen können.

Am 25. Januar 1945 beginnt die Einschiffung der Passagiere auf die *Gustloff*. In Gotenhafen lagen auch noch andere Schiffe, wie die *Hansa*, die *Hamburg* und der Dampfer *Deutschland*, die Flüchtlinge nach Westen bringen sollten. Alle Schiffe waren schnell total überfüllt, aber jeder wollte möglichst auf die sichere, berühmte *Gustloff*, von der man sich reine Wunderdinge erzählte und die mit allem ausgestattet war, was zum Überleben wichtig sein konnte

Nur mit speziellen »Fahr-Ausweisen« war es zunächst möglich, auf das Schiff zu kommen. Stunde um Stunde strömten die Flüchtenden an Bord, es spielten sich zum Teil schreckliche Szenen ab. Am 28. Januar ist die *Gustloff* bereits vollkommen überfüllt, die Kontrolle der Fahr-Ausweise ist kaum mehr möglich, es drängen sich immer mehr Menschen, die ihre Rettung schon darin sehen, auf dieses Schiff zu kommen. Am 29. Januar erreicht noch ein größerer Verwundetentransport die *Gustloff*, die auch über eine große Lazarettstation verfügt. An diesem Tag beschließt auch die 13-köpfige Familie des Oberbürgermeisters von Gotenhafen zu fliehen und bezieht an Bord die »Führerkabine«, die für Adolf Hitler eingerichtet worden war, aber nie von ihm benutzt wurde.

Am 30. Januar 1945 sind ca. 10 000 Menschen an Bord – wobei etwa 6000 Schwimmwesten zur Verfügung stehen. Die *Gustloff* soll an diesem Tag endgültig auslaufen, obwohl der Geleitschutz nicht ausreichend garantiert ist. Im legendären Schwimmbad des Schiffs mit seinen berühmten Mosaiken werden Marinehelferinnen untergebracht, die nach Westen »verlegt« werden sollen. Man hat im Schwimmbecken Matratzen für sie ausgelegt. Das Schwimmbad befindet sich im untersten

Deck, dem E-Deck, das bereits unter der Wasseroberfläche liegt.

Um 12.30 Uhr läuft die *Gustloff* am 30. Januar aus Gotenhafen aus. Es herrscht starkes Schneetreiben, die Außentemperatur ist −18 °C und die Sicht sehr schlecht. Die Torpedo-Fangboote, die die *Gustloff* begleiten sollen, schaffen die Fahrt wegen schwerer See nicht und werden wieder zurückgeschickt.

Die lange Liegezeit macht ein schnelles Fahren des Schiffes unmöglich, die Maschinen können die nötige Leistung nicht mehr erbringen. Es wäre aber wichtig, schneller als die in der Regel viel langsamer fahrenden U-Boote sein zu können, um möglichen Angriffen zu entgehen.

Laut Funkspruch soll der *Gustloff* auf ihrer Route ein Minensuchverband entgegenkommen, das bedeutet Kollisionsgefahr. Unter den beiden Kapitänen Zahn und Petersen entsteht ein Streit darüber, ob Positionslichter gesetzt werden sollen, die dann allerdings von feindlichen U-Booten auch gesehen werden könnten. Die Entscheidung fällt für Positionslichter.

Um 19.30 Uhr hat das letzte Minensuchboot die *Gustloff* passiert, und die Lichter sollen wieder gelöscht werden.

In der Zwischenzeit hat das sowjetische U-Boot S-13 unter dem Kommandanten Alexander Marinesko bei einem kurzen Auftauchen tatsächlich die Positionslichter der *Gustloff* gesehen. Marinesko, der unbedingt einen »Abschuss« eines feindlichen Schiffes schaffen will, stellt sich auf ein tollkühnes Abenteuer ein. Er hat die riesigen Umrisse der *Gustloff* kurz erkennen können und fährt mit seinem U-Boot weiter halb aufgetaucht durch die Ostsee. Er entscheidet, dieses große Kriegs- oder Handelsschiff über Wasser anzugreifen, und will in einem gewagten Manöver vier Torpedos auf die *Gustloff* abschießen.

Um 21.04 Uhr deutscher Zeit steuern drei von Marineskos Torpedos auf die *Gustloff* zu, der vierte Torpedo bleibt im Rohr des U-Boots stecken.

Nach den Treffern durch die drei Torpedos kommen die Maschinen der *Gustloff* sofort zum Stillstand. Einer der Torpedos ist direkt in die untersten Decks eingeschlagen, die Schotten schließen sich sofort: Die Menschen dort unten sind unrettbar verloren. Nur Passagiere weiter oben und auf dem Sonnendeck können noch den Versuch machen, eines der wenigen Rettungsboote zu erreichen. Viele von ihnen stürzen aber auch von dort über das völlig vereiste Deck hilflos ins Meer.

Die Wilhelm Gustloff *bei ihrem Stapellauf am 5. Mai 1937.*

Die *Gustloff* sinkt innerhalb einer Stunde, entsetzliche Szenen spielen sich ab. Kurz bevor das Schiff endgültig im Meer verschwindet, scheint eine Explosion stattgefunden zu haben, die den ganzen Schiffskörper sekundenlang in gleißendes Licht taucht, als wäre er mit voller Beleuchtung untergegangen.

Seitdem liegt das Schiff in 43 Meter Tiefe in der Ostsee.

Literatur

Heinz Schön: Die »Gustloff«-Katastrophe, Stuttgart 2002
Christopher Dobson / John Miller / Ronald Payne: Die Versenkung der »Wilhelm Gustloff«, München 1979

Bildnachweis

S. 5: Karte von Achim Norweg
S. 8/9, 202, 203: privat
S. 178: Ullstein Bild
S. 188, 299: mit freundlicher Genehmigung der ThyssenKrupp AG, aus dem Archiv der Schiffsbauwerft Blohm & Voss

Emmy Goldacker
Ich lebe – genügt das nicht?

Ein deutsches Schicksal

Ein Straflager in Sibirien 1945 – für Emmy Goldacker bedeutet das, bis an die Grenze des Erträglichen getrieben zu werden. Hunger, Demütigung und unvorstellbare Grausamkeit: Das ist der Strom des Leidens, in dem sie zehn Jahre ums Überleben kämpft. Emmy Goldacker erzählt ohne Hass, ohne Bitterkeit. Und kann heute ohne Groll zurückblicken.

Knaur Taschenbuch Verlag